| 光明社科文库 |

学习科学的理论与实践

张玉孔◎著

光明日报出版社

图书在版编目（CIP）数据

学习科学的理论与实践 / 张玉孔著. -- 北京：光明日报出版社，2022.11
ISBN 978-7-5194-6889-7

Ⅰ.①学… Ⅱ.①张… Ⅲ.①学习方法-研究 Ⅳ.①G791

中国版本图书馆 CIP 数据核字（2022）第 210189 号

学习科学的理论与实践
XUEXI KEXUE DE LILUN YU SHIJIAN

著　　者：张玉孔	
责任编辑：刘兴华	责任校对：阮书平
封面设计：中联华文	责任印制：曹　净

出版发行：光明日报出版社
地　　址：北京市西城区永安路 106 号，100050
电　　话：010-63169890（咨询），010-63131930（邮购）
传　　真：010-63131930
网　　址：http://book.gmw.cn
E - mail：gmrbcbs@gmw.cn
法律顾问：北京市兰台律师事务所龚柳方律师
印　　刷：三河市华东印刷有限公司
装　　订：三河市华东印刷有限公司
本书如有破损、缺页、装订错误，请与本社联系调换，电话：010-63131930

开　　本：170mm×240mm	
字　　数：286 千字	印　　张：17.5
版　　次：2023 年 4 月第 1 版	印　　次：2023 年 4 月第 1 次印刷
书　　号：ISBN 978-7-5194-6889-7	
定　　价：95.00 元	

版权所有　翻印必究

引　言

　　教学服务于学习，教学是为了帮助学生更好地学习，因此，学生的学比教师的教更重要，有效的教学应以促进学生的深度学习为目的。近些年，我国的基础教育教学改革已充分体现了这一点，如方法上注重了自主学习和合作探究、要求上注重了分层、评价上注重了个性化评价。这些措施都较好地促进了学生学习能力的提高。与此同时，较多教师在设计和实施教学活动时，出现模式化、经验化和主观化的现象，如，指导学生进行小组学习时，往往只是简单地套用程序，而不知为什么要先自学，为什么要交流分享以及为什么要反思。由于未从根本上理解学生是如何学习的，致使教学停留在较浅的层面上。因此，教师进行教学设计时，应首先明白学生学习的底层逻辑，即学习是如何发生的，有效的学习又遵循着哪些普遍的原则。

　　学习科学（Learning Sciences）是近三十年来发展起来的关于教和学的跨学科研究领域，它涉及教育学、脑科学、心理学、认知科学、信息科学、社会学、文化人类学以及知识论等诸多研究领域，旨在建立心智、脑与教育之间的桥梁。学习科学既是一门研究学习本质、学习过程的基础性科学，也是一门应用驱动的设计科学。自学习科学诞生以来，其基础理论研究得到了持续的发展，如脑成像技术为研究者分析学习提供了物理证据，社会学视角使研究者对学习的研究从个体认知扩展到社会认知。与此同时，在应用领域，学习科学正日益被广大实践者所熟悉和接受，成为教育教学实践的新理念。然而，学习科学并没有在教育实践中被很好地被应用。笔者认为原因有二：一是时间问题。由于学习科学应用研究的时间相对较短，没有被广泛应用于教育实践中，多数一线教师熟知的教育理论还仅限于教育学和心理学等理论；二是由于分工的不同，学习科学的理论研究者很少参与实践教学，而一线教师又没有更多的时间研究相关理论，既懂研究又熟悉一线教学的教师少之又少，理论研究和教学实践缺乏中介和桥梁。在中小学，受理论研究水平所限，教师们在教学实践中并没有很好地贯彻学习科学理论。有的教师感叹道："较多学习科学的成果看上去很美，听起来心动，却又难以应用。"因此，如何将学习科学的理论成果转化为能够直接指导实践的有效教学策略和模式，并且为教育实践者能够理解和接受是一个具有挑战性的问题，也是一个非常有价值的问题。

二十多年的求学经历，使我对学习有了切身的体验，工作后，我又成为一位教师，开始帮助学生如何学习以及如何教学，这使我对学习与教学的关系有了更深刻的认识。近些年，我有机会接触到基础教育的教学、学习和管理，并与一线教师、孩子和家长有了近距离的接触和交流，切身感受到了他们的需求。在此过程中，我真切感受到科学学习的重要性和必要性以及学习理论对于实践教学的指导意义，甚至产生了去做一名中小学学科教师的想法。一线教师，不仅要教学，更应该成为学习理论和教学理论的研究者，只有将教学实践和理论研究结合起来，教学才是有效的。此书是我对于学习科学在基础教育中应用的一点体会和心得。鉴于本人的兴趣，本书中多数实例都是与数学学习相关。

本书主要是为一线教师所写，帮助其理解学习的根本原理，提高其对于学习系统的深入理解，以更好地进行教学设计。此外，感兴趣的学生也可阅读。通过本书，他们会用"第三只眼睛"看待自己的学习，从而知道如何去有效学习，家长也可通过此书了解孩子的学习，为他们提供有效的支持和帮助。

本书主要有八章内容，各章内容和写作目的如下。

第一章　学习的本质。从物质、意识和思维等层面介绍了什么是学习，为操作层面的学习和教学提供理念。

第二章　学习的过程。从认知心理的角度阐述了学习发生发展的过程，为学习者全面把握学习的各个环节，奠定知识基础。

第三章　知识和学习。介绍了学习的分类，重点对知识、技能和能力等不同内容的学习进行分析，以帮助学习者识别不同类别的学习内容，并有针对性地开展学习和教学。

第四章　情绪与学习。深入分析了情绪的脑机制以及情绪与认知的关系，帮助学习者正确处理情绪与学习的关系，并利用情绪培养学生的学习动机。

第五章　有效练习。结合当前学校教学中过度练习的问题，介绍了目标、反馈、熟练、反思等策略在练习中的具体作用和应用，以帮助学习者更好地通过练习掌握知识，提高能力。

第六章　互动学习。系统介绍了互动学习的相关理论、模式和实践，以帮助教师深刻认识互动学习，并在教学中有效开展互动学习。

第七章　学习管理。介绍学习管理的相关理论，分析了影响学生管理能力的因素，并提出提高学生管理能力的策略。这一章旨在帮助学生树立管理意识，学会学习管理。

第八章　错误学习。分析错误产生的原因，并分别提出教师和学生对待错误的正确态度和策略，以帮助学生更好地从错误资源中辩证地学习。

本书写作具有以下几个特点：

1. 内容上具有较强的应用性。

本书突出了学习科学的应用性，探讨了学习科学理论向教学实践转化的路径，是对学习科学应用研究的有益探索，也试图在学习科学理论研究和中小学教学实践之间建立实质的连接。

2. 结构具有较强的层次性。

本书按照"本质—理论—方法"的逻辑，对学习进行了较系统的论述，以期帮助读者获得关于学习的整体认识。每一章又遵循着"理论—模式—策略"的层进关系，以帮助读者深入地把握每一部分内容，从而为深度学习和有效教学提供支持。

3. 内容具有较强的针对性。

结合当前中小学教与学割裂的问题，在深入分析学习的基础上，提出学与教的策略，并针对当前学习和教学中的典型问题进行分析，有助于达成"学教一体"和"以学促教"的目标。

4. 写作方法上突出问题化导向。

每一部分通过分析问题从典型案例导入内容，同时，结合具体案例对重要内容进行了分析，提高了分析的深度和针对性。

由于水平有限，难免有疏漏和不当之处，敬请批评和指正。

作者

2022年8月10日

目 录
CONTENTS

第一章　学习的本质 ·· 1
　第一节　关于学习的理论 ·· 1
　第二节　学习的本质 ·· 22
　第三节　学习科学的形成 ·· 35
　第四节　学习的物质基础 ·· 41

第二章　学习的过程 ·· 54
　第一节　认知加工模型 ·· 55
　第二节　引起注意 ·· 65
　第三节　知识编码与提取 ·· 75
　第四节　知识的组织与形成 ·· 89
　第五节　学会分析 ·· 98

第三章　知识与学习 ·· 103
　第一节　学习的分类 ·· 103
　第二节　知识的学习 ·· 112
　第三节　技能学习 ·· 120
　第四节　态度学习 ·· 127
　第五节　问题解决 ·· 132

第四章　情绪与学习 ··· **141**
- 第一节　情绪的脑机制 ··· 141
- 第二节　情绪和认知的关系 ··· 146
- 第三节　情绪学习 ··· 154

第五章　练习：学习行为 ··· **161**
- 第一节　基于目标的练习和反馈 ··· 162
- 第二节　熟练为王 ··· 168
- 第三节　反思性练习 ··· 175

第六章　互动学习 ··· **185**
- 第一节　社会化学习相关理论及应用 ··· 186
- 第二节　情境学习 ··· 195
- 第三节　社会化学习环境 ··· 204
- 第四节　互动学习的实践 ··· 210

第七章　学习管理 ··· **219**
- 第一节　学习管理的相关理论 ··· 220
- 第二节　学习管理能力的影响因素 ··· 225
- 第三节　学习管理能力的培养 ··· 232

第八章　错误学习 ··· **239**
- 第一节　错误类型及产生的原因 ··· 240
- 第二节　对待错误的态度 ··· 246
- 第三节　改正错误的方法和策略 ··· 253

本书参考资料 ··· **261**

第一章 学习的本质

案例1-1：小A今年上小学三年级，成绩一直不好。为此，妈妈一直非常担忧，于是为儿子报了多个学习班。暑假期间，听朋友说全脑教育有助于孩子的智力开发，她又花两千多元为孩子报了名。最让妈妈头疼的是小A对数学的学习，做题经常看错题目，有时连想都不想就开始做，结果可想而知。为了帮助小A提高成绩，妈妈非常配合班主任的工作，每天帮他检查和改正作业，但效果并不明显。

评析：小学是学生学习最重要的阶段，这一阶段的学习会直接影响初高中和大学的学习，好的习惯和意识可能会使孩子终身受益，不良的习惯会成为其发展的障碍或瓶颈。小A妈妈显然意识到了这一点，对孩子的学习格外用心。但从她的行为上看，她指导孩子学习并不专业，在这种情况下，如果盲目采取一些措施，不但起不到应有的作用，还有可能适得其反，让孩子对学习产生厌烦。学习并不是简单的记忆和练习，而是一个非常复杂的过程，家长和老师只有深入理解"什么是学习"，才能有效指导孩子的学习并应对出现的学习问题。

第一节 关于学习的理论

一、学习的含义

（一）"学习"概念的历史回溯

说到"学习"，人们便自然想到在学校中的学习、读书、思考以及与同学讨论问题，这只是平时最常见的，也是最通俗意义上的学习，除此之外，还有更多的学习形式，如，学生参加实践活动、成年人相互分享工作经验，还有目前最普遍的现象：人们时不时用手机看微信、刷视频和玩游戏，显然，这都属于学习。

在中古代，"学"与"习"两个字一般是分开使用的。"学"一般表示获取知识、提高认识，主要指各种直接或间接经验的获得，同时具有"思考"的含义；而"习"则表示"掌握技能"或"修炼德行"之义。如，孔子在《论语》中提到"学而时习之，不亦说乎"，"学"与"习"表示不同的含义，前者侧重"理解"，是基础，而后者注重"应用"，是深化。可见，中华传统文化中的"学习"一词包含了"学"与"习"两层意思，"学"是指人的认识活动，"习"是指人的实践活动，学习既强调了对知识的理解，也注重了知识的实践应用，很好地体现了理论和实践的辩证关系。古人做学问"知行一致"的思想盖出于此。

在西方，17世纪以来，人们对世界的认识也存在两种不同的观点：经验论和唯理论。[①] 前者以培根、霍布斯、洛克和休谟等哲学家人为代表，强调观察实验的方法，认为学习重在对感觉经验进行概括和提升；后者以笛卡尔、斯宾诺莎和莱布尼兹等人为代表，强调数学推理的方法，认为学习主要是以"天赋观念"原则进行逻辑推理，从而建构知识体系。直到康德和黑格尔的德国古典哲学时期，两种观点才得到了辩证综合。

无论我国古代强调"学"与"习"的统一，还是西方的"经验"与"理性"之辩，都反映了学习的两个层面：一是理性的理解，二是具体情境的应用。发展到现在，两者形成了人文学科两个看似水火不容，却又辩证统一的问题：理论与实践的问题。从学习层面来讲，"理论"更强调个体的思考和逻辑推理，而"实践"则是理论与生活的桥梁，是检验理论的"战场"，反过来，实践的情景作用，会触动学习者的情绪，诱发学习动力，进一步促进对知识的理解。

（二）学习的含义

学习有狭义与广义两种定义。狭义的学习泛指通过阅读、听讲、研究、

[①] 张敏杰，吴锐. 经验论与唯理论视角下认识来源的对立统一对教育的启示 [J]. 贵阳学院学报（社会科学版），2019，14（02）：104-115.

观察、理解、探索、实验、实践等手段获得知识或技能的过程。例如,在学校,通过学习各门课程,学生收获知识,提高思维能力,学会与他人交往,提高心智技能;广义的学习是指人在生活中,通过获得经验而产生的行为或行为潜能的相对持久的变化。如,通过与专家交流获得专业知识,通过看书改变对生活的消极态度,通过看电视、上网获得某一类经验等都属于广义的学习。

此外,不同的学科领域对学习的定义也不同。本书的写作目的是让阅读者对学习有一个系统的认识,从而更好地进行学习或指导学习,因此,从多个角度,特别是从脑科学、心理学、社会学和哲学等视角理解学习的含义非常有必要。

脑科学认为,"学习是神经元间的连通""是不同脑区间通路的形成"。[①]这从"物质"的角度阐释了学习的本质,是对学习最终结果的描述。目前,社会上充斥着一些急功近利的"速成"学习法,如"一周内提高20分""一个月成为尖子生"等说法,如果学生或家长理解脑科学对于学习的这一解释,则不会轻易相信这类虚假宣传。

认知心理学家认为,学习是"通过对符号意义的认识而形成认知地图",是"学习者主动形成认知"的过程,这一观点阐释了学习的"主动"特征和"形成认知结构"的结果,前者对教师如何引导学生学习至关重要,后者则类似脑科学对学习的描述意义,说明学习不单纯是知识的记忆和习得,而是使学生获得"认知方式"的发展。

社会心理学家认为,"学习的实质是人与人进行社会交往,借助语言传递工具,通过人类智能器官掌握社会历史经验,形成智能的社会活动"[②]。这一定义强调了"社会交往"对于学习的重要性,对于人们从实践和情境角度深刻认识学习提供了帮助。

哲学家认为,"学习就是在学习实践中获得知识,从而达到知与行的统一,以指导后续的再学习"[③],这一定义强调了学习是"理论"与"实践"并重的特征,有助于深刻理解学习的本质,为有效教学提供指导。

总之,不同学科对学习的定义是不同的,它们分别强调了学习的不同特征。如认知学习理论强调"联结",社会学习理论强调"情境"和"共同

---

① 张玉孔,郎启娥,胡航,陈春梅,王金素. 从连接到贯通:基于脑科学的数学深度学习与教学[J]. 现代教育技术,2019,29(10):34-40.
② 侯玉波. 社会心理学[M]. 北京:北京大学出版社,2018(10).
③ 乔炳臣,白应东. 学习的科学和科学的学习[M]. 哈尔滨:黑龙江教育出版社,1990(1).

体"，建构主义学习理论和具身学习理论强调"边缘性参与"和"实践"，学习生态学强调"文化建构"，人本理论则强调学习的"个性化"和"反思"特征。当学习者真正体会到这些关键词与学习的关系时，就能较好地把握学习的本质，这对学生的学习及教师的教学是大有裨益的。因此，理解学习是什么，要从不同视角进行理解，而不仅仅是机械解读其字面定义。

二、学习理论解读

学习理论是说明人如何学习的理论学说。心理学家采用不同的方法，对人和动物进行了研究，提出了关于学习的理论，用来解释学习的原理，教育学家也据此提出了许多教育教学的原则。例如，通过实验证明，人在学习时，大脑更喜欢从图中读取信息，而不是从文字中读取信息，由此，人们提出了"可视化"和"直观性"的学习和教学原则。

学习理论的发展一直处于发展变化中，如从最早的行为主义学习理论到后来的认知主义学习理论，再到人本主义学习理论，后来又提出社会交往理论和具身学习理论，从不同的侧面解释了学习。理解这些理论，能更好地帮助人们理解学习到底是如何发生的。下面对常见的学习理论进行解读。

（一）行为主义：学习是刺激与反应联结

20 世纪初到中期，行为主义学习理论是主要的学习理论。桑代克（E. L. Thorndike）、巴甫洛夫（I. P. Pavlov）、斯金纳（B. F. Skinner）等人以动物试验为基础，以可以观察的行为为研究对象，把环境看作刺激，把伴随而来的有机体行为看作反应，强调学习是某种刺激与某种反应之间建立联结的过程，用刺激和反应的连接来解释学习的过程。行为主义学习理论重点考查了环境在个体学习中的影响，认为学习发生的原因在于外部的刺激，应从外部刺激对学习进行干预。

学习是一个超复杂的过程，其表现和结果涉及行为、思维以及无意识等多个方面，虽然行为主义学习理论只是从行为方面对学习进行了研究，是学习的一个"侧面照"，但其提出的诸多原则和方法对学习具有很好的指导价值。下面，我们对其中几种经典的行为主义学习理论进行阐释和解读。

1. 经典条件反射学说

经典条件反射学说由巴甫洛夫"铃声导致狗流口水"的实验所得出，其基本原理是：任何无关刺激，只要多次和非条件刺激结合都会形成条件反应。通过研究，巴甫洛夫提出了"泛化""分化""获得""消退""恢复"等学习规律。

泛化是对事物相似性的反应，分化则是对事物差异性的反应，两者是一个互补的过程。泛化能使学习者的学习从一种情境变换到另一种情境，它可以使学习者获得"联想""变化""迁移"的能力。如，数学学习中，学习求一元二次不等式的解时，由于其构成形式与一元二次方程相似，自然可以联想到能否用解方程的方法求不等式的解。

与泛化不同，分化能使学习者对不同的情境作出不同的反应，如数学中同底数幂的乘法和加法在形式上相似，而在计算方法上却完全不同。如果对知识掌握不熟练，学习者在做题时易受"泛化"思想的影响，形成错误，如图1-1所示。在学习中，必须深入分析所学知识的应用条件，明确知识点的相似点和不同点，既运用泛化的思想做到对知识点的灵活运用、举一反三，又要对形式相似但有本质区别的知识点进行分化处理，避免产生混淆。

$$\left(\frac{1}{2}\right)^{2n+1} + \left(\frac{1}{2}\right)^{2n-1} = \left(\frac{1}{2}\right)^{(2n+1)+(2n-1)} = \left(\frac{1}{2}\right)^{4n} = \frac{1}{16^n}$$

图1-1 受"泛化"思想影响产生的错误

获得是将条件刺激与无条件刺激多次结合，从而获得条件反应和加强条件反应。在学习中，获得会对孩子产生双重影响。学习者要牢固地把握知识，不仅需要理解，更需要加强运用，这就需要通过大量练习在"已知条件"和"运用知识"间建立快速通道，如果作为刺激的"已知条件"和作为反应的"运用知识"间存在正确的逻辑关系，则这种条件会有助于学习者提高思维效率，减少认知负荷；反之，如果这种反射是由于学习者对已有知识或经验存在理解"偏差"而产生的，这种反射则会形成错误的思维定式，这种错误应及时更正，否则，会在后续学习中产生连锁错误。

消退是指不再重复呈现无条件刺激，已习惯的条件刺激反应就会逐渐消失，如，习惯听到铃声就会分泌唾液的狗，在一段时间听到铃声而不喂食后，听到铃声也不再分泌唾液。这一原理告诉我们，学习会存在遗忘现象，尤其是经简单的机械学习形成的记忆。因此，学习时，应避免由简单的条件刺激形成反射，应从多角度，采用多种形式，"委婉"地呈现刺激，以引发学习者的深度思考。

恢复是指消退了的条件反应，即使不再给予强化训练，也可能重新被激发，再次出现。即只要对知识进行了理解或适当练习，就会在大脑中留下印记，后期虽然遗忘，但只要有适当刺激，仍可能较快引发反应，这告诉了我们"不学"和"学的不牢固"的差异。意志不坚的学习者遇到较大困难时，往往会放弃某一部分学习，这会直接影响后续内容的学习。而如果尽力做到基本内容的理解，即使学得不好，也会与后续内容的学习形成衔接，这对于逻辑性较强的理科学习特别重要。因此，当孩子积极性不高时，教师和家长要采取必要措施，帮助孩子尽可能地提高，而不至于落后太大，后期一旦孩子有了学习的主动性，就会迎头赶上，或者有"逆袭"的可能。由此可知，孩子小学阶段的学习最为重要，如，数学学习中，孩子的思维如果在4—6年级没有得到较好的开发，则会直接影响着初高中阶段的学习。

2. 联结—试误理论

联结—试误学习理论，是由桑代克通过对猫的实验得出的结论：学习是刺激情境和行为反应之间的联结，也是一种渐进的尝试错误的过程。在这个过程中，无关的、错误的反应逐渐减少，正确的反应逐渐形成。联结—试误学习理论提出了多个学习原则，如效果律、准备律和练习律等。[①]

效果律是指如果一个动作伴随着情境中一个满意的变化，这个动作重复的可能性将增加，但如果跟随的是一个不满意的变化，这个动作重复的可能性将减少。这类似学习评价的正强化和负强化：导致满意后果的行为被加强，带来烦恼的行为则被削弱或淘汰。因此，在一定程度上，学习者在学习之后的心理反应是很重要的，持续的良好反应可能会使学习者形成积极的学习心向，从而形成兴趣，而不良的心理反应会打击学习者的学习积极性。研究表明，长时间没有成功心向的孩子与经常有成功心向的孩子相比，做事的自信心有显著差异。在指导教学中，教师和家长尤其要注意这一点，应尽量保护孩子的成就心，不能一味批评，有时"善意的谎言"是非常有必要的。

准备律指学习者在学习开始时的预备定律，当某一刺激与某一反应准备联结时，就引起学习者的满意；反之，就会引起烦恼。准备律告诉我们：对于要学习的内容，最好要有所准备，这是一种"目标导向"的学习原则。如，翻转课堂教学中，学生要提前在课下进行自学，再在课堂中解决难重点问题。

---

① 张朝，李天思，孙宏伟. 心理学导论 [M]. 北京：清华大学出版社, 2008 (8)：346.

这种模式之所以高效，就是因为学习者事先经过自学，已经对重难点内容产生了心理准备。目前，社会上较多的课外辅导机构，只是泛泛地对学生讲授，并没有结合学生的需求进行个性化的辅导，其效果也就可想而知。

具体来讲，准备律包括以下三个组成部分：

● 当一个传导单位准备好传导时，传导而不受任何干扰，就会引起满意之感。

● 当一个传导单位准备好传导时，不得传导就会引起烦恼之感。

● 当一个传导单位未准备传导时，强行传导就会引起烦恼之感。

教学的本质是教师和学生进行心理互动，因此，教师应充分考虑到学生的心理准备情况，以使交互活动高效发生。与以上准备律的三个部分相对应，教师经常遇到的问题也有三个：一是"对于学生产生的问题，我们是不是及时进行了回应"，现在，有些学校的作业太多，但学生做作业时产生的问题，教师是不是都进行了解答？如果经常不解答，那么学生会产生怎样的心理？二是"对于学生产生的问题，教师是不是给予了准确回应"，如果回应不能准确发生在学生思维的"痛处"，怎么会触及学生学习的兴奋点？三是"讲解新知识时，教师是否考虑到：学生是否已具备了预备知识，并且做好了心理准备"，如果没有，新旧知识又怎能联结？新知识又怎能牢固掌握？

练习律是针对一个学会了的"刺激—反应"联结而言的，其效果与练习次数有关。练习越多，效果就越好；反之，会变弱。这一规律表明了练习对于知识掌握的重要性，但并不是次数越多越好，只有高质量的、有效的练习，才会增强效果。

3. 操作性条件作用

操作性条件作用原理是由斯金纳通过对鸽子和小白鼠的实验得出的，其主要原理有二，一是强化，即采用适当的强化物可以使有机体反应频率、强度和速度增加。二是惩罚，即有机体作出某种反应后，如果呈现一个厌恶刺激，则会消除或抑制有机体的反应。

目前，强化和惩罚仍然是教学中普遍使用的教学策略。如，通过奖励强化学习者的学习行为，通过惩罚抑制学生错误再次发生。但在使用过程中，一定要注意两类策略的使用条件。如运用奖励时，应坚持"适当"的原则，避免过度使用外部奖励而使学生形成依赖心理，从而丧失对内部兴趣的激发；应尽量少用惩罚，以保护学生对学习的积极情绪；应将惩罚和奖励结合使用，以在抑制不当行为时强化正确行为；应在错误发生时及时运用惩罚，并给予充分耐心地解释，以让学习者理性地接受，因为惩罚并不能使行为发生永久性的改变，只是暂时抑制行为的发生。

任何一种学习或教学策略的使用，都是有条件的，都是相对的，唯有深入理解策略背后的原理，明确此种策略与其他策略的关系，并洞悉学生的心理，才能将策略准确运用，起到恰如其分的作用。

程序教学是斯金纳根据操作条件反射设计的一种个别化教学形式，他将学习的大问题分解为一系列小问题，并将其按一定的程序编排呈现给学生，要求学生学习并回答问题，学生回答问题后及时得到反馈信息。其教学的基本原则是小步子、积极反应、自定步调、及时反馈。这也是目前自主学习的基本框架，学习者对每一问题的把握，基本上都是在这样的原则下进行的。

无论是经典的条件反射，还是操作条件，或是联结—试误理论，都是研究者通过对动物进行实验获得的，都是从外在的行为去"推测"学习的原理，并没有注意到个体内部思维的作用，没有关注到大脑和意识的作用，这在很大程度上制约了学习理论的科学性。

（二）认知主义：学习是心理认知

1. 格式塔学派的顿悟学习

格式塔是德文"Gestalt"的音译，指具有不同分离部分的有机整体，它具有本身完整的特性。格式塔理论反对当时流行的构造主义元素学说和行为主义"刺激—反应"公式，认为整体不等于部分之和，意识不等于感觉元素的集合，行为不等于反射弧的循环，它强调经验和行为的整体性，德国心理学家沃尔夫冈·柯勒（Wolfgang Kohler）是格式塔学派的代表人物，他通过对猩猩进行长达7年的研究，提出了"顿悟"的学习观点。他认为，动物解决问题不是尝试错误的渐进过程，而是突然顿悟的结果。这种顿悟不是对个别刺激产生反应，而是对整个情景和对象间的整体关系理解的结果，是旧结构（格式塔）的豁然改组和新结构的豁然形成的结果。

格式塔理论强调了观察和理解在学习中的重要作用，使学习研究的内容由"行为"转向"认知"，开启了认知学习的时代。其某些观点成为后来学习研究的重点，对现在的学习具有重要的指导意义。首先，格式塔指出，学习不是盲目的尝试，而是对情境认知后的结果，是对情境中要素关系的分析而产生的解决方法。另外，格式塔理论指出，顿悟并不是没有任何准备，就"灵光显现"或"豁然开窍"，而是在有较充分的观察和理解基础上的，顿悟是思考达到某种程度的结果。这一点在解几何证明题时有较好的体会。几何证明题中，往往多个图形相互交叉，通过按部就班的逻辑推理往往得不出结论，但如果对几个条件进行充分分析后，再放眼全局、综合分析，往往就会"恍然大悟"。

2. 布鲁纳的认知—发现学习

布鲁纳认为，学习的实质是把同类事物联系起来，并把它们组织成一定意义的结构。因此，学习的过程即是以发现的方式使学科的基本结构转变为学生头脑中的认知结构。布鲁纳认为，知识的学习包括三种几乎同时发生的过程，即新知识的获得、旧知识的改造、检查知识是否恰当。其中，新知识的获得是一种主动的、积极的认知过程。这种认知过程以已有的有关知识和经验所构成的认知结构为基础，或者接受比以前更精练的知识，或者接受与以前的认识相反的知识。新知识的学习过程是认知活动的概念化和类型化的过程。

布鲁纳的认知——发现学习理论可以从其知识观、认知方式和认知结果三方面进行理解。

首先，按照布鲁纳的观点，知识的学习就是在学生的头脑中形成一定的知识结构。这种知识结构是由学科知识中的基本概念、基本思想或原理构成的。知识结构由存在相互关系的知识点构成，知识结构不仅强调知识点的功能，更突出它们之间的关系，因此，知识结构是呈现网状结构的，而不是离散的。多个知识点形成网状后，相互关联、相互作用，不容易断裂。学习了新知识之后，更容易借助"网"的相互关联进行记忆和理解，即使临时忘记，也会借助"网"进行修补。据研究，专家大脑中的知识是呈"网"状的，所以他们更容易记住新知识，且不容易遗忘。而新手大脑中的知识不是结构化的，是以"点"状或"线"状存在，很容易混淆或遗忘。

在学习时，学习者要特别注意对知识结构的把握。初次学习，应先从结构上对学习内容进行了解，学习某一部分时，应知晓该部分知识的来龙去脉，以增强与其他部分的关联，学完全部内容后，应再回头重新梳理一下知识结构，以熟悉知识、突出脉络，进一步明晰关系，做到对知识体系的系统把握。思维导图是一种常用的高效学习方法，其最本质的功能就是能将知识结构呈现给学习者，即不但呈现各知识点，而且呈现出它们间的相互关系，使学习者能从整体上把握知识体系，实现知识的综合分析与应用。

其次，在认知方式上，认知—发现学习突出了"发现学习"的价值。布鲁纳认为，学习不是简单的记忆，而是要提高学习者发现问题的能力。在教学中，要为学生提供有关的学习材料，让学生通过探索和思考，自行发现知识，理解概念和原理。例如，在数学解题中，"发现问题"的提示性支架很有效，当学生没有解题思路时，如果能提示他思考一些"发现性"的问题，诸如"通过已知你能发现什么""由这个条件能推出什么结论""你是否分析了所有的条件"等，可能会收到立竿见影的效果。

家庭教育中，家长要特别重视培养孩子发现问题的能力。在孩子成长的早期，如果能在生活中培养他们敏锐的观察能力和分析能力，将非常有助于他们学龄后的深度思考，这对其一生的成长也是非常有益的。

对于学习的结果方面，布鲁纳强调"认知结构"。认知结构不同于知识层面的知识结构，是指学生已有观念的全部内容及其组织，是学生认识和处理问题的普遍方式。学习了知识以后，只有使其融入学习者的组织结构中，知识才算得上真正掌握。如，学习了二元一次方程组的应用之后，学习者明确了二元一次方程组的思想：对于较复杂的数量关系，只要设两个未知数，将数量关系用二元一次方程组表示出来，即可求解。解几何题目时，如果遇到较复杂的角的问题，也会想到用方程组的思想求解。也就是说，方程组思想已不限于解决实际应用题，而形成了学习者"解决复杂数量关系"的思维，这就是将知识结构转化成了认知结构。可见，认知结构等于知识结构与个体认知的结合，与相对固定的知识结构相比，认知结构会因人而异，且受到个体已有知识、经验和思维习惯的影响，有时是偏颇，甚至是错误的。

3. 奥苏贝尔的意义学习

根据学习材料与学习者认知结构中已有的知识关系，奥苏贝尔将学习分为机械学习和有意义学习，有意义学习也称意义学习。奥苏贝尔（D. P. Ausubel）认为，意义学习就是符号所代表的新知识与学习者认知结构中已有的适当观念建立的非人为（非任意的）和实质性的（非字面的）联系的过程，与机械学习相比，意义学习更容易牢固把握所学知识。

意义学习有两方面的含义，其一是指"是否合理"，即学习者能否根据已有经验理解当前学习内容。在学习该内容之前，学习者已有多年的生活经验，这些经验已通过耳濡目染的形式固定在学习者的大脑中，形成了合理或者"正确"的知识，当所学内容与学习者这些已有的知识吻合时，学习者能顺理成章地接受，成为学习者已有知识结构的一部分。其二是指"是否有意义"，即指当前内容是否与学习者自身有关。心理学研究表明，对于所接触的事物，人更关注与自身相关的内容，即人的学习具有"选择性"。当学习内容是自己关注过、有特定关系或者感兴趣的事物时，学习者便会在学习中投入更多情绪，这也是意义学习比机械学习更高效的原因。

教学中，我们强调的知识导入即基于意义学习的原理。在导入时，教师可以从"生活经验""学习者相关"或"已有知识"几个方面进行导入，以提高学习者的积极心向。

意义学习的发生是有条件的。从客观上讲，学习材料本身必须具备逻辑意义，即学习材料间必须具有相互关联的关系，如逻辑关系、包含、意义相近或相反等。如一篇文章，如果其结构有序，表述有条理，学习者便愿意读，如果文章东扯一句、西扯一句，毫无逻辑头绪，不易抓住其关系，学习者就感觉索然无味，激发不起学习的情绪。这是因为，大脑本身喜欢有逻辑的内容，逻辑关系可以使内容相互关联，便于理解。相对于文科内容，理科课程的学习更容易使学生产生兴趣，就是因为理科课程具有更强的逻辑，可以相互推理，无须重复记忆。从主观上讲，一方面，学习者必须具有心向，即前面所述学习内容对学习者自身来讲"是否有意义"。如果学习者缺乏心向，即使学习内容有逻辑意义，学习者也不会主动地寻求新旧知识间的联系，而是机械地按字面的表述死记硬背，这就是缺乏主动性的孩子学习成绩不佳的原因所在。满足了学习材料本身具备逻辑意义和学习者具有心向两个条件之后，在学习者原有知识结构中还必须有同化新知识的旧知识，或者在学习者的认知结构中必须有同化新知识的原有适当观念，这是得以发生的另一主观条件。试想，如果没有化学上关于氧气和二氧化碳的相关知识，就不会理解生物上的光合作用，如果没有数学上关于正反比例函数的知识，就不能很好地理解物理课程中路程、速度和时间的关系。从这一点上讲，旧知识很重要，它会直接影响新知识的学习。基础打不好，将来很可能要用加倍的努力补偿。

奥苏贝尔认为，只有同时满足了上述三个条件，才有可能进行有意义的学习，才有可能使新学习内容的逻辑意义转化为对学习者的潜在意义，最终使学习者达到对新知识的理解，获得心理意义。[①]

[①] 戴维·保罗·奥苏贝尔，毛伟译. 意义学习新论：获得与保持知识的认知观 [M]. 杭州：浙江教育出版社，2018（6）.

先行组织者是奥苏贝尔在理论中提出的一个学习观点，它是先于学习任务本身呈现的一种引导性材料，它要比学习任务本身有更高的抽象、概括和包容水平，并且能清晰地与认知结构中原有的观念和新的学习任务关联。先行组织者的作用具体表现在两个方面：一是突出强调新知识与已有知识的关系，为新知识提供一种框架，便于建立新旧知识之间的联系。二是能够将学生的注意力集中在将要学习的新知识中的重点部分，便于把握新知识的本质部分。

先行组织者通常有两类，一类是"陈述性组织者"，即当学生面对学习内容，其认知结构中缺乏适当的上位观念来同化新知识时，可以设计一个概括与包容水平高于学习内容的组织者。例如，学生学习"鲸"这一概念，教师可引导学生先把原来学过的哺乳动物（鲸的上位概念）的概念复习一下，再复习一下哺乳动物的特征有哪些，然后再讲解鲸，因为鲸也是哺乳动物。通过哺乳动物，学生也很容易理解和掌握鲸的概念。在这儿，哺乳动物就是一个先行组织者，教师用学习者已熟悉的术语（哺乳动物）提供观念的固定点，让学生复习这一组织者，以便获得一个同化新知识——鲸的认知框架。另一类是"比较性组织者"，即当学生面对新的学习任务时，倘若其认知结构中已经具有了可以利用的同化新知识的适当观念，但原有观念不清晰或不稳定，学生难以应用，此时，可以设计一个表示新旧知识异同的比较性组织者。如学生在学习有关"角"的知识过程中，已经学习了"锐角"的概念，如果要学习"钝角"的概念，教师则可先把"锐角"的有关知识及其特征讲解清楚，然后再学习"钝角"的概念，这样既掌握了"钝角"的概念，又理解了以前学习的"锐角"概念与新学习的"钝角"概念之间的异同。在这儿，"锐角"即是一个比较性的组织者，它的使用是在比较中明晰概念间的区别，增强了新旧知识之间的可辨别性，使学习者对新旧知识的把握更加稳定和清晰。

在这两类组织者的运用过程中，都要求学生将自己原有的知识与新的学习内容在头脑里发生积极的相互作用，将外部提供的学习材料转化为自己的认知内容，故在这种情况下进行的学习是积极的有意义的学习。

4. 加涅的信息加工理论

20世纪60年代，信息科学和计算机科学的发展，促使人们从信息加工的角度研究学习。加涅在吸收信息科学和认知心理学的基础上，提出了信息加工学习理论，并提出了切实可行的教学操作步骤。加涅把认知看作对信息的加工，用计算机处理信息的过程来说明人类的学习和人脑加工信息的过程，从而把研究的焦点放在追溯、描述心理预演的顺序和它们的产品上。

加涅关于信息加工理论的流程如图1-2所示。感觉器官直接接受来自环境的感觉信息，并产生感觉滞留，在感觉登记器中形成感觉记忆；感觉记忆信息保持的时间极短，信息很容易丢失，这时，部分信息经过知觉的选择性作用进入短时记忆；短时记忆中的信息保持时间略长，但也比较短，信息经过编码后进入长时记忆；编码时，须提取长时记忆中已有的知识到短时记忆中；短时记忆和长时记忆中的信息结合，再作出相应的操作，由效应器实施。在此过程中，有两个很重要的过程，即执行控制和预期，它们对整个认知过程起到控制引导的作用。后来，有人针对短时记忆解释力不足的问题提出了"工作记忆"的概念，认为工作记忆是信息的主要加工区域，它接收来自外界环境的信息，并提取长时记忆中已有的规则，对信息进行编码。

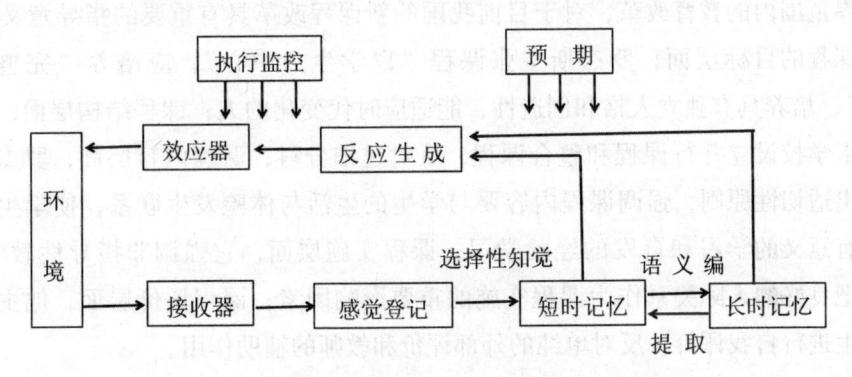

图1-2 加涅的信息加工理论

（资料来源：Gagne，1988）

根据以上信息加工的流程，加涅把学习的过程分成动机、领会、保持、回忆、概括、作业和反馈等若干阶段，并依据其学习理论提出了教学设计的模式，该模式主要包括引起注意、告诉学习者目标、刺激对先前学习的回忆、呈示刺激材料、提供学习指导、诱引行为、提供反馈、评定行为、增强记忆与促进迁移九个部分。

与行为主义学习理论不同，认知主义学习理论开始关注人的心理认知规律，重视人在学习活动中的主体价值，充分肯定了学习者的自觉能动性，并强调认知、意义理解、独立思考等意识活动在学习中的重要地位和作用。目

13

前，我们对学习原理的解释基本来源于认知主义理论。

（三）人本主义：学习是整体发展

人本主义心理学是20世纪50年代到60年代在美国兴起的一种心理学思潮，它反对行为主义以动物来研究人的行为，忽视人的内在本性，主张心理学应当把人作为一个整体来研究，而不是将人的心理肢解为不完整的几个部分，应该研究正常的人，而且更应该关注人的高级心理活动，如热情、信念、生命、尊严等内容。人本主义学习理论从全人教育的视角阐释了学习者整个人的成长历程，以发展人性，它注重启发学习者的经验和创造潜能，引导其结合认知和经验，肯定自我，进而自我实现。人本主义学习理论重点研究如何为学习者创造一个良好的环境，让其从自己的角度感知世界，发展出对世界的理解，达到自我实现的最高境界。

罗杰斯是人本主义学习理论的代表人物，其学习与教学观曾深刻地影响世界范围内的教育改革，对于目前我国的新课程改革具有重要的指导意义[①]：从课程的目标层面，罗杰斯主张课程"以学生为中心"，应培养"完整的人"，培养具有独立人格和创造性，能适应时代变化的人；课程结构层面，他要求学校设立并行课程和整合课程，反对过细分科；课程内容层面，罗杰斯提出适切性原则，强调课程内容要与学生的生活与体验发生联系，使学生产生有意义的学习和自发的经验学习；课程实施层面，它强调非指导性教学，并把良好的人际关系作为课程实施的重要影响因素；课程评价层面，他主张学生进行自我评价，反对单纯的外部评价和教师的辅助作用。

（四）建构主义学习理论：新旧知识联结

建构主义学习理论源于建构主义思想，是认知心理学派的一个分支。建构主义学习理论最早由瑞士著名心理学家皮亚杰（Jean Piaget）提出，后经科尔伯格（L. Kohlberg）、斯滕伯格（R. J. Sternberg）、维果茨基（Lev Vygotsky）等人的发展，形成了当代的建构主义学习理论。

建构主义学习理论是在建构主义思想指导下形成的一套有效认知学习理论。它认为，知识不是通过教师传授得到的，而是学习者在一定的情境和社

[①] 马小龙，尹小艳. 人本主义课程范式及其对新课改的启示 [J]. 现代企业教育，2008（02）：183-184.

会文化背景下，借助其他人（教师和学习伙伴）的帮助，利用必要的学习资料，通过意义建构的方式而获得。建构主义学习理论认为"情境""协作""会话""意义建构"是学习环境的四大要素或四大属性。[①] 情境必须有利于学生对所学内容的意义建构，教学设计要考虑有利于学生建构意义的情境；协作对学习资料的搜集与分析、假设的提出与验证、学习成果的评价，直至意义的最终建构均有重要作用；会话是达到意义建构的重要手段，学习者之间通过会话商讨意见、分享成果，达成一致见解；意义建构是整个学习过程的最终目标。学习内容既要在客观上存在内在逻辑关系，也要在主观上符合学习者已有的知识结构和认知结构。

建构主义学习理论主要有个人建构主义学习理论和社会建构主义学习理论两种观点。个人建构主义学习理论源于皮亚杰的"同化""顺应""平衡"理论，强调知识的个体认知。它认为，学习是引导学生从原有知识和经验出发，生长出新的知识，知识能否被准确认识与学习者自身的知识结构和认知结构有很大关系。这种观点重视自我对知识的认识，倾向唯心论的观点。

社会建构主义源于维果斯基的社会文化历史理论，强调知识的社会生成。它认为，知识不仅是个体与物理环境相互作用的结果，而且是与一定的文化、历史和风俗习惯密切联系在一起的；学习发生在不同的社会实践活动中，学习者通过日常生活、交往和游戏等活动，形成了大量的个体知识和经验。因此，学习应该像这些实际活动一样展开，在实际活动中，解决遇到的实际问题，从而学习某种知识。

个人建构主义学习理论和社会建构主义学习理论分别从主观和客观两个维度对学习进行了解释。在具体的学习中，不同类型的知识更适用不同的理论，如数学、物理等良构性知识具有确定性结论，不会因人而异，更依赖个人的理解，因此，更适合个人建构主义学习理论；而人文、艺术等社会学知识没有确定的答案，每个人的理解都有差异，更适合借助社会建构主义学习理论来达成一致。

（五）学习理论的新观点

近些年来，随着学习科学的发展，人们在原来学习理论的基础上，又提出了一些新的理论，如社会学习理论、情境学习理论以及联结主义学习理论

---

① 何克抗. 建构主义——革新传统教学的理论基础（上）[J]. 电化教育研究, 1997（03）: 3-9.

等，对学习的原理进行了有益的补充。

1. 社会学习理论：学习在交往中发生

社会学习理论是由美国心理学家阿尔伯特·班杜拉（Albert Bandura）于1977年提出的，他认为，学习是个体通过对他人行为的观察，从而获得某些新的行为或对已有行为进行修正的过程。按照班杜拉的观点，以往的学习理论家一般都忽视了社会变量对人类行为的制约作用。他们通常是用物理的方法对人或动物进行实验，并以此来建构他们的理论体系，这对于研究生活在社会之中的人的行为来说，似乎不具有科学的说服力。由于人总是生活在一定的社会条件下，所以班杜拉主张要在自然的社会情境中而不是在实验室里研究人的行为。

在社会学习理论中，班杜拉强调了观察学习和自我调节在引发行为中的作用。它认为，行为习得有两种不同的过程：一种是通过直接经验获得行为反应模式的过程，即直接经验的学习，如，师范生通过支教获得备课授课的知识，机械专业的学生进行金工实习获得机械加工的知识。另一种是通过观察示范者的行为而习得行为的过程，即间接经验的学习，如，在教育见习中，师范生通过观察教师授课了解相关知识。虽然这种学习相对简单，但学习确实发生了，这可以从神经科学的镜像神经元的工作机制得到证实。更重要的是，通过这种"边缘性参与"的学习方式，学习者能从情绪上感受到语言表达、把控课堂以及随机应变等能力的重要性，从而产生学习的主动性，这是单纯的理论学习无法相比的。

同时，社会学习理论强调了社会学习过程中行为、认知和环境的交互作用。[1] 如图1-3所示，班杜拉认为，行为、环境与个体认知之间的影响是相互的，它们是"你中有我、我中有你"的关系，行为本身是个体认知与环境相互作用的一种副产品。当下，小组学习、协作学习等团体学习形式普遍受到学生的喜爱，主要是这些形式可以进行社会互动，学习者不仅进行了知识认知，而且在互动中产生了积极的学习情绪。

社会学习理论与前面的社会建构主义学习理论是相似的，都强调了"互动"在学习中的作用，而互动最本质的特征是产生了"情绪认知"，在第四章中将详细介绍。

---

[1] 张进良，魏立鹏，刘斌. 智能化环境中基于学习分析的学习行为优化研究 [J]. 远程教育杂志，2020, 38 (02)：69-79.

<<< 第一章 学习的本质

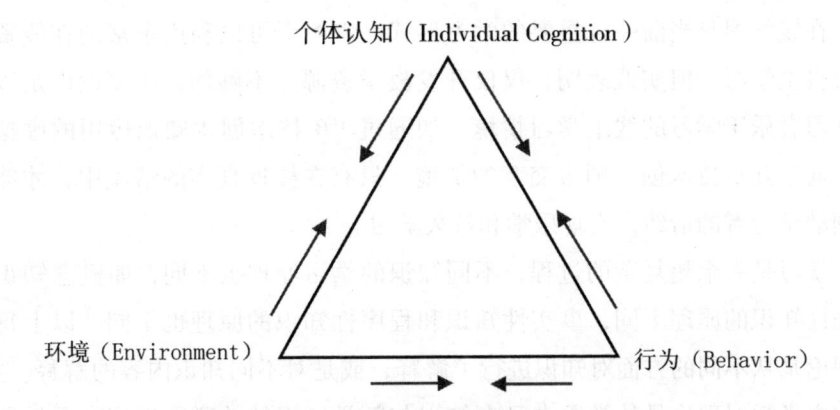

```
        个体认知（Individual Cognition）
                    △
         ↙        ↑ ↓        ↘
       ↙                        ↘
     ↙          ← ← ←           ↘
   环境（Environment）        行为（Behavior）
```

图1-3 行为、个体认知和环境的三元交互作用
(资料来源：《论班杜拉的三元交互理论及其对现代教育的启示》，中国教育导刊，2007)

2. 情境学习理论：学习是意义协商

情境学习理论是由美国加利福尼亚大学伯克利分校的让·莱夫（Jean Lave）教授和独立研究者爱丁纳·温格（Etienne Wenger）提出的。他们认为，学习不仅仅是一个个体性的意义建构过程，更是一个社会性的、实践性的、以差异资源为中介的参与过程。知识的意义、学习者的意识和角色都是在学习者与学习情境以及学习者与学习者之间的互动过程中生成的。从这个意义上说，学习的本质就是对话，是广泛的社会协商。因此，情境学习是指在知识和技能的应用情境中进行学习，也就是说，要学习的内容实际应用在什么情境中，就应该在什么样的情境中学习这些东西。譬如，要学习做菜，就应该在厨房里学习，因为炒菜就是在厨房里，再如，学习讨价还价的技巧，就应该在实际的销售场合学习，因为这一技巧最终是用在销售场合的。此外，在情境学习中，学习者与学习者、学习者与情境可以进行互动，激发支持学习的情绪，更有助于学习活动的持久开展，这与社会化学习理论以及社会建构主义学习理论的本质是相同的。

根据情境教学理论，教学设计的重要内容就是设计学习情境，让学习者在了解知识应用的场合和条件下，从情绪、认知和行为上整体感知知识，获得对知识全方位的体验，实现深度学习。当然，真正理解知识以后，再去情境，将知识抽象，以更好地实现知识迁移。例如，在教学的导入环节，情境导入的作用就是创建学习的情境，让学生了解知识运用的情境，以更好地理解知识，之后，当学生能将知识从情境中剥离后，才能真正掌握知识，而运用知识解决新问题时，即实现了知识的迁移。

在线学习是当前一种重要的学习形式，学习者可以利用丰富的在线资源进行自主学习。但实践表明，仅仅开发教学资源是不够的，还要设计足以吸引学习者乐于学习的线上学习情境，如通过 VR 技术创建知识运用的虚拟场景，通过互动技术创设师生交互的情境。只有在接近真实的情境中，才能充分调动学习者的情绪，实现乐学和持久学习。

学习是一个超复杂的过程，不同知识的学习原理也不同，如概念知识和原理性知识的原理不同，事实性知识和程序性知识的原理也不同，以上每一种理论是从不同的方面对知识进行了解释，或是对不同知识内容的解释。如，建构主义学习理论是从学习者已有知识与新学知识的关联来理解学习，社会化学习理论是从群体的相互作用来理解学习，而情境学习理论则是从情境对学习者的影响来研究学习。理解学习，应借助多种理论从多个角度进行理解，才能系统地把握其本质。

学习理论是对人类学习行为的总结，是科学的，它会很好地指导人们的学习实践。首先，它能够帮助学习者理解学习的原理，帮助学习者突破"感觉"和"习惯"，科学地认识学习。如，理解了建构主义学习理论，当学习出现问题时，就会从已有的知识和经验方面去分析原因，如此更能抓住问题的关键。对于教师来讲，有助于帮助他们从学生角度诊断学生的学习状况，从而更好地设计教学方案，即教师的教学不仅要做到"知其然"，还要"知其所以然"。例如，借助情境导入新知识时，如果只知道方法，就只能生搬硬套，而明确情境导入的本质是情境学习理论，其本质是"创建有助于学生认知的情境"时，就会设计合理的导入方案。

3. 具身学习理论：学习是身体参与

近年来，具身认知理论（Theory of Embodied Cognition）的兴起冲击了传统的认知观。该理论认为，认知来自身体在客观世界中的体验，依赖于身体，植根于环境，通过感觉—运动通道受到身体及其所处环境的塑造和限制，因此具有具身性。

具身认知理论是目前认知心理学研究中的一个新取向，具身认知理论认为，学习是包括大脑在内的身体的认知，身体的解剖学结构、身体的活动方式、身体的感觉和运动体验决定了人们怎样认识和看待世界，人们的认知是被身体及其活动方式塑造出来的。简言之，就是人在开心的时候会微笑，而如果微笑，人也会变得更开心。传统认知主义理论认为身体仅为刺激的感受器和行为的效应器,而具身认知理论认为身体参与了认知,身体与认知是一体的,身体在认知中发挥着枢轴的作用和决定性的意义。根据具身学习理论,学习即是身体参与,参与使学习者能够切身感受到学习的作用方式,并能从心理上产生呼应,实现真正的"沉浸式"学习。

镜像神经元的发现为具身认知理论提供了证据,一项脑科学研究也对具身学习进行了解释:当人体接收到与身体运动相关的动词刺激时,与动作相对应的大脑皮层运动区域会产生比其他区域更强的激活。[1]

三、学习的结果、过程和条件

学习理论是对学习本质的概括和抽象,以上学习理论从不同角度阐述了学习的三个方面问题:学习的结果、学习的过程和学习发生的条件。三者的关系[2]如图1-4所示,理解了这三个问题,就能较好地从本质上理解学习。学习的结果是指通过学习,学习者发生了哪些变化,这一过程将有助于教师明确目标,为学习者提供针对性的支持和帮助;学习的过程是从流程上理解学习的发生机理,从而更好地开展学习;而学习发生的条件则是明确影响学习发生的因素,从而采取策略,优化这些因素,更好地促进学习和教学的开展。

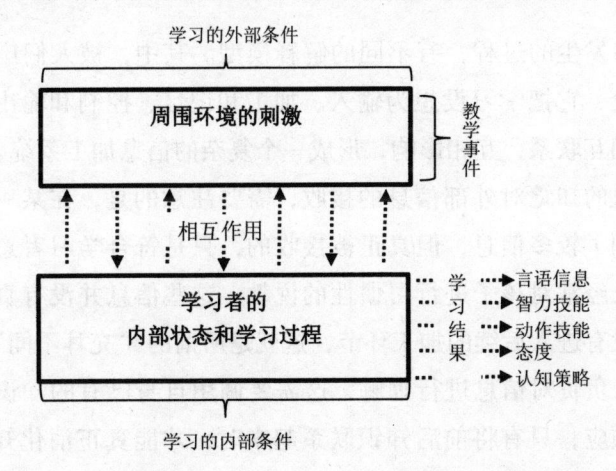

图 1-4 学习结果、学习发生的条件和学习过程的关系

(资料来源:《学习的条件和教学论》,华东师范大学出版社,1999)

---

[1] Varela, Thompson, Rosch. 具身心智:认知科学和人类经验 [M]. 李恒威,等译. 杭州:浙江大学出版社,2010 (07).
[2] 王志涛. 教学罗盘:基于构建主义的整合教学模式 [M]. 北京:中译出版社有限公司,2018 (01):278.

（一）学习的结果

学习的结果是指学习者通过学习活动所产生的某种相对持久的变化。在这一问题上，不同的学习理论所持的观点不同。如，行为主义认为学习的结果表现为行为的变化，于是从行为上研究学习；认知主义认为学习的结果表现为心理结构的变化，所以从思维上研究学习；建构主义和联结主义理论都认为学习会引发知识结构或认知结构的变化。

加涅从学习结果上，将学习分为言语信息（Verbal Information）学习、智慧技能（Intellectual Skills）学习、认知策略（Cognitive Strategies）学习、动作技能（Motor Skills）学习和态度（Attitudes）学习五种类型，这些内容将在第三章中详细介绍。基于结果的分类，只是从学习者的外在行为来说的，而由"物质决定意识"的观点可知，它一定是由内在的变化引起的。脑科学研究表明，学习的结果最终表现为大脑结构的变化，具体说是神经元结构和数量的变化，或是脑区联结的加强。

（二）学习发生的过程

对于学习发生的过程，有不同的解释模型。其中，被人们广泛认可的是信息加工理论，它把学习设想为输入、加工和记忆、控制和输出等一系列过程，各环节相互联系，互相影响，形成一个复杂的信息加工系统。

输入是人的知觉对外部信息的接收，需要注意的是，在某一时刻，学习者虽然感受到了较多信息，但真正被接收的，只是符合学习者意愿的一小部分，如，家长经常对孩子进行习惯性的说教，这些信息并没有真正引起孩子的注意，并没有进入后续的加工环节，这就是所谓的"充耳不闻"。

加工部分负责对信息进行理解，这需要调用自身已有的知识对当前知识进行同化和顺应，只有将前后知识联系起来时，才能真正消化知识，这就是前面所讲的建构主义思想。新知识融入已有知识网络中，就会形成牢固的知识结构，即被"记住"了，这就像人消化掉动物的蛋白质，重新生成自身蛋白质一样，生成了自身的营养。

控制部分是指人的情绪、信念和压力等因素，它们对学习起着调节作用，可能会激发学习，也可能会阻碍学习。比如，当学习者情绪不佳时，就会影响信息的输入，当学习者有较强的自我信念时，信息加工的效率就会倍增，而学习者的压力较大时，人的记忆力就会下降。

输出是指学习者学习知识后的表现，做练习、知识讲解与分享以及运用所学知识理解其他知识都是学习输出的形式。一方面，输出是学习的目的，如做练习是学习输出的最重要的形式，它能够有效检验学习的效果，并对学习过程进行反馈。另外，输出本身也是一种有效的学习策略。如，练习本质上是通过"知识运用"检验"知识加工"是否准确和牢固，讲解或分享有助于厘清相关知识间的关系，达到对知识的深度理解。

（三）学习发生的条件

学习发生的条件是指促使学习活动真正得以进行的因素，加涅称这些因素为"学习的条件"。[①] 概括起来说，这些因素分为内部条件和外部条件两大类。

内部条件是指学习者自身的素质，它既包括感知、观察和想象等能力，也包括意志、态度等个性品质，这些因素有的是天生的，有的是后天培养的，它们是学习得以发生的根本原因，是学生主动学习的品质。外部条件包括学习的环境、课程资源和学习活动的管理等，它们是由教师、学校或社会提供给学习者的外部因素，它们对于同一集体的所有学习者来说是相同的。

内部条件和外部条件共同构成了影响学习者学习的因素，但内部条件是内因，比外部条件更重要，创造外部条件的目的是更好地与内部条件达成一致，促进积极认知。目前，国内较多地区的中小学教育存在过于重视外部条件的问题，讲解多、作业多，重环境建设，这在一定程度上限制了学生内部学习素质的培养，抑制了学生学习动力的提升。

四、学习理论的启示：九大教学事件

研究学习理论的一个重要目的，就是为了更好地开展教学。明确了学习的原理，就可以根据学习的过程和学习发生的条件，进行有效的教学设计。加涅根据学习的信息加工理论，结合认知心理学的原理，提出了如下"九大教学事件"[②]，目的是通过这些外部条件，激发内部学习条件的发生，引发有

[①] 廖婷婷. 加涅的教学设计思想及其对我国教学设计的启示——《学习的条件和教学论》读后感 [J]. 现代教育科学（小学教师），2014（04）：27-28.
[②] 黄网官. 初中物理："九大教学事件"——基于加涅教学论的思考之二 [J]. 教育研究与评论（中学教育教学），2015（06）：5-11.

效学习。

1. 引起注意，确保刺激被接收。
2. 告知学习目标，建立适当的预期。
3. 提示学习者从长时记忆中提取之前习得的内容。
4. 以清晰和富有特色的方式呈现这些材料，确保选择性知觉。
5. 以适当的编码方式指导学习。
6. 引发行为表现，呈现学习结果。
7. 给予信息反馈，以帮助学习者改进学习。
8. 评估行为表现，为学习行为提供导向。
9. 安排多种练习，强化保持，促进知识提取与迁移。

总体上，这"九大教学事件"按照线性方式构成一个完整的教学过程。加涅指出，这一顺序并不是一成不变的，有些环节存在交叉和重叠。"教学有法而无定法"，"九大教学事件"只是提供一个参考，在具体的教学中还需要灵活运用。同时，这"九大教学事件"只是告诉我们如何做，即"知其然"，然而，对教学来讲，"知其所以然"更重要。

学习理论是人们对于学习原理的总结和归纳，是普遍性的学习规律，同时，它对学习的指导又具有一定的相对性，因为它是随着人们的认识不断变化和发展的。不同的学习理论只是从不同的维度对学习进行了阐释，不同的理论可能又适用于不同类型的学习，这就需要学习者或教师在具体实践中灵活运用。通过对这些学习理论的分析，我们可以进一步认识学习的本质，从而为教学提供目标和行动的理念。

第二节 学习的本质

做任何事情，理念决定行动，如果仅仅知道如何去做，只是从行为上去实施，并不一定能做得好，只有从认识上明确它是什么、来源于哪儿、到哪儿去，才能真正将思想融入行动，将行动进行到底。学习也是这样，仅从表面上理解阅读、记忆、思考和练习等形式是远远不够的，应真正从"是什么"和"为什么"两个维度上认识它，如此，才能灵活把握"怎么学""怎么教"的问题，并有所突破和创新。

一、学习是联结

联结的意思是要素和要素之间产生关联，也可表述为"连接""联接"。如每一种物质都是由多个原子相互作用而呈现一定的分子结构，人与人由于亲情或工作关系彼此联系，不同企业间由于业务关系互相依赖，这都是一种联结关系。联结关系使一个整体中的各部分或元素相互支持和依赖。对于学习来讲，它是所学内容之间的相互关联，是大脑物质结构联结的表现。

（一）学习是知识联结的过程

1. 学习是新知识与已有知识的联结过程

建构主义学习理论告诉我们，学习是学习者用已有知识和经验对当前知识的建构过程。学习者学习新知识之前，已经拥有一定的知识结构，当遇到一个新知识，总是要用已经掌握的知识和经验来解释它，如果解释成功，新知识就会归入旧知识的结构，这就是同化；如果已有知识解释不了新知识，这就说明之前的知识结构存在缺陷或错误，必须对它进行更正，再去解释新知识，这就是顺应。无论是同化还是顺应，都需要学习者从心理上达成一个"认知平衡"，如果达不成平衡，则这个新知识就不能被理解。

学习是"新旧知识联结"的本质，可以理解为"蜘蛛结网"，各条蛛丝通过结点相互关联，如果一处蛛丝断开，可能使周边多条蛛丝断开，甚至使一部分蛛网损坏。由此可知，对一个知识点不正确的理解，可能会形成连锁反应，影响后面多个相关内容的学习。因此，基础学习至关重要，尤其是理科的学习，如，小学数学中，倍数关系问题会影响后续分数的学习，分数又会影响比例的学习，比例又会影响函数的学习。

小学是学习的基础阶段，学生思维能力的培养会直接影响到初中和高中的学习。较多家长认为小学的知识相对简单，不用花太大力气去学习，而没有认识到学习是一个新旧知识联结的积累过程，对孩子在小学阶段的学习没有给予足够的重视，等到高年级成绩不佳时，已难以弥补。

2. 学习是已有知识和经验的联结过程

学习的联结本质还表现在它是已有知识和经验的关联。学习并不是简单的记忆，而是借助已有知识对问题的解决，这就需要学习者有敏锐的"发现"能力和"关联"能力。在数学问题的解决中，经常要进行类似的推理：或者从情境中发现问题的本质,或者由多个相关已知中发现新的条件,或者从问题与知识的相似中找出问题解决的突破口,这都是学习者已有知识和经验的联结过程。如,下面的题目可以借助 X 轴上的两点间的距离进行求解,这不仅需要掌握绝对值和两点间的距离这两个概念的含义,更重要的是,根据它们形式上的相似性,将它们关联起来。

求函数的值域:$y=|x-1|+|x+2|$

研究表明,早期家教中,培养孩子对事物的观察和分析能力,有助于培养孩子学龄后发现问题和关联问题的能力。因此,学龄前,家长应注意培养孩子的观察能力,并教会他们对事物进行区分和归类,这有助于他们在学龄段发展概括和抽象知识的能力,增强思维的深度。

(二)学习的本质是神经元联结

1. 学习在微观上表现为神经信号的传递

构成大脑的最基本单位是神经元,从微观上讲,大脑的学习表现为神经元间进行神经信号的传递。神经信号的传递过程是电化学性质的;在神经元内部,信号表现为电性质,在神经元之间,表现为化学性质。如图 1-5 所示,神经信号从细胞体发出后,沿着轴突进行传递,到达轴突末端时,电信号引起轴突释放神经递质,神经递质游过突触,附着在接收神经元的树突之上,完成神经信号的传递。从宏观和微观的关系看,我们不难得出结论,每一次思考都有万千个相关神经元参与,而这些神经元的信号传递过程构成了每一次思维活动。

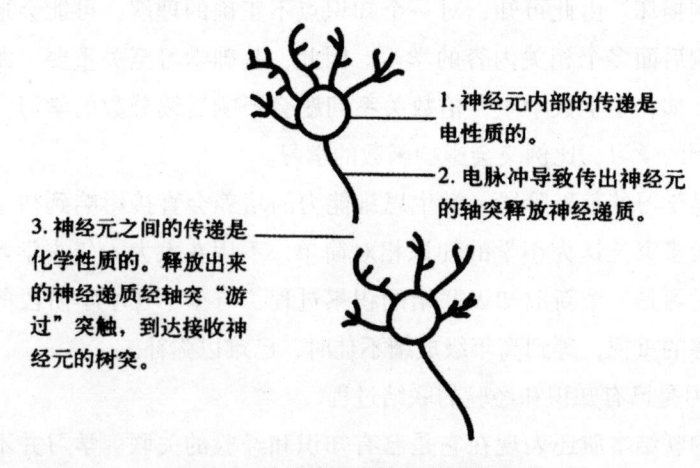

图 1-5 神经信号在神经元间的传递

(资料来源:《脑的学习与记忆》,中国轻工业出版社,2005)

2. 学习的结果表现为神经元的结构变化

借助生理学知识可以很容易理解健身的道理：长时间坚持做某一个动作，会促进相关部位血液的流通，使该部位的组织获得更多的营养物质，从而增强该部分肌肉的力量。学习也是如此，经常用脑的结果表现为神经元结构的变化，具体表现为：在相同的刺激下，细胞体更容易产生神经冲动，树突分支和延长增多，更容易获取其他神经元传递来的信号，轴突变得更加粗壮有力，传递神经信号的效率更高。除此之外，包在神经元外部的神经胶质细胞也因获得更多营养增厚，为神经元提供更强的保护，为神经信号的传递提供有效的支持。

根据大脑功能分工的理论，特定的脑区负责特定的思维功能，因此，特定脑区的神经元活动也主要训练大脑的特定能力，如顶叶部位的神经元在计算中起主要作用，负责知觉的颞叶神经元会对类比特别敏感，而镜像神经元会主要负责对外界活动的模仿。[①] 从这一意义上讲，专题训练是非常有必要的。当学习者某一方面的技能欠缺时，可以通过集中时间的专题训练进行弥补。

3. "学习是联结"的教育启示

"学习是联结"的本质，能帮助学习者从两方面理解学习：一是学习要"有意义"，二是要从结构上重视对知识的把握。

早在20世纪60年代，奥苏贝尔就提出理论，其意义是新知识能够与学习者已有的经验或知识产生"关系"。下面，结合这一原理，对以下几个颇有争议的问题进行分析和解释。

（1）如何能记住圆周率小数点后200位数字？

（2）三岁的孩子背三字经有必要吗？

（3）小学生背诵古诗词有必要吗？

第一个问题的通用方法是利用数字的谐音编成故事，通过记忆故事情节来记忆数字。这本身就是将数字与学习者熟悉的经验进行联结，这种方法虽能有效地记住圆周率小数点后200位，但只是单纯的记忆，而没有实际价值。第二个问题，三岁的孩子尚没有独立的生活经验，更没有支持三字经中"大智慧"的经历，因此，这种记忆只是对音节的记忆，是无意义的；小学生由于有一定的生活经验和历史知识，加上老师对古诗词背景的讲解，能够将古

---

① 吴增生. 用数学发展智慧[M]. 南昌：江西教育出版社，2015（07）：95.

诗词内容和自身的理解联系起来，能够产生"意义"。

从结构上把握知识，就是要注重知识点之间的关系，生成知识结构体系。布鲁纳的认知结构理论也正是强调了这一点。综合题型的考核不仅仅考查学习者对单个知识点的掌握，更重要的是考查学习者综合运用知识的能力。在学习中，有的学生对某一单元的每一部分掌握得都不错，但一到综合测试成绩就不佳，这就表现为综合应用能力的不足，其原因就是对知识结构把握不好。

思维导图是掌握知识结构的一种重要方法。学完单元内容后，可以通过画思维导图明确各部分间的关联，把握各部分间的关系。画思维导图，不是要比着现成的思维导图"画"，而是要"生成"，即通过总结每一部分的学习，将知识的来源、应用、要点和注意事项梳理清楚，必要时，要翻看课本和相应的练习，进行有针对性地归纳。这样画出来的思维导图，既体现了知识点间的关系，又反映了学习者平时的学习状况，是学习者个性化学习过程的生成图。这种方法画出的思维导图既把握了知识结构，也为日后的复习提供了宝贵的资料。

二、学习是交往和参与

（一）学习是交往

交往是由于共同活动的需要，人们建立和发展相互关系的过程。社会交往是人类生存、活动、实践以及社会发展的一种重要方式。马克思认为，社会交往是人们为满足自身生存需要而进行物质生产的前提，是制约个人生存与发展的重要方面。在此基础上，哈贝马斯（Habermas）提出了交往行为理论，他将人的行为归结为两种，即工具性行为和交往行为。这肯定了社会交往行为的工具价值，又赋予了交往理性的重要地位。学习交往是以学习为目的的工具性行为，它表现为对知识的掌握和学习者能力的提升。

案例1-2： 小B是一名初二学生，他的数学成绩比较差，妈妈多次找老师帮他辅导，效果也不好。半年后，小B随父母搬家，认识了邻居小C同学，小C和小B都喜欢玩游戏，与小B不同的是，小C有很强的自我约束能力，玩游戏并不沉迷，而且数学成绩比较好。两人成为好朋友后，经常在一起玩耍和学习。半年后，小B妈妈发现小B发生了较大变化：不但数学成绩有较大提高，而且不像原来那么沉迷于游戏了。

案例 1-3：小 D 学的是计算机专业，今年大二。大一时，曾报名参加软件开发培训，由于学习枯燥而退出。今年，学校软件协会招聘人员，辅导员让他参加了，没承想他的能力大放异彩，他超强的编程能力让他成为协会少有的骨干。他说，在这儿，我结识了一群志趣相投的师哥师姐，他们严谨自律的学习精神使我受益匪浅，我们互帮互助，成为一个精诚协作的团体。

上面案例中，无论小 B 学习数学还是小 D 学习编程，其进步都与同伴的交往和互动有很大的关系。

2005 年，费拉里（Ferrari）在猴子的大脑皮层中鉴别出一类神经元：当猴子看到实验人员手持工具时，这类镜像神经元的反应十分强烈，而当实验人员徒手做动作时则没有这样强的反应。后来，人们又证实了人的大脑皮层中也有该类神经元，这类神经元称为镜像神经元。这类神经元的原理能够有效解释生活中的一些现象：看电影或追剧的时候，观众为什么会因为剧情太虐而揪心；看新闻的时候，观众为什么会因为激动人心的场面而感动不已；看到领导板着脸的时候，为什么员工的笑脸也立刻会收起来。这都可以解释为：是镜像神经元的作用，镜像神经元是互动学习的神经基础。

另外，通过交往，学习者不仅能从别人身上学习知识，而且能收获友情，获得情绪的支持，甚至通过互动实践，明确学习的目的和方向，将知识学习与自身的发展联系起来，真正实现为发展而学习，这种效果是单纯的独立学习达不到的，这也是社会学习理论的核心价值。

（二）学习是参与

实践作为一种学习的方法论，自古以来就受到重视，"理论源于实践""知行统一""做中学"等思想都说明了实践的重要性。参与是一种深层的实践，能通过身体力行，从知、行、情各个维度体验学习，达到深度学习的目的。如，在师范专业学生的培养中，通过纯粹的理论学习，学生较难培养教师的职业素养，而通过支教实习，亲身到学校看一看、到讲台上讲一讲、跟孩子们聊一聊，就会萌生对教师的职业认同，再回大学课堂学习，就会用不一样的眼光对待理论学习：自己原以为是纯粹说教的那些文字，原来句句都是真理。

具身学习从理论角度阐释了学习的参与本质，情境学习、生成学习、体验学习等方式都从不同方面说明了参与对于学习的重要性。情境学习注重情境的创设，聚焦于环境对认知的关键影响；生成学习注重知识的动态生成，聚焦于交互过程的持续性变化；体验学习重在体验。聚焦于身体环境交互时形成的个人感知和经验，这些方式的共同特点是反对获取知识时，对身体、环境的忽视，强调身体、环境、过程、情感等因素的重要性，其本质是参与。

在学习中，受条件所限，有时学习者不得不作为一个配角或"旁观者"参与学习。实际上，"合法的边缘性参与"①仍是一种有效的策略。根据这一理论，学习的基本特征是参与，哪怕是部分地参与活动，或者是作为旁观者进行观察，或是同专家简单地互动，只要能够用心融入学习情境中，仍然有助于其建构所学知识。

参与本身属于实践范畴，其与理论学习的关系，是行与知的关系。行对知的深化作用可从三方面进行解释，一是行为知提供情境，促进认知，这也是情境学习理论的观点；二是行产生互动，调动情绪，情绪与认知一体，犹如在化学反应中添加了催化剂，学习效果可想而知，这是社会学习理论；三是行使学习者产生身份认同，学习者能从职业角度认识问题，实现学习的科学化和专业化。

（三）"学习是交往与参与"的教育启示："做中学"

交往和参与的学习本质使我们认识到实践学习的重要性。在学生阶段，学习者的学习主要是理论学习，而实践是为了更好地理解理论知识。从这一点上讲，实践是为理论学习服务的，实践是为了在互动中促成情绪、促进认知。在学习中，和师生互动相比，同伴互动是一种更有效的策略。因为同伴间有共同的目标、相近的话题以及相近水平的知识，更容易产生学习共情。因此，在教学设计中，教师应尤其注重同伴间的互动设计。如，当某个同学向老师请教不会的问题时，老师可以让其向其他同学请教，或者当某个同学刚刚破解一个难题后，老师可以让他为其他不会的同学讲解。这种做法不但听者受益，对讲授者来讲，也是一个知识梳理的过程。

在线学习的设计中，互动设计也是很重要的一个方面。学习者可以与教师互动，也可以和其他学习者互动，甚至可以通过智能技术与资源互动，既

---

① Jean Lave, Etienne Wenger. 情境学习：合法的边缘性学习［M］. 荆素蓉，译. 上海：上海外教出版社，2019（08）.

可以与同伴进行即时互动，也可以与老师进行异步互动，即可以用文字互动，也可以通过语音、图片和视频互动。互动设计弥补了线上学习的不足，使在线课程产生了与课堂教学同质的生命力。

此外，根据"学习是参与"的本质，教师设计教学活动时，也尽量让学生的身体和思维同步，以达到在情境中深度认知的目的，如英语中的对话，我们可以采用角色扮演的策略；在涉及情感类的语文教学中，尽量让学生通过实践活动进行体验；当学生苦思冥想也无法求解时，我们不妨让学生站起来，在黑板上试一下。

在20世纪，杜威（J. Dewey）提出的"做中学"教学原则早已被我们熟知，但为什么要在做中学，有些教师对此并不一定理解，而了解了社会化学习理论，理解了学习的参与本质以及交往和情绪的关系之后，就会很好地理解这一原则。这就是底层逻辑和上层理念的关系。本书中，较多地介绍了一些理论，为的是让读者更多地从底层获得学习的原理，为更好地开展学习和教学提供支持。

三、学习具有潜意识特征

（一）潜意识的相关概念

弗洛伊德在它的心理学研究中，将人的思想分为意识和潜意识。意识是指人能够靠自己的意志控制自己的行为。根据美国神经科学家 Paul D. MacLean 的三重脑模型，大脑分为爬行动物脑、边缘系统和新皮层[1]，意识的控制发生在新皮层中。如，学生为了取得好成绩而主动进行学习，孩子因担心受到父母批评而隐瞒自己在学校的不良行为，潜意识是人们"已经发生但并未达到意识状态的心理活动过程"，如眨眼、打哈欠、说梦话等行为，潜意识与意识共同构成人类所有的认知活动。

关于意识与潜意识的关系，弗洛伊德曾做过一个比喻：潜意识系统是一个门厅，各种心理冲动像许多个体，相互拥挤在一起。意识好比接待室，心理冲动由潜意识进入意识，须经过检查，只有那些符合常规理念的冲动，才允许进入接待室，其他冲动被禁止进入接待室。一旦条件允许，有些潜意识的冲动也可进入意识区域。也有人用"冰山理论"形容两者，露出水面的冰

---

[1] Sprenger M. 脑的学习与记忆 [M]. 北京：中国轻工业出版社，2005：37.

山部分是意识，而藏在水面以下的部分是无意识。

通常情况下，人们是通过意识进行学习的，首先大脑感知到外界信息，进而引起注意，最后意识进行加工处理，这个过程称为认知，第二章将详细讲解该类知识。除此之外，人在很大情况下都进行着无意识学习。如，有些人从未注意到电视广告，但在购物时却发现更中意电视广告中的物品，有些学生整堂课都在开小差，但对上课内容并非一无所知。神经科学家通过CT技术发现，睡眠时大脑部分区域的脑电波仍然非常活跃，这说明，睡梦中大脑仍然进行着潜意识活动。也有研究证明，睡眠过程中，大脑对信息进行整理、分类、舍弃和储存，从而清除脑内代谢废物，恢复活力。这可以对多数人"睡前劳顿不堪，醒来神清气爽"的感觉作出合理的解释。

为解释意识和潜意识的相互关系，弗洛伊德从精神分析学提出了本我、自我和超我的概念。"本我"表示潜意识中的个体，代表欲望，受意识遏抑；"自我"主要指个人有意识的部分，其位于人格结构的中间层，作用主要是调节本我与超我之间的矛盾，它一方面调节着本我，一方面又受制于超我，它遵循现实原则，以合理的方式来满足本我的要求；"超我"位于人格结构的最高层，是道德化的自我，由社会规范、伦理道德、价值观念内化而来，其形成是社会化的结果。超我遵循道德原则，它有三个作用，分别是抑制本我的冲动、自我监控和追求完善的境界。本我、自我、超我共同构成了人的完整人格。

（二）内隐学习

根据知识能否清晰地表述和有效的转移，可以把知识分为显性知识（Explicit Knowledge）和隐性知识（Tacit Knowledge）。[①] 显性知识通常指容易以语言、书籍、文字、数据库等方式传播，也容易被人们学习的知识，如一项工程的实施流程、一张反映期末成绩的数据表或一个数学公式。而隐性知识通常指在做事的行动中拥有但不能被准确表述的知识。学习中，很多知识和技能都属于隐性知识，如高级工匠的手艺知识、教师的实践性知识，人们对于语言和书法的学习，医生如何进行手术等。

隐性知识的学习即是内隐学习，它属于无意识学习，通常不能被准确地进行描述。内隐学习具有自动性、抽象性和碎片化的特点。自动性是指学习者在观察和模仿中不知不觉地进行学习，没有刻意地去发现任务的隐藏规则；

---

① 应力，钱省三. 知识管理的内涵 [J]. 科学学研究，2001（01）：64-69.

抽象性是指内隐学习能够自动抽象学习任务的本质特征，并迁移到其他任务中；碎片化是指内隐学习没有良好的结构，知识难以进行系统化。以上特征决定了内隐学习不能通过系统地讲解进行，只能通过学习者反复的实践和反思的潜移默化地生成。关于内隐学习，大卫·库伯（David Kolb）的经验学习圈[1]是目前公认的一种可操作框架，它通过"具体经验—反思观察—概念抽象-再实践"的循环迭代实现了隐性知识的有效传递。

（三）内隐学习的教育启示

学前儿童的学习方式主要是内隐学习，习惯、性格、情绪和意志等非智力品质都是在学前阶段形成的，这些品质会对学龄段的学习起到重要的支持作用。例如，有的学生有深入探究问题的习惯，在学习上表现为总是问"为什么"；有的学生表现为情绪稳定，在学习上表现得不急不躁、沉稳老成，做题、考试很少由于粗心大意出错；还有的同学有较强的心理素质，遇到挫折不会气馁，总能总结不足，迎头赶上。由于大多数家长对学前儿童的内隐学习缺乏了解，因此他们在孩子早期并没有投入太多的精力，或是忙于工作而忽视了孩子的学习，使孩子在学前阶段没有进行充分的储备，孩子上学后表现出观察力不强、思考肤浅和自主性缺乏等不足，而这时候，较多家长只是将原因简单归为不好好学习，而没有从根本上认识这个问题，这在很大程度上影响了孩子对问题的改正。

相对于成人，婴幼儿和学前儿童的内隐学习能力很强大，原因就在于婴幼儿对周围一切都充满了好奇心，只要知识经常出现在他的生活中，他们就会主动去接触和了解。但随着年龄的增长，受已有知识和兴趣的影响，大脑对信息的加工渐渐有了选择性和偏好性，对于不感兴趣的东西，孩子会自动去屏蔽，甚至逃避，这时候，他们的求知欲大大降低。

因此，在学前阶段和婴幼儿时期，家长应有意识地引导其进行内隐学习。一方面，家长为孩子提供示范，进行"身教"。比如，要培养孩子读书的习惯，父母可以在睡前或空闲时间读书，并为孩子准备他们喜欢的书，让孩子在耳濡目染中学着阅读，久之，孩子就会养成阅读的习惯。培养孩子劳动的习惯也是一样，父母要自己勤于家务，身体力行，在必要的时候，加以引导

---

[1] Ed Petkus A. *Theoretical and Practical Framework for Service-Learning in Marketing: Kolb's Experiential Learning Cycle* [M]. Journal of Marketing Education, 2000 (04): 15.

和鼓励。培养孩子钻研的习惯，需要拿出充分的时间，静下心来，真正和孩子一起沉浸其中，让孩子感受到深入思考的愉悦。另一方面，家长要为孩子提供隐性学习的环境。例如，要提高孩子的英语水平，可以和孩子约定尽量用英语交流，或者在常见的物品上用英语标记。如果要让孩子学习打球，就创造机会，让他与喜欢打球的同伴交往。

到了高年级阶段，学生的元认知能力逐渐增强，可以引导学生了解潜意识的相关知识，使其逐渐学会管理自己的学习，不仅要知道什么时候应该学习，而且明白什么时候应该休息、什么时候应该进行自我激励，并通过调整学习方法提高学习效率。

此外，理解潜意识的概念，有助于学生进行自我调整，为学习提供心理支持。进入高中以后，有的学生已明白学习的重要性，但长期形成的懈怠习惯使自己无法控制自己的行为，"自我"状态一直处于"本我"层次，欲改不力、欲罢不能，心理长期处于矛盾状态，形成较大的压力。理解了潜意识、本我、自我和超我等概念后，学习者能够认识到自己只是处于一种习惯的心理状态，是完全可以改变的，从而接纳自己，并通过这些知识武装自己，提高控制力，改进学习行为。再如，当前较多学生凭感觉学习，整天忙于完成作业，而很少总结反思，如果学生能认识到只有使自我处于"超我"状态时，才能更好地提高学习能力，就能避免这一问题。

了解了潜意识和内隐学习的原理，学生就能够成为自己大脑的主人，较好地把握自己，知道自己学习的问题，明确现有的水平，预测能达成的目标，从身心、情绪和行为上整体调整自己，最大化地优化学习。

教师应充分认识到内隐学习在学习中的重要性，并将其运用到教学中，帮助学生提高学业水平。一方面，从心理学角度洞察到学生的潜意识，为学生创建内隐学习的情境，通过积极引导，将潜意识转化为意识，并付诸行动。另一方面，教师要指导学生了解内隐学习和潜意识的相关知识，让学生学会自己运用这些知识解读自己、接纳自己并完善自己，提高元认知能力和反思能力，从内部提升学习的动力。

四、关于学习的新观点

(一) 学习重在激发情绪

案例1-4：小E是一名初二女生，她对数学学习并不太感兴趣，每天只是按照要求完成作业，但并不太关注作业完成的质量。她的成绩一直不太好，甚至比一些经常完不成作业的同学还差。老师说她成绩差的主要原因是学习不主动，缺乏学习的激情，但她不知道如何去做。

大脑是一个统一的整体，各功能区既分工也协作，额叶皮层主要负责认知，边缘系统产生情绪，对认知起到重要的支持作用，只有情绪与认知结合，才能做到身心合一、高效学习。在上面案例中，小E显然缺乏学习情绪，她只是将学习当作任务完成，而没有用心去分析自己的问题所在以及如何解决，没有用积极的情绪去支持认知。

近些年的教学改革中，情绪在学习中的作用越来越受到重视，如，侧重学习情境的营造和意义的构建，重视师生和生生互动，注重对学生积极正向的评价等，都是从根本上调动学生的学习情绪。经验也表明，提高学习效果，最重要的是调动学习者的情绪，使学生的学习成为主动学习，使学生真正成为学习的主体。从这一点上，教学设计应该是感性的，必要时，要"迎合"孩子，使其产生积极的情绪，配合认知活动。

（二）反思促进深度学习

根据建构主义学习理论，每个学习者的学习都与自己已有的知识和经验有关，其学习的效果是个性化的。要实现深入的学习，必须结合自身状况对学习进行反思，发现学习中存在的问题，并寻求适合自身的解决方案。

反思性学习是促进深度学习的有效方法，它是在特定的学习情境下，学习者以元认知为指导，自觉地对自身认知结构、学习活动及其所涉及的相关因素进行批判性审视，对将要开展的学习活动进行创造性的预见，对学习活动过程中发现的问题进行科学性的探究，对整个学习活动过程进行有效的调控，以促进问题解决、学会学习、自我发展的学习活动方式。[1] 反思性学习对深度学习的促进表现在三个方面，[2] 一是有助于促进认知加工。由于反思性学习具有反省性、批判性和创造性的特征，它能帮助学生主动进行自我调节，实现重构知识体系、深化问题理解、拓展多元联结以及优化思维过程的目标。

---

[1] 吴秀娟，张浩，倪厂清.基于反思的深度学习：内涵与过程［J］.电化教育研究，2014，35（12）：23-28+33.

[2] 刘哲雨，郝晓鑫，曾菲，王红.反思影响深度学习的实证研究——兼论人类深度学习对机器深度学习的启示［J］.现代远程教育研究，2019（01）：87-95.

二是通过反思性学习，学习者能对自己的学习作出正确分析，并在积极的行动后取得进步，从而较好地改善学习情绪，提高自我效能感，进而加大深度学习的水平。三是反思性学习能显著增加个体的相关认知负荷，[①]帮助学习者形成知识结构，促进深度学习的发生。

（三）表达和外化能有效促进知识的掌握

案例1-5： F老师是一位高中化学老师，课堂上，他讲得少，但提问得多，不仅让学生讲对，还要讲得清楚有条理，要让其他同学听明白，讲不明白就让其他同学补充。围绕一个问题，把相关的知识都讨论得明明白白。有的同学很不解：一堂课只有几十分钟，一个问题就花这么长时间，不值得。但事实说明这种方法是高效的，他带的班级的成绩一直在学校名列前茅。

讲解、讨论和辩论本质是将知识外化输出，人们通过初步学习将知识输入大脑，但知识能否输出取决于大脑对信息的处理深度以及新知与旧知联结的牢固程度。神经影像技术显示：人在描述一件事情时，不仅负责语言的颞叶被激活，顶叶、额叶等相关脑区都有部分区域被激活，这说明语言表达是以语言中枢为主的各神经中枢的统一协调工作。由此，我们不难推理出语言表达的原理：记忆系统回忆相关知识，运动中枢通过相关通路提取有关术语，并由感觉中枢明确其含义，再由额叶依据情境找到逻辑关系，最后由语言中枢梳理成语句。因此语言表达的过程是大脑高度协同的工作过程。学习者初次理解知识，往往只是与已有知识进行了初步连接，它们的关系并不稳定，受到干扰后，可能会断裂、遗忘。通过讲解、讨论、辩论等形式，加强了各脑区的沟通，明确了新知识与已有知识的联系，梳理了知识结构，提高了认知效率。

此外，讲解、讨论已有方法能将抽象的隐性知识转化为结构相对清晰的显性知识，实现知识的可视化理解和操作，更便于学习者把握。讲解是学习者从内部梳理思路、消化知识的过程。因此，学习者为同伴讲解有助于自己更熟练地掌握知识。学习者在讨论问题时，经常会出现"讲着讲着就明白了""讲着讲着就糊涂了"的情况，说明讲解方法对于学习的促进作用；辩论是通过其他人促使学习者重新审察自身认知，反思自己的方法。通常，辩论能使

---

① 宋晓雪. 含反思提示的交互式视频对学习者学习的影响[D]. 北京：华中师范大学，2017.

学习者从不同的角度认识问题，还能促进对知识的深刻理解。理不辩不清，道不辩不明，也正是这个道理。无论是孔子的"三人行，必有我师焉"，还是苏格拉底的"剖产术"都说明了这一点。

理解了学习"是什么"的本质，有助于学习者和教师更好地开展学习和教学。学习的联结特性是从知识结构和认知结构上讲的，启示学习者学习时应始于每一个知识点，帮助学生树立重视基础的观念；学习的交往和参与特性，强调了外部环境对学习的影响，侧重学习动力的培养；学习的潜意识特征从心理角度说明了学习的认知特性和可发展性，为学生主动学习和教师科学地设计教学提供了理念。

第三节 学习科学的形成

一、学习研究的历史回溯

在古代，学习的方法是相对固定的，基本都是诵读和记忆。"头悬梁"和"锥刺股"的故事说明了学习方法的单一性。19世纪以来，随着科学技术的发展和科学主义思潮的影响，人类才开始从科学的角度探索学习本质和学习过程。传统意义上，对学习的研究经历了实验研究和认知心理研究两个阶段。

威廉·冯特（Wilhelm Wundt）和同事们是最早的学习研究者，他们在实验室里要求被研究者反思他们的思维过程，试图以此对人类的意识进行准确的分析。后来，行为主义研究者提出，心理的研究应限制在可观察的行为和能加以控制的条件上，他们通过猫、狗等动物进行试验，以此提出反应与刺激间的联结关系。但这种方法很难去研究理解、推理和思维等学习现象。

20世纪50年代，认知科学研究者从多个视角来研究学习，涉及心理学、语言学、人类学、哲学和计算机科学等。起初，认知科学的研究内容主要包括各种心理现象，如知觉、学习、记忆、推理、语言理解、知识获得、注意和情感等，研究方法除了使用行为主义采用的实验法外，还包括观察、测量、相关分析和个案研究等，能从更多角度证明其科学性。到20世纪70年代，认知科学家们开始研究人类是如何解决问题的，关注数学、科学、阅读和写作等学校教育的问题。他们发现专家和新手使用不同的方式来解决问题，学习的过程其实是"新手变为专家的过程"①。

行为主义只是从人的外在行为来推测人的学习，显然忽视了学习主要是大脑思维活动的本质。认知主义从人的心理出发来研究学习，距离真正解码学习更近了一步，但其研究的范畴仍属于意识范畴，其结论仍具有很大的猜测性。

当前，关于学习和教学的策略、方法和模式有很多，关于教学改革的理念不断变化，甚至可以用琳琅满目、应接不暇来形容。多数教师只会"按图索骥"，却不明白为什么这样做，因为其理念和方法过于意识和主观，公说公有理、婆说婆有理，教师们无法从原理上真正理解，也就谈不上去灵活地运用。

学习到底是什么，人们到底是如何学习的，学习应重点关注哪些方面的内容，如果能把这些问题搞明白，教学就会有抓手，教与学就会形成合力，真正促进孩子的发展。

二、学习科学的诞生和应用

20世纪后期，知识经济成为世界社会经济发展的主要特征，知识创新成为经济发展最重要的动力，这就对人才的培养提出了新的要求。人们逐渐认识到，仅仅记住知识、学会操作是远远不够的，学习者必须具有对复杂概念深层次的理解，以及创造新概念、新理论、新产品和新知识的能力，还必须能对阅读的材料作出批判性评价，并能以口头和书面的形式清晰地表达自己的理解，还要理解科学思维和数学思维。② 在这种背景下，人们开始从多个视角重新审视和研究学习，提出了关于认知的种种新观点。③

（1）学习是知识建构。借鉴皮亚杰的知识发展理论，以及他关于儿童认知方式不同于成人认知方式的观点，人们提出了知识的建构观点。每个人从小生活和学习的经历是不同的，他们对世界的理解也不同，当他们面对新事物时，他们总是尝试用自己的理解去确定该事物的意义。从这个意义上讲，学习是主观的。传统课堂中，学生仅靠听老师讲解或看课本并不能深刻理解

---

① Bruer J. T. *Schools for thought*, *a science of learning in the classroom*. Cambridge, Massachussetts Institute of Technology Press, 1993: 2.
② R. 基思·索耶主编. 剑桥学习科学手册 [M]. 北京：教育科学出版社，2010 (01).
③ 乔纳森主编. 学习环境的理论基础 [M]. 太年，任友群，译. 上海：华东师范大学出版社，2002 (10).

知识的含义,就是因为学生缺乏相关的知识和经验,无法系统性地理解知识。

(2)学习是概念转变。概念转变指个体原有的某种知识经验由于受到与此不一致的新经验的影响而发生的改变。20世纪80年代,康奈尔大学的Posner、Strike等学者首次提出概念转变模型(Conceptual Change Model,简称CCM),并进行了概念转变的研究与教学。概念转变一般包括两种形式:丰富和修订,分别对应于皮亚杰的同化和顺应概念。前者是新概念,补充了原有概念,使原有概念更加完善;后者对原有概念进行了分析、判断、调整和改造,是对原有概念的修改。研究者对概念转变的研究,特别是对概念转变过程和条件的研究,为学习者科学理解概念提供了操作性程序。

(3)学习从情境中获得。20世纪70年代,知识抽象化、去境脉化的知识传播特性不断受到人们的反思与批判。有人提出,日常生活总是有情境的,学生在学校获得的抽象知识无法解决日常生活中的情境问题。1989年,布朗、柯林斯与杜吉德在他们的著作《情境认知与学习文化》中,比较系统地论述了情境认知与学习理论,提出了情境学习模型。1991年,莱夫、温格夫妇出版了《情境学习:合法的边缘性参与》,提出了"合法的边缘性参与"的著名论断,认为学习是参与社会文化的实践。近年来,情境学习理论在认知科学、人工智能、心理学、教育学等各领域得到了广泛应用,极大地丰富了情境认知和学习的研究成果。

(4)学习是反思。20世纪80年代,美国教育家唐纳德·舍恩(Donald Schon)提出了"反思性实践者"的概念,强调了"在行动中思维,在实践中反思"的观点,认为理论在实践中发展应用才有其内在的价值,并对普适性理论提出疑问,强调了理论的情境性特征。受舍恩的影响,在教师教育改革中,反思性教师、反思性学习的实践得到了积极开展。这些研究,改变了学生以往的"受众"身份,使学生成为学习的主体,促进了学生学习能力的持续发展。

(5)学习是社会协商。协商学习起源于20世纪80年代澳大利亚和美国的"协商课程"思潮,倡议者认为,协商是引起学习者学习的最大可能,协商课程意味着让学生参与制定和修改课程方案,使他们真正投入学习过程和结果中去。[1] 人是社会性的,来自同伴的反馈有助于确定他们的身份和信仰。相对于传统学习,协商学习使学习者更乐意与同伴交流,在互动中生成知识

---

[1] 李宝庆,靳玉乐.协商课程评介[J].教育学报,2006(03):37-41+54.

的意义,并为学习提供情绪和动力支持。这也正是社会化学习理论的观点。

(6) 学习是活动。学习活动理论(Activity Theory of Learning)由苏联心理学家维果斯基提出,是社会文化活动与社会历史的研究成果。该理论认为,活动形成了人的学习心理,成为意识发生、发展的基础。活动在知识技能内化过程中起到了桥梁作用,为了思考和学习,必须对某个对象采取行动。活动理论关注活动的目标、过程、活动工具、协作者之间的背景及其社会关系等。

(7) 学习具有分布式特征。互联网时代,学习资源、学习环境以及学习的发生具有分布式特征,由此,人们提出了分布式认知理论。该理论认为,人的认知不是局限在大脑中的,而是在人与环境构成的整个系统中完成的,人往往要借助外在的环境线索、文化工具以及与他人的互动来完成各种认知活动。[1] 在群体学习环境中,知识的形成必须通过整合分散在群体中,每个组成分子中的部分知识才能够形成。[2] 该理论解释了信息社会下应如何进行学习:一方面,要重视学习情境的创设、学习共同体的组建和学习资源的共享,以此促进学习者之间的交互,关注群体知识建构。另一方面,要加强信息技术的应用,运用多种信息技术通信工具加强学习者与各种资源的交互,开展信息技术支持下的协作学习。

(8) 学习是混沌的。信息社会环境下的学习表现出了混沌的特点,也就是说,在很大情况下,学习的结果都是不确定的,研究者也很难对其作出准确的解释。学习和教育的混沌特点,表现在它的复杂性、不可预测性、个体性、多元性、非线性和自反性上。[3] 学习的混沌性,主要是由于大脑的超复杂性决定的,学习辅助系统和问题情境则是影响学习效果的外在变量。学习的混沌状态决定了学习是一个自组织过程,学习者自身内部状态的平衡决定了学习的效果。

认知科学发展的同时,与脑相关的研究也获得了较大发展。早在20世纪70年代,心理学家George Miller就提出了"认知神经科学",率先将脑科学和认知科学结合起来;90年代,随着磁共振、脑磁图、脑电图等脑成像技术逐

---

[1] 柳瑞雪,骆力明,石长地. 分布式学习环境下的协作学习交互类型研究[J]. 中国远程教育,2017(01):30-36+76+80.
[2] 钟志贤,张琦. 论分布式学习[J]. 外国教育研究,2005(7):28-33.
[3] 多尔,弗利纳,楚伊特余洁. 混沌、复杂性、课程与文化:一场对话[M]. 北京:教育科学出版社,2014:221.

渐应用到教育研究中，认知神经科学迅速发展起来。研究者们试图借助这些技术工具破解意识、思维、想象以及语言等问题，人们对认知问题的研究深入到微观物质领域；1999年，经济合作与发展组织启动了"学习科学与脑科学研究"项目，目的是在教育研究人员、教育决策专家和脑科学研究人员之间建立起密切的合作关系，通过跨学科的合作研究来探明与学习有关的脑活动，从而更深入地理解学习过程；2003年11月，"国际心智、脑与教育协会"成立，标志着科学界与教育界更加紧密地合作起来，共同研究人类学习与学习科学。

目前，许多国家都采取了一系列重要措施，大力支持脑与学习科学的研究与应用工作。从2000年开始，美国国家科学基金会就积极酝酿筹办学习科学研究中心和学习科学孵化中心，至2004年，美国建成了4个学习科学中心和若干个学习科学孵化中心；日本政府也非常重视脑科学的相关研究，日本文部科学省于2003年就启动了庞大的脑科学与教育研究项目；2004年，欧洲启动了"计算技能与脑发展"项目，由8个不同国家共同合作研究，并将研究成果运用于数学教育。这些研究组织与机构的创立表明，无论是在北美洲、欧洲还是在亚洲，全方位、多层面的学习科学研究已经蓬勃地开展起来。

21世纪之初，我国也非常重视脑科学的研究和应用工作。2000年，教育部在北京师范大学建立了认知科学与学习重点实验室；2002年，韦钰院士在东南大学发起、成立了学习科学研究中心；2005年，科技部在北京师范大学成立了"认知神经科学与学习"国家重点实验室，着手研究人类学习的脑机制，并将研究成果运用于学校的教育教学与学生的心理健康发展，脑的学习功能以及其在学习与教育中的应用研究受到了重视。近十年来，国家投入了大量经费，建立了与脑科学相关的国家重点实验室等重要科研平台，相关高校和科研院所也从多个方面开展了研究，研究涉及学习困难、记忆、空间认知能力等多方面。目前，北京师范大学、北京大学、东南大学等学校的不少学者在心理认知、认知神经科学以及学习与教学应用方面，均取得了可喜的成果。

三、学习科学的研究内容

学习科学是一门由生物科学、脑科学和教育科学等学科形成的交叉学科，旨在建立心智、脑与教育之间的桥梁。它整合脑科学、认知神经科学、认知心理学、教育技术学以及其他相关学科（如社会学、文化人类学、管理学、知识论等）的知识，对学习的原理进行系统研究，为学习和教学提供支持服务。其关注的问题主要包括以下几个方面。

（1）什么是学习。这一问题即是前两节所描述的学习理论和学习本质问题，深刻认识这一问题，能帮助学习者和学习指导者科学地判断学习的"真"与"伪"，并有效地解答"如何做"和"为什么"的问题。

（2）人是如何学习的。这也是百年来人们苦苦追寻的问题，脑科学和神经科学使这一问题的研究脱离了意识的限制，从更底层的物质角度寻求答案。这一问题的破解，将为人的学习行为提供最直接的支持。

（3）怎样有效地学习。有效学习和教学是关乎教育质量的关键问题，学习科学的研究将使学习更趋于科学和合理，从而帮助学习者提高学习效率和质量。

（4）怎样帮助学习者有效地学习。从教育的角度研究这一问题，能帮助教师更好地针对学生的学习去设计教学，使教学活动的开展更适合大脑的认知规律。

具体来讲，学习科学的研究内容主要包括基础理论、方法论、知识的本质、可视化知识、共同学习和学习环境设计等方面[①]。

本书将结合国内学习和教学的实际情况，侧重学习与教学实践，从学习的本质、学习的过程、学习作为、互动学习、学习管理和错误学习等方面对学习进行介绍，一方面从实践角度为读者提供"如何学习"和"如何教学"的指导，另一方面从理论角度让读者明晓其依据，即"为什么这样做"。

传统的学习研究采用了自然科学的研究方法，如实验法、调查法、测量法等，这些方法虽然是科学意义上的方法，但对于复杂、混沌的学习过程来说过于简单，其结论并不能很好地反映学习的真实情况。如，较少样本的定量方法并不能得出准确的研究结论，而大样本得出的结论相对准确，但又因为样本大而使结论过于宽泛，对学习者个体来说缺乏针对性。学习科学采用的研究方法除了传统的实证方法外，广泛吸收了其他学科的研究方法，力求对学习作出整体、多元和动态的解释。如，它将哲学中的现象学、解释学方法与传统的质性方法结合起来，以对学习现象作出更全面的描述，将工程学和艺术学中的设计方法用于教学环境的设计，以获得更符合学习者认知心理

---

① R. 基思·索耶主编. 剑桥学习科学手册［M］. 北京：教育科学出版社，2010（01）.

的效果，将控制科学中的耗散结构理论、协同学和突变论用来理解学习，以更好地辅助教学设计。按照克罗德纳的观点，"学习科学是一门设计科学、一门集成科学、一门社会认知科学、一门描述性科学和一门实验科学"[①]。其中，"基于设计的研究"方法是一种融合了多种研究方法而创建的方法，它是学习科学的主体研究方法，它从设计的角度去研究学习，能有效促进学习者的学习。如，当学生对某一知识理解较浅时，教师可以给学生提出要求，让其设计一道题。在设计题目的过程中，学生除了要理解相关内容外，还要从考核目标、答案和评价各个方法去考虑，真正做到对知识点的全面系统的把握。

第四节 学习的物质基础

一、脑的结构和功能

学习是人的意识活动，根据"物质决定意识"的论断，人的意识是由物质决定的，这个物质主要就是人的大脑。也就是说，大脑的结构决定了人的学习功能，学习者思维能力的强弱、联想能力是否丰富、语言能力是否流畅，都是由大脑的结构决定的。因此，了解大脑的结构、功能和特性，能更好地帮助学习者从底层理解学习的原理。

（一）大脑的整体结构

人脑是一团软塌塌、湿乎乎的物质，其形状像拨开的新鲜核桃，又像一盘盘在一起的大肠，其位于脊椎顶部，藏在颅骨之中。人脑重量约占体重的2%，成年人的脑重约1400千克，但正是这微小的部分，控制着人几乎所有的功能：运动、视觉、听觉、语言表达以及思维活动。

大脑由左右对称的两个半球构成，两个半球由被称为胼胝体的横行纤维连接。按照大脑的功能，大脑分为三部分：脑干、边缘系统和新皮层。20世纪60年代，神经科学家Paul D. MacLean根据大脑的功能，将大脑划分为爬行动物脑、古哺乳动物脑和哺乳动物脑，称为"三脑一体"模型。这个模型是建立在脑是随人类进化而来这一观念之上的，在这个进化过程中，新的脑附

[①] 冯锐，任友群. 学习研究的转向与学习科学的形成 [J]. 电化教育研究，2009 (02)：23-26.

加到原始的脑之上，因此，可以把人的大脑看作三个可以加工信息的脑。有人将这三个脑分别称为"原始脑""情绪脑""认知脑"，以标志其作用，这种名称能帮助学习者在简单的水平上理解脑的功能。

1. 原始脑

原始脑即 Maclean 模型的爬行动物脑，主要由脑干和相关脑区构成，它主要执行生存功能。所有信息在进入执行高级思维功能的脑区之前，都必须经过脑干。这就好比向计算机输入信息时，必须经过逻辑电路构成的运算器一样。该模型认为，脑干是第一个发展的脑，与爬行动物的脑十分类似，其工作类似动物的本能属性。比如，当人走在马路上，迎面来了一辆汽车，这时，人的本能反应就是快速躲开，这一过程没有经过大脑皮层的反应。如果把大脑比喻成一台计算机，脑干就是底层的逻辑结构，如果这部分受损了，这台也就不会工作了。

2. 情绪脑

情绪脑也称边缘脑，控制人的睡眠、激素分泌等活动，与人的情感和情绪处理有密切关系。如，人在情绪高的时候学习，效果格外好，而情绪沮丧时学习，效果会很差。目前，边缘脑已经成为最受关注的区域之一，它的功能远远超出了之前人们的想象，它与大脑的高级思维活动有着密切的联系。丘脑、海马和杏仁核是边缘系统的三个最重要部分，它们在学习和记忆中起着重要作用。

丘脑是大脑的信息入口，所有感觉信息首先进入丘脑，然后传入脑的其他部位进行进一步加工。

海马位于边缘区的基部，它对巩固学习和记忆起重要作用。信息经工作记忆加工后转入长时记忆区才能永久保存，此过程需要几天，甚至数月，在这期间，海马不断检测工作记忆的信息，并与长时记忆中存储的经验相比较，从而确定信息的意义。脑科学证实了海马在信息存入永久记忆中的作用。

杏仁核附着在海马的末端，形状类似杏仁状。杏仁核与情绪，特别是恐惧情绪密切相关，用电刺激杏仁核可以引起被试者的愤怒情绪，狂怒的精神病患者在手术摘除杏仁核后，性格变得比较温顺。研究者认为，当记忆转入长时储存区的时候，杏仁核负责对情绪信息进行编码。目前，尚不清楚情绪记忆本身是否确实存储在杏仁核中，也有可能记忆中的情绪部分存储在杏仁核中，其他认知成分被存储在其他地方。① 每当回忆的时候，情绪性成分也会被回忆起来。这就可以解释为什么人们回忆情绪事件时，经常会再次经历这些情绪。

3. 认知脑

认知脑即新皮层，处于 Maclean 模型的最高层次，负责所有高级思维功能。人的阅读、计划、分析、决定等活动都发生在该区域，学习中通常用到的运算、推理以及元认知等思维活动，都由该部分负责。对于人的学习来说，认知脑的发展是最重要的。

虽然 Maclean 模型比较简单，还不能真实地解释大脑的工作原理，但它能让研究者从宏观和整体了解大脑的工作机制，并对相关学习进行科学的评判。如，有些教师对有些学生的不理性行为感到焦急和生气，当他们了解了情绪脑和认知脑的关系后，就会心平气和地接受这种现象。

(二) 大脑皮层

大脑皮层是覆盖在大脑表面的一薄层褶皱状的结构，厚度为 0.08—0.63 厘米，是人们所说的脑的"灰质"，主要包括枕叶、颞叶、顶叶和额叶几部分。大脑皮层是具有意识水平的组织结构，它能让人们意识、认识以及表达出自己的感受和所思所想。与之相比，脑干和边缘系统的工作都是无意识的，比如杏仁核和海马有助于记忆的形成，但人们并没有意识到这些活动。

1. 枕叶

枕叶位于脑后中心部位的下方，是处理视觉刺激的主要中心。因为被皮层组织覆盖着，所以这个脑区域又被称为视觉皮层。它可以分成许多亚区域，每个亚区域在处理从外界进入脑的视觉信息的过程中都起着重要作用。

视觉刺激经丘脑到达视觉皮层时，首先由枕叶进行初级视觉感知处理，随后，它们进入到次级视觉皮层区，这一皮层区将输入的信息与以前见过的东西进行比较，然后作出判断，如识别眼前的事物是一辆汽车，还是一棵树。

值得注意的是，虽然视觉皮层的功能主要是形成表象，科学家们也在视觉皮层发现了动觉细胞和色觉细胞。此外，视觉皮层还有专门的区域对刺激

---

① Milner B., Squire L. R. & Kandel, E. R. *Cognitive neuroscience and the study of memory*. Neuron, 1998, 20: 445-468.

进行大体扫描，处理立体视觉、深度、距离和物体知觉。研究还发现，在猴子的枕叶中，已经发现大约30-35个这样的视觉区域。[①]

在生活中，不同的人看到同样的物体，却会关注不同的方面，或者说"看到"了不同的内容，其原因何在呢？其实，人们在视觉上的专注是不同的脑区协调作用的结果。首先，视觉感知区域使个体知觉到真实物体，然后视觉皮层与其他脑区进行沟通，搜索以前储存的视觉信息。当与以前存储的信息相匹配的时候，感觉刺激才变得有意义，才会对视觉信息进行进一步处理。例如，当一个人扫视人群时，大脑不会注意陌生的面孔，而一旦看到熟悉的面孔时，就会立刻给予关注。

2. 颞叶

颞叶在枕叶和额叶之间，由许多处理听觉、语言和听觉方面记忆的亚区域组成，其主要功能是处理听觉刺激。听觉让我们可以和其他人交流，还可以提供生存所必需的一些信息。如火车到来的声音提醒人们离开铁轨，身后的脚步声提醒我们确认是不是熟悉的人，或者确认发出声音的物体。

与枕叶一样，颞叶也由许多亚区域组成，当颞叶的初级听觉皮层受到刺激的时候，声音的感知就产生了。另外，听觉联合区连接着初级听觉区和其他脑区，以辅助加工听觉信息。在颞叶、左侧枕叶和顶叶的联合区，有一组神经元主管语言理解，称为威尔尼克区，它与布洛卡区一同主管语言活动。

3. 顶叶

顶叶位于两个脑半球的顶部，主要由前部和后部两部分组成，各自发挥着不同却互补的功能。

顶叶前部有一条叫作躯体感觉皮层的神经元带，它能够接收感觉信息，如外界环境的温度变化、皮肤接触、痛觉以及躯体的位置等信息。躯体感觉皮层表面上的特定区域，分别负责身体的各个部分，越灵敏的部分越需要更多的区域去解释它的信息。例如，双唇、舌头和喉咙拥有最多的接收器。顶叶前部损伤将影响触觉、痛觉和对身体位置的知觉。顶叶后部则在不停地分析和整合所有的这些信息，从而获得空间意识，任何时候脑都需要了解身体各个部分的位置及其与环境的关系。该部位受损常常导致操作能力变差。

---

① Michael S. Gazzaniga, Richard B. Ivry, George R. Mangun. 认知神经科学——关于心智的生物学[M]. 周晓林, 高定国, 译. 北京：中国轻工业出版社, 2011 (2).

4. 额叶

额叶是大脑皮层的最大部分，大约占据皮层28%的区域，它是大脑发育中最高级的部分，包括初级运动区、前运动区和前额叶。在过去2万年的进化过程中，额叶的变化最为明显，这也是现代人区别于我们祖先最明显的地方。在这一高度发达的脑区域的支持下，人们可以完全按照自己的意愿来行动，如移动身体部位、计划未来、集中注意力、反思、做决定、解决问题和进行会话等。

额叶皮层的一项重要功能是加工感觉运动和知觉。位于额叶后侧的运动皮层控制着几乎所有的肌肉，以完成精细的动作，运动皮层附近的布洛卡区与颞叶的威尔尼克区相连，以辅助发音。

大脑的思维、控制和计划功能发生在前额皮层，人的前额皮层比起其他物种要大很多，这也是人类与动物区别最明显的部分。在这里，来自内外部的感觉信息得到综合，物体与其名称建立联系，高级形式的心理活动得以发生，正是这部分皮层让人们可以设计建筑、谱写歌曲、做梦以及体验爱恨情绪，因此，皮层产生意识。此外，前额皮层中的一部分皮层对情绪的自我调节很重要。如眶额皮层负责评估和调节从低级脑区域发出的情绪刺激，这一功能可以解释某些情绪失控行为，比如成人的暴怒和儿童的莫名发脾气，这可能是源于脑的损伤，或是该部位发育迟缓，也有可能与遗传因素有关。一些研究认为，导致情绪自我调节失败的决定因素是早年缺乏一贯的情绪塑造。

(三) 大脑的功能分工

1. 大脑功能定位

"大脑功能定位"的学说最早由法国医生Paul Broca提出。有一天，外科医生Paul Broca发现他的一个病人中风后失去了说话能力。这个病人死后，他对其尸体做了解剖，发现病人大脑中的左脑额叶有损伤。鉴于此，他认为人的某种功能是由大脑中特定区域决定的。1861年，他提出了"大脑功能区域特定论"这一概念，即大脑的特定部位负责特定的功能。起初，医学界并不完全相信。后来，陆陆续续又有不少研究表明，大脑的某些区域受损会导致一些特定功能的丧失。由此，医学界普遍接受了这一观点。

"大脑功能定位"的理念认为，大脑皮层分成许多独立的功能区域，分别司职视觉、听觉、体觉和思维功能。具体地说，视觉功能主要由枕叶及相关脑区域负责，听觉功能主要由颞叶及其相关脑区域负责，体觉功能主要处理触觉、压力、温度和疼痛等知觉，由顶叶及其相关脑区负责，思维功能主要处理推理、计划、情感和问题解决等功能，主要由额叶及相关脑区域负责。

2. 左右脑分工

20世纪50年代，美国加利福尼亚技术研究院的教授、著名生物学家斯佩里（R. W. Sperry），提出了左右脑分工的观念。斯佩里和他的学生通过在动物身上进行裂脑实验发现，当切断猫和猴子的左右脑之间的全部联系时，这些动物仍然生活得很正常，并且可以训练两个脑半球以相反的方式去完成同一项任务。后来，他们又对人进行了裂脑实验，对严重癫痫病人切断两个脑半球之间的神经联系，使其成为相对独立的脑半球，结果发现，各自独立的脑半球有其自己的意识流，在同一个头脑中有两种独立意识平行存在，它们有各自的感觉、知觉、认知以及记忆等。也就是说，左脑同样具有右脑的功能，右脑也同样具有左脑的功能，左右脑只是各有分工和侧重点而已。

目前，左右脑功能的差异得到了人们的认可。人们普遍认为左脑是理性的、逻辑的，主要负责知性、理解、判断、推理和语言等功能，称为"意识脑""学术脑"或"语言脑"。它既像一个雄辩家，善于语言和逻辑分析，又像一个科学家，擅长抽象思维和复杂计算；右脑是本能的，主要负责想象、直觉和创造等，称为"本能脑""图像脑""创造脑"或"艺术脑"，它像一个艺术家，长于非语言的形象思维和直觉，对音乐、美术、舞蹈等艺术活动有超常的感悟力，空间想象力强，充满激情与创造力，感情丰富，幽默有人情味。

如前所述，虽然大脑的不同脑区负责不同的功能，但每一个任务都是在大脑协同作用下才能完成的。例如，当说话时，布洛卡区、威尔尼克区和运动皮层必须协同作用，当同老朋友亲切握手时，前额皮层和运动皮层联合发挥了作用。

二、神经元、神经信号的传递

（一）神经元

神经元是大脑学习的基本单位，每个人大约有一千亿个神经元，这一千亿个神经元构成了世界上最复杂、最完善，也是最高效的物质系统——神经系统。它们虽然在形态、大小、化学成分和功能类型上各异,但是在结构上大致相同,都是由树突、细胞体和轴突三部分组成。树突好比人的手指,其功能是接收其他神经元传来的神经冲动,并将冲动传到细胞体,每个神经元的树突很多,从细胞体发出后可反复分支,逐渐变细而终止;细胞体是神经元代谢和营养的中心,细胞体就好比人的手掌,来自树突的神经信号经细胞体处理后进一步向轴突传递;每个神经元只有一个轴突,它好比人的手腕和前臂,其功能主要是传导神经冲动,能将冲动传递到两个神经元间的突触中,从而实现与另一个神经元的信号交换。随着神经元之间不断地产生联结,脑不断地长出树突,突触也不断地得到强化。

(二) 生物电

从微观上讲,大脑的学习表现为神经信号在神经元内部和神经元之间的传递过程。生物电现象即是神经信号在神经元内部传递时表现出来的电现象,它与细胞兴奋的产生和传导有密切关系。医学中常用的心电图、脑电图等均是由生物电形成的。生物电主要表现为神经元在安静时所具有的静息电位和神经元在受到刺激时产生的动作电位。

所有的物质都具有电属性,神经元所处的环境中有钠离子、钾离子、钙离子和蛋白质分子。神经元没有传递信息时,内部区域有更多的负离子,外部区域有更多的正离子,内外电位差达到一个稳定的数值,称为静息电位。静息电位保证了无神经冲动时能量的相对稳定。

细胞膜受到刺激而兴奋时,静息电位的平衡状态被打破,离子就会涌入神经元内部,使内外电位发生变化,这种现象称为动作电位。动作电位会激活神经元,产生神经电信号,并沿轴突进行传递。

(三) 突触和神经递质

两个神经元之间的空间,被称为"突触",是两个神经元交接信号的中间地带。神经递质是一些化学物质,它带着信息从一个神经元传送到另一个神经元,实现神经信号在神经元之间的传递。

神经信号在神经元之间的传递是化学性质的,神经信号的传递伴随着神经递质的释放,学习者的每一次思考都是由千万次神经信号的传递组成的,都是神经递质传递的结果。神经递质有兴奋型的,也有抑制型的。大脑在不同的状态下，传递的神经递质也不同。如，多巴胺有助于人脑进行高级的思维活动，已酰胆碱可帮助大脑记忆，内啡肽能让人产生愉悦感，5-羟色胺、去甲肾上腺素会影响人的行为。其中，多巴胺与学习动机的形成有直接的关系，当个体选择或决定正确时，大脑会释放更多的多巴胺，增强学习动机，提高记忆力和注意力。

三、脑的可塑性

(一) 脑的可塑性的原理

伴随着人的成长，人的大脑也会发生一系列的变化：记忆力增强，思维能力提高，思考问题更全面……这都说明大脑具有可塑性的事实。大脑的可塑性是指在人的一生中，脑能够改变其组织与功能的特性，它是大脑在形态结构和功能活动上的可修饰性，是中枢神经系统因适应机体内外环境变化而发生的结构与功能变化。[①] 其原理可以通过前面所讲的"大脑功能分工"和"神经信号的传递"来理解：学习者长时间处于特定环境中或者持续做某一种特定练习，会使大脑特定区域的神经信号的传递比其他区域更加频繁，血液流量更多，从而使该区域得到更多营养，得到更好的发育。

下面案例也说明了大脑的可塑性。

案例1-6：有一位老人因脑出血而左脑损伤严重，完全丧失了语言能力。半年后，其语言能力逐渐得到恢复，用光导测定仪测定他的语言中枢转移到了右脑半球，一年后再次测定，发现左脑半球被破坏了的语言中枢得以恢复。

神经可塑性主要表现在神经发生（Neurogenesis）、突触修剪（Synaptic Pruning）和髓鞘化（Myelination）三个方面。神经发生是指神经元的生成，由神经元干细胞增殖分化而成，大部分的神经发生是在胎儿发育阶段。研究证明，青少年的神经发生率比成年人高出四倍到五倍，而环境对青春期新神经元的生成起重要作用。突触修剪是指消除不必要的大脑连接而保留那些重要的连接。例如，学习一门语言会使与语言相关的神经元数量增多，但如果不再进行练习，则会使相关神经元的树突减少或起支持作用的脑细胞减少，

[①] 夏琼，陶冶，秦金亮. 当代浙江学术文库神经教育学基于脑的教与学 [M]. 北京：中国社会科学出版社，2017：28-29.

如果长时间不用，则可能会彻底清除。"要么留，要么走"，突触修剪使大脑将更多的能量用在经常进行的活动上，是自然选择的一种结果。髓磷脂是包裹在神经元轴突表面的一种脂肪，它具有绝缘作用，能保证信息快速传递而不发生遗失。研究表明，轴突的髓鞘化与神经元的激活直接相关，而环境的影响，包括对技能的重复能够促进激活不断发生，从而加剧髓鞘化，提高神经冲动传递的效率。

（二）环境和互动对大脑的塑造

白鼠的脑结构与人类的脑结构非常相似，因为它的沟回比人类的少，所以更易于测量。在实验室中，人们常以白鼠为对象来研究脑的可塑性。

案例1-7：20世纪60年代，加利福尼亚大学伯克利分校的Marian Diamond与她的同事用白鼠做过一次实验。在这个实验中，实验人员将一大批实验室繁殖的白鼠分为三组，将其分别放在不同的环境中。几个月之后，对不同组白鼠的脑进行了解剖。结果发现：生活在丰富环境（里面有各种各样的玩具）中的白鼠，大脑皮层中灰质的厚度增加了，皮层中每个神经细胞增大了15%，而且比枯燥环境中的白鼠拥有更多的树突联结。

Diamond认为，白鼠生活在一起时，学习活动就会增多，而白鼠一起生活在丰富环境中时，学习活动就更多了。通过这个实验说明，环境会对白鼠的大脑发育产生重要影响。[1] 伊利诺伊大学的William Greenough也发现，生活在丰富环境中的白鼠比生活在普通环境下的白鼠多25%的神经联接，而且它们在测试中的表现也更出色（1996）。

案例1-8：1985年，Diamond做过另一项研究，她把年幼的白鼠同成年白鼠放在同一个笼子里，想看看是不是两者都会长出树突。令人诧异的是，成年白鼠霸占整个笼子，不让幼鼠玩耍，结果只有成年白鼠长出更多的树突。

这个实验告诉我们，仅仅为学生提供丰富的环境是不够的，还需要让他们积极参与其中，才能刺激树突的生长。

对儿童和成人的研究也证明了以上结论。

---

[1] Sprenger M. 脑的学习与记忆[M]. 北京：中国轻工业出版社，2005：12-13.

案例1-9：1996年，阿拉巴马大学的Craig Ramely设计过一项研究（1996）。他将一组6个星期大的婴儿带进一个丰富的环境中，这里有伙伴、良好的营养以及学习游戏的机会。Ramely对这个被试组和另一个控制组进行了12年的跟踪研究。利用智力测验和脑成像技术，他发现，两组儿童脑发展的方式有显著差异：丰富环境中的儿童明显具有更高的智商，并且脑成像技术的扫描显示，他们的脑在利用能量方面更加有效。

通过以上案例，不难发现，环境和学习互动对脑的可塑性有重要影响。新教学改革中，重视环境设计和情境设计，重视交流、分享和表达，重视"做中学"等理念，都可以从这一结论中找到答案。

目前，无论是中小学生，还是大学生，他们职前学习的阶段都是一种"刻意练习"，这种练习也会有效促进大脑的可塑性变化。

（三）关键期

在人一生的发展中，大脑的生长是不均衡的。人在受孕四周后，胚胎中的神经元就开始萌发。前四个月已形成约2000亿个神经元，第六个月，大脑开始生长出皱褶，形成沟回。刚出生的婴儿，大脑中神经元的数量就跟成年人差不多，因后期没有机会使用，多数被"修剪"掉。儿童时期，神经元更新的速度和频率要远远超过成年人，一旦儿童要适应所处的环境，其神经元之间的连接就快速增长。当儿童快到青春期时，神经元数量的增长不再有大的变化，生长的速度也放缓，转而根据生活经验和学习对神经元进行巩固。

在人大脑的发展中，3—12岁是关键时期。这一时期，大脑为适应环境变化和学习的需要，会生长出更多的神经元并及时修剪，从而快速获得一项技能。当成年之后，这种成长和发展的机会就会变慢，可能永远不会再来。因此，人们将3—12岁这段时期称为大脑发展的"关键期"，也称为"机会之窗"。譬如，1920年10月，印度传教士辛格发现两位"狼孩"，后经6年教育，狼孩才会说35个短句。这也是我们经常强调"学习要趁早"的原因。

大脑发展的关键期主要涉及运动发展、情绪控制、词汇和口语、数学与逻辑等方面。不同方面的技能，其关键期也不同。例如，运动发展的关键期是出生后8年，情绪控制开启的关键期是2—30个月。脑科学研究表明，情绪系统的发展远远快于额叶，如图1-6所示。这也是为什么儿童和青少年常常不能理性做事的原因。语言习得方面，5岁、10—12岁是两个关键期，超过此年龄，学习任何一门语言都更难了。① 有人认为孩子数学逻辑的关键期在小学一年级到三年级甚至更早。事实上，数学思维不是直接教出来的，需要孩子自己去模仿，感受与实践。研究者发现，在脑进行数学活动之前，其数学能力早就存在了。②

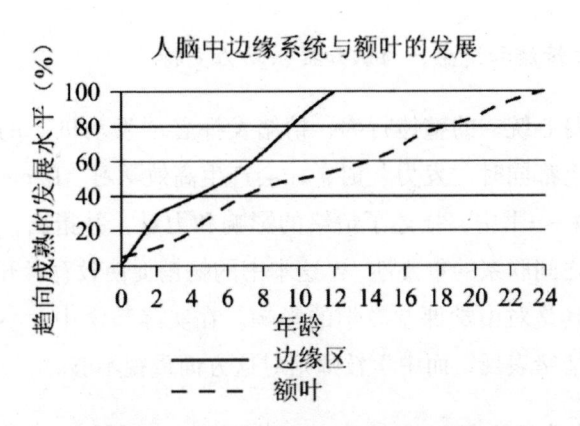

图1-6　人脑的边缘系统与额叶的发展

（资料来源：《教育与脑神经科学》，华东师范大学出版社，2013）

关键期告诉我们，应在技能形成的关键期对孩子进行培养，否则，后期较难弥补。同基础知识和能力对认知水平的影响一样，关键期也是一个很重要的因素，而较多家长没有认识到关键期的作用，在学前阶段并没有对孩子的认知给予更多的关注，使孩子的"起跑线"处于一个相对较低的水平，特别是情绪控制、自主等非智力因素，这会对后期孩子的成长和发展产生较大的影响。

需要指出的是，尽管人在发展中存在关键期，但关键期的作用并不是绝对的。大脑的生长和发育贯穿人的一生，脑的可塑性是一种潜在的适应能力，是人终身具备的特性。③ 家长没有必要因错过孩子的关键期而忧心忡忡，多数能力都可能通过后期的努力进行补救。

---

① 大卫，苏泽，等. 教育与脑神经科学［M］. 方彤，黄欢，王东杰，译. 上海：华东师范大学出版社，2013：19.
② David A. Sousa 主编. 心智、脑与教育［M］. 周加仙，等译. 北京：华东师范大学出版社，2013：145.
③ 吴馥梅，郑元林. 脑科学知识与教育［J］. 中国特殊教育，2001（12）.

四、脑科学对于学习的启示

了解脑科学的相关知识，能帮助人们从物质的视角更深入地理解学习的原理和本质，从而更好地指导学习和教学，至少可以获得以下几方面的启示。

（一）关注情绪和情感，为认知提供动力支持

学习是人身心统一的整体行为，情绪发挥着"发动机"的作用。只有当生理上和情感上都同时"发力"时，才会产生高效学习。Daniel Goleman 在他的《情绪智力》一书中，描述了情绪的影响和力量，并指出，个体尽早了解其感受与行为之间联系的重要性。[①] 这本书的畅销促使教育者开始关注情绪对课堂教学，尤其是对中学课堂教学的影响。在实际教学中，小学教师都已习惯处理学生的情绪表现，而中学教师则对这方面重视不够。

（二）注重学习的意义

传统教学侧重于教师的讲授和对学习者学习的控制，在很大程度上是一种灌输式教学。神经元的工作机制告诉我们，学习的本质是神经元的联结，新知识只有与已有知识和经验产生关联，才能激发神经元的这一行为。从这一角度上，理论更易于理解。这就要求在教学中，注重联系生活和已有知识，并指导学习者进行自主思维，生成具有个性化特征的知识。

（三）创建环境和情境，促进潜移默化

大脑可塑性的研究证实了社会和文化力量对人的影响，这与社会化学习的观点不谋而合。作为学习和教育的主阵地，学校的开放程度、期望水平、对学生的评价方式和关爱程度都在潜移默化地塑造着学生。学校应重视文化建设，从学校环境、教师精神、学习氛围、教学方式和师生互动等方面提炼特色，营造和谐舒适的环境，促进学生有效学习和科学认知。

（四）通过强化练习塑造能力

按照大脑的工作原理，每一次练习都伴随着神经信号的传输和神经通路

[①] 简墨，Daniel Goleman. *What's Your Emotiona ntelligence Quotient?* [J]. 英语学习，2000（11）：20-23.

的构筑。重复练习会促使神经元进行频繁连接，使神经通路更加宽阔、通畅和牢固，从而提高信号传输的效率。就如在山林中开辟道路一样，偶尔几次行走并不能形成道路，但走的次数多了，便成了路。因此，在学习中，强化练习很重要，它不仅能夯实基础，帮助学习者建构新知识，而且有助于在熟练的基础上，形成综合能力。关于练习的重要性以及如何进行有效练习，将在第五章中进行详细介绍。强化练习，一方面要通过简单的重复练习筑牢基本知识点，还要从相关知识出发，加强与基本知识点的纵深延伸能力，形成对基本知识的深入理解。

（五）抓住关键期，提高学习"起跑线"

近年来，人们似乎不再提倡"起跑线"的价值，但它的作用却是实实在在的。如同地基与高楼的关系一样，知识学习具有累积性，前概念是后续概念的基础，高层能力要借助熟练的基本功才能形成。多数能力发展的关键期是在生命的早期，因此，较多学者也一直强调早期教育的重要性，比如，弗洛伊德坚持认为婴儿出生后的头五年对于后期形成健康的人格是非常重要的，皮亚杰也认为婴幼儿和儿童时期是认知形成的关键期。因此，在能力形成的关键期，家长一定要抓住时机，帮助孩子打开能力发展的"窗户"，为其后期发展打下基础。

有的孩子没有在学习的关键期较好地发展认知能力，虽然后期付出了较多努力却很难有明显的提高，很多家长对此追悔莫及。小学阶段，家长要尽早重视孩子的学习，只要基础不落得太多，到了较高年级（小学高年级或初中阶段），孩子一旦认识到学习的重要性，或者是学习兴趣被激发，则完全可以进行补救。并且，随着孩子大脑发育的成熟，他们更容易理解相关知识。但如果他们的基础差得不能让他们重建信心，那就很难弥补了。因此，如果小学生顽皮不愿意学习，尽量采取强制措施使其对学习产生厌烦情绪，但要保证其对基本知识的掌握。

物质决定意识，理念决定行为。本节对大脑相关知识的讲解是本章和本书的基础知识前面关于学习的理论部分，如果感觉不好理解，也可以在本部分中找到答案。从物质的角度对学习进行底层分析，能帮助教师对学习行为作出科学的判断，从而为学习行动提供正确的指引。后面章节的内容，也都会用本节知识进行分析，以帮助读者能深刻地理解学习。

第二章 学习的过程

案例 2-1：小 G 老师大学学的是数学专业，毕业后进入一所初中教学。工作一年以来，他很努力，但学生的成绩却总上不去，对此他很苦恼，但一直找不出原因。小 H 老师学的是心理学，与小 G 是同时考入学校的，也教数学，她的成绩却很令人羡慕。本来，她是以心理咨询教师引入的，但因为数学老师休假，才让小 H 进行代课。出人意料的是，小 H 的课非常受学生欢迎，效果也很好，每次考试，她任教的班级成绩都在全校名列前茅。

通过调查了解到，小 H 老师能将所学的认知心理知识运用到教学中，在课堂教学中，她重视学生自主学习，学生做得多，想得多，而她讲得较少；辅导时，她总是先了解学生的心理状态，再进行有针对性的辅导。而小 G 老师的教学理念还是以教为主，讲得多，缺乏对学生的积极引导，虽然学生练习也不少，但没有跟进针对性的指导。

评析：学习是一种心理活动，是学生心理内部的认知行为。教学是从外部对学生内部活动的辅助，只有当外部辅助与内部活动协调一致时，才能起到最佳的效果。

小 H 老师能够将所学的认知心理学知识用于教学中，配合学生的认知活动，最大程度地调动学生学习的积极性，因此取得了较好的效果。而小 G 老师因为缺乏这样的知识，没有意识到学习主要是学生的内部心理活动，而是将自己的讲解和要求当成了学习的主要部分，没有抓住学习的主要矛盾。由此可见，作为一名专业教师，了解认知心理的理论知识很有必要，它能够帮助教师洞察到学生是如何学习的，从而更好地设计教学活动并实施教学。

本章结合学习者的学习过程，对注意、记忆以及知识的提取、组织和应用等知识进行系统分析，以期为学习者提供一个完整的知识掌握过程。

第一节 认知加工模型

20世纪以来,随着认知科学的发展,较多的国外学者对"人是如何学习的"这一问题进行了深入研究,从而产生了各种认知加工模型。这些模型分别从信息加工、脑存储机制、认知过程机理以及社会认知等角度对学习过程进行了阐述,为学习者的多视角理解学习提供了理论支持。

一、加涅的信息加工模型

20世纪中期以来,人们对行为主义提出了质疑,如何克服对于学习过程的主观推测、破解大脑的"黑箱"成为人们研究的重点。60年代,心理学家受到计算机科学和信息科学的启发,提出了信息加工的认知模型,试图以计算机加工信息的过程来比拟人的学习过程。心理学家先后提出了多个模型,其中比较有代表性的是加涅(R. M. Gagne)的信息加工模型,模型结构包含加工系统、执行控制系统和动机系统三个子系统。

(一)加工系统

加工系统包括感受器、感觉登记器、短时记忆、长时记忆、反应发生器和效应器组成。它的主要功能是对信息进行加工。其中感受器和感觉登记器负责接收外界信息,短时记忆和长时记忆负责编码和储存信息,而反应发生器和效应器负责输出信息。例如,学生在课堂上学习时,会通过视觉和听觉"登记"教师所讲授的内容,当然,被登记的信息都是对学生"有意义"的,要么被学生在生活中体验到,要么能与学生已有的知识联系起来。教学内容进入工作记忆后被加工,如果能与长时记忆中的已有知识建立关联,并且被巩固住,就会被消化并存储到长时记忆中。这时,就可以运用被消化的知识解决生活中的问题,或者进行应用练习,这就是知识的输出。

(二)执行控制系统

执行控制系统是对加工系统中的每一个环节进行控制,以保证信息的有效处理。例如,如果被感受到的外界信息过于抽象时,信息加工效果就不佳,此时，可以通过情境化或示例化的方法调控信息的输入方式，当信息无法从长时记忆中提取时，说明信息在长时记忆中存储不牢固，可以通过控制练习的次数或加工的深度进行再加工。

与机器的控制系统不同的是，人的执行控制系统更为复杂，机器的控制系统只要条件满足，指令不出故障，控制就有效。但人的执行控制系统还受到动机系统和更多外在不确定因素的影响，有时控制不准确，有时无效，还有时不明确。例如，如果学习者的情绪出现问题，信息就无法输入，这时，执行控制系统就会失效。因此，人的信息加工过程是一个超复杂的自适应系统。

（三）动机系统

预期是信息加工过程的动机系统，对信息加工具有定向和支持作用。情绪是动机的基础，在人的认知过程中，要尽量借助情绪使学生内部产生一种期望，形成动机。如果学生不能主动生成内部期望，就需要教师借助外力帮助学生生成。机器的预期是人为确定的，是固定的，但人的预期是发展和动态变化的，当一个预期满足以后，就会自动产生更高层次的预期。

从时间上看，信息加工模型的提出促进了学习过程的心理学研究和人工智能与计算机模拟等研究的结合，具有一定的进步意义。从结构上看，该模型中的感受器、感觉登记器、反应发生器和效应器等部分相当于行为主义心理研究的内容，而工作记忆、长时记忆又属于认知心理研究的内容。因此，它是行为主义和认知主义的一种折中理论。

二、苏泽的大脑学习信息加工模型

该模型最早由亚利桑那州立大学的 Robert Stahl 在 1985 年提出，后来，随着脑科学和神经科学的研究，其设计思想发生了改变。美国教育学家苏泽（David A. Sousa）认为，大脑是一个开放的并行加工系统，不断与外界的物理和社会环境发生相互作用，由此，他修改和完善了之前的信息加工模型，构建了一个关于人脑处理外界环境信息的信息加工模型，以帮助学习者和教育者更好地理解学习发生的原因和方式，以指导和改善教学。如图 2-1 所示。

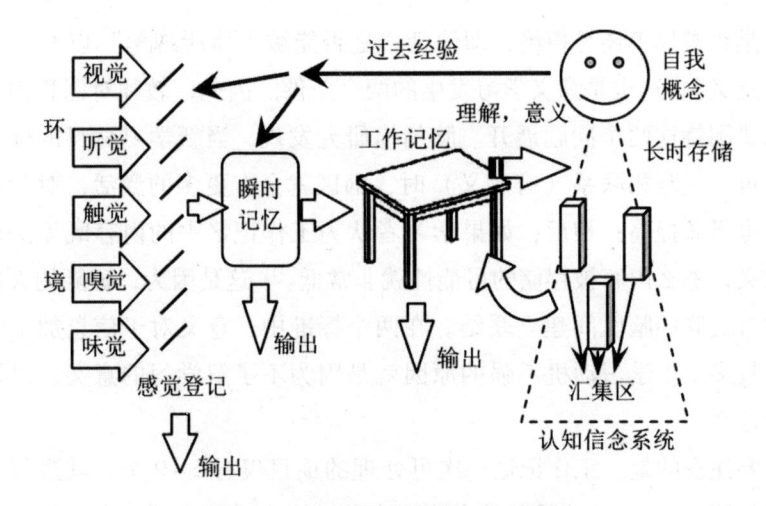

图 2-1 Sousa 的大脑信息加工模型

（资料来源：《脑与学习》，中国轻工业出版社，2005）

（一）感觉登记

首先，光波或声波经感觉器官引起神经冲动，使大脑感知到图像和声音。然后，这些信息被传到丘脑，丘脑会从生存的角度对这些感觉冲动进行监控，做出"接受或回避"的决定，并根据个体过去的经验对内容进行选择性注意，大脑没兴趣或无关紧要的大部分信息会被过滤掉。这一部分是由大脑的过滤系统完成的，它包括丘脑以及部分脑干，被称为网状激活系统（RSA）。

（二）瞬时记忆和工作记忆

瞬时记忆在意识或潜意识中加工，一般保持的时间约为 30 秒。信息在瞬时记忆中只是简单地存放，直到学习者决定如何处理。瞬时记忆选择信息时，高优先等级的信息输入抑制低优先等级的信息输入，影响个体生存和情绪的信息要比认知学习的信息更优先加工，如果资料不重要，它将从系统中消失。此时，海马对信息加工和记忆起到重要作用。在某些情况下，情景会刺激大脑分泌神经递质，产生情绪，影响记忆效率。

工作记忆属于意识过程，大多数工作记忆的活动发生在额叶。工作记忆是信息编码的主阵地，一方面它接收从瞬时记忆中输入的信息，同时，它要从长时存储区中调用已有知识和观念，对输入信息进行加工。在课堂上，具有生命价值的信息和情绪性问题非常有限，因此，只有两个重要的方面会影响信息是否被加工还是拒绝，即信息"是否能被个体所理解"以及"对个体是否有意义"，这也是意义学习发生的两个条件。因此，教师对课程内容的设计，都要围绕这两个问题展开。脑扫描研究发现，当新学习材料的确实可理解且与过去经验相联系（有意义）时，脑区就会有更多的激活，对学习材料的保持也显著提高；相反，如果学习者认为工作记忆中的内容既无法理解也没有意义，那么内容被存储的可能性就非常低。[1] 这是因为，智能的大脑总是喜欢在有关联的脑区间建立联结。在两个标准中，意义对于信息加工的影响更大。较多学生学习动机不强的原因就是因为不了解学习的意义，以及未来能够干什么。

需要注意的是，工作记忆一次可处理的项目仅有 5~9 个，其进行意识加工的时间持续 50 分钟，随即就会出现疲劳。这也是一堂课不宜时间太长，以及教师一次性讲授的内容不能过多的原因。

（三）长时记忆

如果信息能够在大脑中存储一分钟，那么，就可以认为信息被存储到了长时记忆中。一般地，长时记忆只有被合理编码后才能存入长时记忆中，长时记忆的时间跨度很大，可以是半年、一年或几十年，甚至终生。编码过程需要一定的时间，有时，学习者自以为已经掌握了知识，但这并不保证他们在课后会永久保持。相关研究显示，新获得的信息或技巧在 18~24 小时内就会发生大量的丢失。[2] 脑科学知识可以较好地解释这一现象：神经元间偶尔几次的放电只是初步在神经元间建立联系，并不能建立牢固的神经通道。在学习之后的特定时间内，如果学生可以准确回忆所学习的内容，就可以认为信息被编码并存储到了长时记忆中。

长时记忆区中信息以一定的顺序存放，不同的信息存储于不同的位置，在回忆的时候，这些记忆又被集合在一起。Steven Rose（1992）等研究者认为，长时记忆是动态的交互系统，该系统通过激活散布在脑内的各个存储区来提取和重构记忆[3]，即大脑具有分布式认知的特征。[4]

---

[1] [美] David A. Sousa. 脑与学习 [M]. 北京：中国轻工业出版社, 2005: 41.
[2] 许应华，徐学福. 原有陈述性知识和溯因推理对小学生科学假设形成的影响 [J]. 基础教育, 2014, 11 (03): 78-82+90.
[3] 张素兰. 知识意义的建构与创造性发挥 [J]. 绵阳师范学院学报, 2010, 29 (06): 10-12.
[4] 孟凡菊. 硕士生网络自主学习中资源管理策略研究 [D]. 广西师范大学, 2015: 12.

（四）认知信念系统

长时存储中不但贮存了学习者的经验和已学知识，还存储了由这些经验和知识引发的对于世界的态度和看法，这就是认知信念系统。这些态度和看法以离散的状态存储在不同的脑区中，必要时就会整合在一起，对外界信息进行分析和判断。例如，当某个培训机构宣传两周就可以大幅度提高学习成绩时，通过自己平时的经验和学习状况以及了解到的"学习结果导致大脑结构变化"的知识，就会判断这是做不到的，是一种虚假宣传。

自我概念是我们看待自我的方式，是认知信念系统的一部分，由过去的经历所塑造，但常常需要花费大量的时间和精力。学习者多次通过努力获得成功后，会克服情绪对理性的控制，建立起学习的信心，从而增强自我效能感，形成积极的自我概念。而这又会使学习者相信，参与到学习情境中可以获得新的成功，而不是重复过去的失败。自我概念在控制反馈环路和确定个体如何应对新学习情景方面起了重要作用。

上述信息加工模型结合脑科学知识对认知过程进行了分析，更有助于学习者和教师从底层结构认识学习的本质，从而更好地开展学习和教学。此外，尽管其对于涉及的脑知识描述得并不详细和准确，但其目的只是为了为学习和教学提供理解层面的支持，因此，生物学角度的详尽解释并不是完全必需的。

三、梅耶的多媒体学习认知模型

20世纪末，学者们对多媒体环境下的学习过程进行了深入的探索，该模型是由美国当代认知心理学家梅耶（Richard E. Mayer）专门针对多媒体学习提出的。他认为，多媒体学习过程主要发生在工作记忆中，具体包括选择、组织和整合三个基本加工过程。[①]

该认知模型的加工过程如图2-2所示，首先，信息以语词和图像的形式呈现给学习者，语词可以是口头语言或者书面语言，图像则可以是插图、图标、示意图或照片等静态形式；在感觉记忆中，语音信息进入耳朵，并在听觉记忆系统中表征为声音，而印刷文字或图像则进入眼睛，并在视觉记忆系统中表征为图像；如果学习者注意到感觉记忆中的某些声音，那么这部分声

---

① [美]理查德·E. 梅耶. 应用学习科学 [M]. 盛群力, 等译. 北京: 中国轻工业出版社, 2016: 34.

音则可以在工作记忆中进行深入加工，图像也是如此；在工作记忆中，图像形式的文字也可以转换成语音形式，它和由词语转化的声音一起被学习者有意识地组织成言语模型，同理，学习者也有意识地将工作记忆中的图像组织成图像模型；最后，学习者可以激活长时记忆中储存的原有知识，与工作记忆中的言语模型和图像模型进行整合，最终整合得到的学习成果将再次存储到长时记忆中。

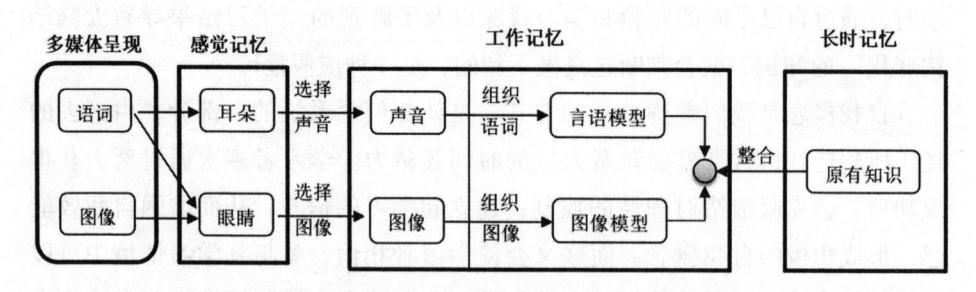

图2-2 梅耶（Richard E. Mayer）的多媒体学习认知模型

（资料来源：《应用学习科学》，中国轻工业出版社，2016）

（一）三个加工过程

在米勒的认知加工模型中，学习者先后进行了三个基本的加工过程，分别是选择、组织和整合。"选择"的作用是从所呈现的词语和图像中筛选出相关的部分予以注意；"组织"的作用是对已经选择的词语和图像进行组织，以形成连贯的言语模型和图像模型；"整合"是将声音表征和图像表征相互联系起来，并与原有知识相结合。在这三个加工过程中，原有的知识在学习中发挥了核心地位，它为新知识的整合提供了参考和依据。

（二）三条加工原则

该模型还强调了双重道、容量有限和主动加工三条原则。双重道原则是指学习者要积极建构两种信息表征：言语通道中要积极建构言语表，在图像通道中建构图像表征；容量有限原则是指工作记忆中一次加工的信息容量不能太多，避免因认知负荷过重而降低加工效率；主动加工原则是指所有的信息加工过程都是学习者主动产生的，主动的意识和态度是积极学习的推进器。

梅耶的多媒体学习认知模型对于当前网络环境下的学习活动研究具有良好的参考和借鉴作用，不足之处是主要关注了学习的认知层面，而较少考虑动机意志、情感等因素。2004年，Astleitner 和 Wiesner 在借鉴其他研究者成果的基础上，提出了一个多媒体学习与动机的整合模型，将多媒体学习中的动机加工活动与心理资源管理成分相结合，实现了对梅耶多媒体学习理论的拓展。

四、ACT-R 认知模型

ACT-R（Adaptive Control of Thought Model，Rational）认知模型是关于认知系统的整合理论与人脑如何进行信息加工活动的理论模型，是由美国心理学家安德森提出的。该模型将人类联想记忆模型与产生式系统的结构相结合，通过简单的认知活动解释人类复杂的学习过程，对人工智能的研究有重要的意义。安德森提出，在个体已有的认知结构中，知识以陈述性知识和程序性知识两种状态存在，人的认知过程正是借助这两类知识的转换进行的。

（一）陈述性知识

陈述性知识是关于"是什么""为什么"的知识，主要说明事物、情况是怎样的，是对事实、定义、规则和原理等的描述。例如，三角形的内角和等于180度，物体在水中受到水的浮力，植物能够进行光合作用等。在 ACT-R 中，陈述性知识表征为一些小的原始知识单元的网络，称为信息块（chunks）。如"三角形内角和等于180度"这个陈述性知识中，角的含义、角的度量、角的画法、角的类型（锐角、直角、钝角和平角）等基础知识构成了其信息块。根据 ACT-R 理论，概念的理解不仅需要掌握有关这个概念的足够知识，而且能够灵活地解决与这个概念有关的典型问题。概念的理解需要在解决问题中经常运用，逐渐完善相关的信息块。这也是我国数学教学中强调的"双基"。陈述性知识以命题和命题网络的形式存储于永久记忆中。

（二）程序性知识

程序性知识是指用于提取陈述性信息块的规则性单元，是关于"怎么办"的知识，例如，已知三角形的两个角的度数，怎样求另一个角的度数；如何求方程的解；如何计算浮力等。程序性知识表现为"条件-反应"的单元，称为产生式。人的认知过程就是一系列的产生式被"触发"的过程。如下例所示。

产生式1：如果一个动物是胎生的，且这个动物能够哺乳，那么这个动物就是哺乳动物。

产生式2：如果已知一个图形有三边，且这三条边相等，那么这个图形是等边三角形。

（三）目标层级

陈述性知识以命题和命题网络的形式进行表征，而程序性知识则是用来提取这些信息块的产生式和产生式系统。两者的转化是通过目标层级进行的。在每一个问题解决中，最终的目标由一系列的子目标构成，这些目标按照先后逻辑顺序构成了一个目标层级。问题解决的过程，也就是目标层级逐步达成的过程。

（四）认知过程

ACT-R的认知原理如图2-3所示，模型由陈述性记忆、程序性记忆和目标层级三部分组成，已有知识以陈述性知识的形式存储在陈述性记忆中。学习时，系统接收外部的信息，并从陈述性记忆中检索与信息加工相关的知识，进行初步分析后，根据当前的目标，按照"如果……就……"的形式将陈述性知识转换为程序性知识，得到初步结果后，再将结果与陈述性知识进行综

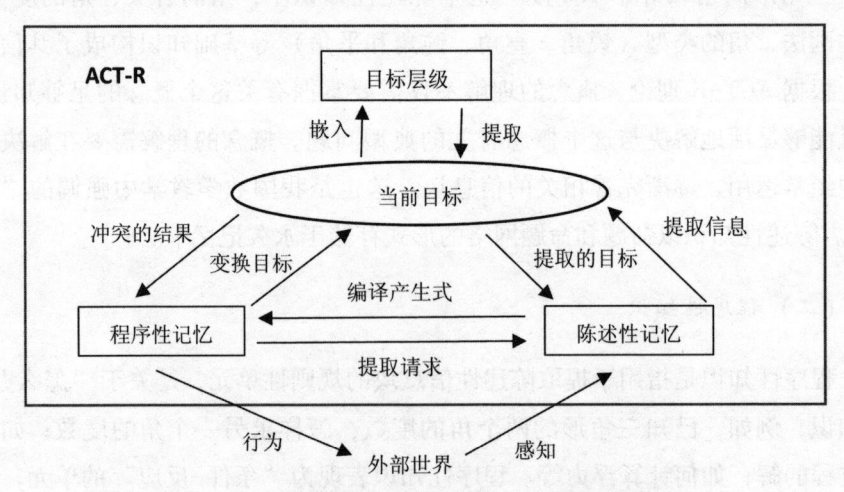

图2-3 ACT-R模型的信息流程图（参考鲍建生本）

（资料来源：《数学学习的心理基础与过程》，上海教育出版社，2009）

合分析，产生更高一级的目标。整个认知过程是由多个类似过程构成的产生式循环，而且是极其复杂的。

五、APOS 数学学习模型

APOS 是由美国数学家杜宾斯基（E. Dubinsky）提出的一个数学概念学习理论。杜宾斯基认为，数学知识是个体在解决所感知到的数学问题的过程中获得的，在这个过程中，个体心理认知依序经历了心理活动（Action）、程序（Processes）、对象（Objects）和图式结构（Schemas）四个阶段。因此，他提出用每一个阶段的首写字母 APOS 表示这一理论。杜宾斯基等人认为，APOS 理论可以看作是对皮亚杰的"反思性抽象"的扩展，是对这一理论结论的概括。

在 APOS 学习模型中，包含四个基本的成分，其程序如图 2-4 所示。首先是"活动"，活动是指个体通过一步步的外显行为去理解数学的抽象知识，当"活动"经过多次重复而被学习者熟悉后，就可以内化为一种称之为"程序"的心理操作，从而减少复杂的抽象活动；当个体能够把"程序"作为一个整体进行操作时，这一程序就变成了一种心理"对象"，此时，学习者能够将知识生成一个"概念桩"，从而在记忆中形成较牢固的存在，概念桩通常可以理解为一个名词性知识；最后，当以上三种形式形成一种认知框架时，就成为一种"认知结构"。就是说，对于一般数学概念的学习，会自动遵循这一规律进行学习。

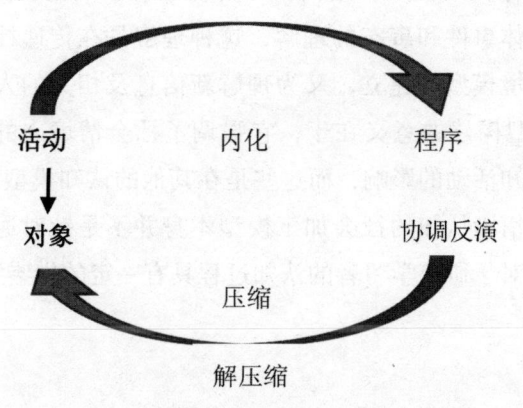

图 2-4　APOS 循环

（资料来源：《数学学习的心理基础与过程》，上海教育出版社，2009）

例如，在APOS中，在函数的学习中，活动阶段，就是因变量和自变量的一一对应，当x取某一值时，就会求出一个确定的值y；在程序阶段，只要能将问题情境表示为"y=f(x)"的形式，就会解决"当x...时，y会如何变化"的问题；在对象阶段，就会将情境问题理解为"因变量随自变量变化而变化"的问题，就能解决问题；到认知结构阶段，就会将函数理解为一种方法，无论物理问题、生态问题还是教学实验问题，只要遇到与函数类似的问题，就会想到用函数来解决。

在APOS模型中，各个阶段代表了不同的理解层次，也代表了学习是否深入乃至跨界应用的标志。例如，有的学习者把函数理解为"已知……求……"的程序阶段，只能解决简单的良构问题。但如果把函数的所有操作理解为一个整体，就会形成思想，解决实际问题。如果上升到认知结构，就会理解函数"一因素随其他因素变化而变化"的精髓，实现跨学科应用。这种境界跨越，也正是认知学习的魅力所在。

六、社会认知模型

以上模型都是从个体内部对认知的研究，除此之外，社会心理学家认为，还应从社会交往的角度研究认知。他们认为，认知除了存在于个体内部外，还存在于个体所处的社会环境中，认知是一种整体的功能性交流和社会行为。

研究者们先后提出了范畴模型、样例模型、群体表征的混合模型和情境模型等多个模型。近年来，情境模型越来越得到学者们的认可。该模型认为，人对知识的理解存在两种知识结构，即情境模型和概化表征。其中，情境模型代表人们对具体事件和事态的理解，这种理解是在传递社会信息的过程中自动完成的。情境模型的建立，又为理解新信息及相关的人和事提供相应的基础。[1] 情境模型构建的意义在于，它强调了社会情境中的态度、期望、目标、情绪等对认知活动的影响，而这些是在其他的认知模型中没有被提及的。需要指出的是，情境认知的社会加工模型本身并不是针对通常意义的学习过程而设计，但它对于研究学习者的认知过程具有一定的借鉴意义。

---

[1] 王沛，林崇德. 社会认知的理论模型综述 [J]. 心理科学，2002 (01): 73-75.

第二节 引起注意

一、知觉加工

(一) 知觉的功能

案例 2-2：数学课上，老师布置了一道几何题目，让同学们先通过条件（省略）分析题目，图 2-5 是题目给出的图。大部分同学都认识到这是一个平行四边形，内嵌了三角形，并且有垂线。同时，不同的同学对这个图形的认识又不一样，有的看出了角的相等关系，有的发现了直角三角形，还有的发现了"三线合一"的问题。

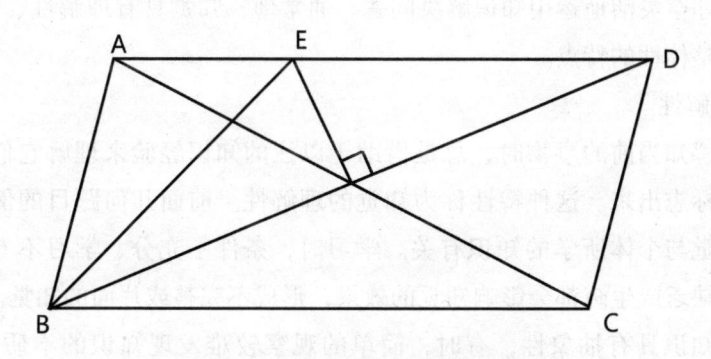

图 2-5 知觉在数学推理中的应用

在这个例子中，同学们都通过视觉发现了基本的图形，但由于每个同学对之前内容的掌握情况不同，因此，感受到的知识也会不同。知觉不仅仅是外界刺激引起感官的直接结果，而且与个体对信息的组织和联想有关，它是个体已有知识对外界刺激的综合反应，可能是浅层的，也可能是深层的。例如，当学生阅读题目要求时，会对较多信息产生知觉，对于熟悉的常识性问题，产生的知觉是浅层的，如果由已知推理出有价值的信息，就会产生深度知觉，例如，图 2-5 中，已知 OE 是过 O 点的重线与 AD 的交点。有经验的学生会立即意识到 OE 是 BD 的垂直平分线，还想到三角形 BED 是个等腰三角形。

任何一个知识点的学习，都是一个从知觉、注意、加工到存储的复杂认知过程。其中，知觉是起点，知觉为知识的学习提供直观的感受和体验，是深入理解的前提和基础。在日常生活中，学习者对各种事物的知觉构成了以后学习的基础。例如，有的小学生对图形的相关知识理解不深，很可能就是因为小时候对相关事物的观察不够所致

美国视听教育家戴尔（Edgar Dale）在经验之塔中强调了观察的经验和做的经验的重要性，其关键作用就是知觉，通过观察和实际操作加深对事物的感知，为深度学习打好基础。具身学习、情境学习等实践学习方式中，知觉发挥了重要作用。

（二）知觉的特性

人们可以快速清晰地识别事物并作出分析，这与对事物的深度感知是密不可分的。学习知识时也是一样，只有对知识进行深度感知，形成立体全面的知觉，才会灵活地运用知识解决问题。通常地，知觉具有理解性、恒常性、选择性和整体性的特点。

1. 理解性

人在感知当前的事物时，总是借助于以往的知识经验来理解它们，并用词把它们标志出来。这种特性称为知觉的理解性。前面几何题目的例子告诉我们，知觉与个体所学的知识有关。学习时，条件不充分、学习不专心、相关知识的缺乏或生疏都会影响知觉的效果，形成不完整或片面的知觉。

由于知识具有抽象性，有时，简单的观察较难发现知识的本质。因此，除理解外，还应尽可能地通过知识应用和问题解决进行反思，从而加深知识理解的深度。

2. 整体性

感知的对象由许多部分组成，每个部分都有不同的特征，但是人们感知客观对象时，总是将其整体反映出来，这就是感知的整体性。形成知觉整体性的原因是人脑总是能将对象的各独立特征及其关系加以整合，形成一个完整的映像。

在学习中，知觉整体性给学习者的启示是要对问题或问题的某些部分进行宏观把握，从整体的思想进行理解。例如，在对"$(x^2+5x-3)(x^2+5x+1)-21$"进行因式分解时，用常规的方法不好解答，但如果能将"x2+5x"

看作一个整体，则会豁然开朗。

学习者初步学习一部分内容时，总是从局部着手，以做到对知识的深入理解。但这时候对知识的感知也往往是片面的。随着内容的拓展和练习的综合性增强，学习者对知识间的联系会了解得更深入，对某一知识的知觉也会越来越丰满。这将有助于在后续学习中，以此为表象，形成丰富的知识表征，为解决问题寻求途径。

3. 选择性

在某一时刻，作用于人感官的刺激较多，但只有部分刺激能引起人们的注意，对其余的刺激感知不明显，这种特性被称为知觉的选择性，也称选择性注意。在学习中，学习者从众多学习刺激中，快速筛选出关键信息并形成知觉，是非常重要的，这取决于学习者对众多知识的知觉经验。如果对某些知识应用得较多，对其应用情境比较熟悉，那么相似的刺激就很容易激发它形成表征；相反，就会反应迟钝。在学习中，应通过尽量多的练习获得知识应用的经验，并通过反思形成立体全面的知觉。例如，在图 2-5 的题目中，如果之前对"三线合一"有较多的练习，就会对该识点有敏感的知觉。在这一题目中，当看到 OE 垂直于 BD 的条件时，就会立刻形成"等腰三角形的中线垂直平分底边"的表征，从而找到解决问题的途径。

4. 恒常性

当知觉的对象在一定范围内变化了的时候，知觉的映像仍然保持相对不变，知觉的这种特性被称为知觉的恒常性。在学习中，知觉的恒常性是由知识的本质属性决定的。学习者对具体事物和情境进行感知，并通过分析抽象出的事物的本质特征，产生对知识的知觉。由于知觉这些特征是恒常的，在后面的学习中，即使情境发生变化，学习者仍能提取到这些特征，从而识别出知识，用于问题解决。

有的学习者在知识学习的初步阶段，由于没有对知识进行深加工，感知到的只是知识的表层信息，没有抽取出本质的特征。这些表层信息仍然是带有情境性的，因此，当情境变化时，便不能正确地提取知识。

二、知觉的脑机制

(一)"感知"神经元

根据意识与物质的关系，每一种行为都有其神经机制。以视觉为例，首先，视网膜中的光感受器细胞将光子转化为可以在神经束中传输的电化学信号，再由视网膜最终端的神经节细胞进行细节的辨识，形成视觉。研究发现，人和动物的大脑中都包含了一些对环境中常见事物感知灵敏的神经元。例如，水平方向和垂直方向是环境中常见的特征，因此，人们对这两种方向更为敏感。

由脑的可塑性可知，人的大脑不断被环境所"塑造"，关于动物和人的视觉实验也证实了这一点。Colin Blakemore 和 Graham Cooper（1970）年发现，当小猫被长期养在只有垂直方向刺激的环境中时，其用于感知环境的神经元就主要剩下感知垂直方向的神经元了。而 Isable Gauthier 等人也通过脑成像证明，新人面孔与熟悉面孔的人相比，其大脑的梭状回面孔区有更多的激活[1]，这说明特定训练能提高人脑对特定面孔的适应程度。

（二）Where 通路和 What 通路

生活中，当向熟人介绍新朋友时，通常介绍两个方面：朋友来自哪里或是什么单位，他的主要工作及专长是什么。通过介绍，别人会从"来自哪儿"和"做什么工作"两个方面大致了解这位新朋友，这非常契合人的认知规律。学习也是如此，对任何一个知识点，只要明确了以上两个问题，就做到了对知识点的基本把握。

为什么会是这样呢？

80 年代初，Mishkin 等研究者在猴子实验的基础上提出视觉皮层有两条通路示，如图 2-6 所示。一条是从初级视皮层区投射到颞下皮层的腹侧通路，负责物体的识别，或者叫 What 通路；另一条是从初级视皮层投射到顶后皮层的背侧通路，主要负责空间位置和运动的识别，或者叫 Where 通路。[2] 后来，这种结果也在人的大脑中得到了证实。由此，Goodale 和 Milner 提出了视觉的双通路理论，即视觉系统包括用于产生知觉的腹侧系统和用于引导动作的背侧系统。[3] 两个通路在视觉信息加工中具有不同的功能：What 通路（腹侧通

---

[1] [美] E. Bruce Goldstein. 认知心理学：心智、研究与你的生活 [M]. 张明，等译. 北京：中国轻工业出版社，2017（05）：85-86.

[2] Mishkin M, Ungerleider LG, Macko KA. Object vision: Two cortical pathways. Trends Neurosci, 1983, 6: 414-417.

[3] 唐日新，宋爱霞，陈娟. 人类视觉引导动作的行为学和脑成像研究 [J]. 生理学报，2019，71（01）：22-32.

路）与物体、面孔以及情景的识别有关，Where 通路（背侧通路）用以确定对象的位置。

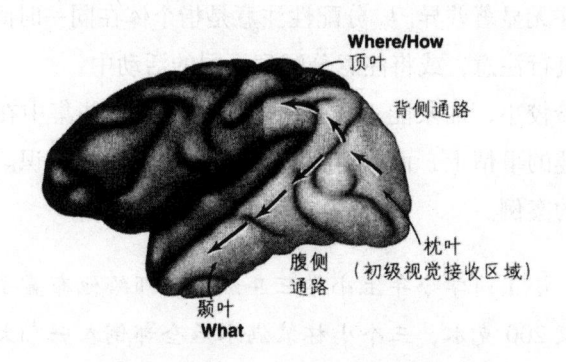

图 2-6　所示 What 通路和 Where 通路

（资料来源：《认知神经科学：关于心智的生物学》，中国轻工业出版社，2013）

在学习中，对于每一个知识点，学习除了需要了解"它是什么"，还需要了解它"来自哪儿"。前者是从知觉、表象和表征上认识它，说明它有什么功能和哪些属性；后者是从关系上搞明白它与已有知识的关联，从而从结构上建立与已有知识的联结。弄明白了这两个问题，才可以对"怎么样"的问题进行操作。如学习一元一次方程，既要理解"元""解"等概念，明白它是"表示等量关系"的式子，也要弄清楚它与代数式、等式及等式性质的关系。如此，才能更好地列方程和解方程。

三、注意与选择

（一）注意的分类和作用

注意是指心理活动对一定对象的指向和集中，是与知觉、记忆、思维、想象等心理过程共存的一种心理特征，如"聚精会神""专心致志"等词语就是对注意程度的描述。

按照注意的作用，注意可分为选择性注意、持续性注意和分配性注意。选择性注意是个体在同时呈现的多种刺激中选择一种进行注意，而忽略另外的刺激。学习时，学习者总是进行着选择性注意，如上课听讲时，对于不熟悉或较难理解的内容，学习者会格外注意，以进行重点学习；而对于自己早已熟悉的知识，则忽略掉。持续性注意指注意在一定时间内保持在某个认识客体或活动上。一般地，持续性注意能力会因个体差异而不同。研究表明，在数学学习中，较细心的学生在选择性注意上显著优于粗心的学生，但在持续性注意方面并无显著差异。① 分配性注意是指个体在同一时间内对两种或两种以上的刺激进行注意，或将注意分配到不同的活动中。

小学生年龄较小，抽象能力不强，他们的注意往往集中在直观形象的事物或他们感兴趣的事情上，而少有成人所谓"知识"的意识。下面是一个小学生注意特点的案例。

案例 2-3：小 I 同学今年上小学三年级，老师给他布置了一道倍数应用题：每个小杯装 200 克水，三个小杯装满水后全部倒入一个大杯，大杯刚好装满。现有 900 克水，应如何装才能尽量占用较少的杯子？小 I 花了较长时间也没能做出来，老师让他在黑板上根据题意画出了示意图，如图 2-7 所示。老师看后恍然大悟：原来小 I 的注意"走偏"了，他没有注意到题目的数量关系，而是将注意放在了题目的情境中，包括杯子的把手、图案以及小杯向大杯中倒水的过程。

图 2-7 小孩子的注意特点

案例中，小 I 做不出题目的原因是因为他并没有关注题目呈现的数量关系，而是关注了杯子的形状、花纹等细节问题，就是说，小孩子的思维与大人完全不同，他们更倾向于根据自己的兴趣和爱好去选择内容，而不是从知识的角度去理解问题。因此，作为成人的家长和老师，不应一味用自己的经

---

① 周详，沈德立. 高效率学习的选择性注意研究 [J]. 心理科学，2006 (05)：1159-1163.

验去评价孩子的表现,而是应从孩子的角度去给予指导。

根据注意的目的性,注意还可以分为无意注意、有意注意和有意后注意。① 无意注意无需意志力的控制,如由于刺激比较新奇,或由于学习者有较高的情绪引起的注意。有意注意需要一定意志的努力,例如,上课时间尽管较累,但仍然坚持听课;因担心受到老师批评,虽然不愿做作业,但仍坚持完成。有意注意需借助意识才能维持。自己本不愿意做的事情,经一段时间的坚持后,激发了兴趣,就不需要意志来维护注意了,这种注意称为有意后注意,它是人注意发展的高级阶段。例如,大学生经过几年的学习,养成了自觉学习的习惯,确立了自己的发展方向,并意识到了学习对自己未来发展的重要性。此时,学习已成了他们的一种自觉行为,他们对学习的有意就是注意后注意。

注意有三种基本功能:警觉、定向和执行控制。警觉功能是对输入进来的刺激产生了高敏感性,其作用就类似于一个航空管制员,必须时刻保持警觉。定向功能是随时对定向的目标进行定位,以保证认知方向正确。执行控制功能出现在涉及冲突的任务中,如对不同的认知方向进行研判,或根据冲突重新梳理认知思路。②

(二) 注意分配

学习时,对每个知识点的理解都需要消耗大脑的一些认知资源,当学习者同时面临多个任务时,就需要分清主次,在不同任务上分配不等的认知资源,这就是注意分配。分配性注意是注意的一种类型,注意分配即在复杂任务中如何安排分配性注意。

初学新知识时,学习者总是会感到吃力,这时候需要集中精力,全力以赴调动尽可能多的大脑资源应对新知识,而不能一心二用,这种加工是受意识控制的,称为控制性加工。相反,能够快速完成而不需要太多注意资源的加工,称为自动化加工。能够进行自动化加工的前提条件是熟练运用知识。

学习总是一个"辞旧迎新"的过程,学习新知识时,需要以已有知识作为基础,只有熟练已有知识,对其做到自动化加工,才能将更多注意用于新

---

① 杜今锋. 注意与学习 [J]. 职业技术教育, 1998 (04): 16-17.
② 李毕琴. 非随意注意中偏差干扰现象的实质:对提示信息观的完善与发展 [D]. 长春:东北师范大学, 2013: 9.

知识上，进行控制性加工。同样，一项任务的完成，既要用到一些基本知识点，也要用到核心的知识点。基本知识点由于已经熟练掌握，只需进行自动化加工就行，而重点对核心知识点进行控制性加工。就像打一场战争，要集中兵力摧毁敌人的主要力量，如果应对敌人的小股力量都需要消耗太多兵力，那就无法应对敌人的主要力量了。从这个意义上说，熟练是自动化加工的关键。练习时，应尽量熟练基本知识，使其在新知识学习中达到自动化加工的程度。关于知识熟练运用的问题，将在第五章中重点讲解。

四、注意的脑机制

（一）注意能增强神经反应

较多研究者对注意如何影响信息加工进行了研究，Colby等人通过实验证明，当猴子在观察事物并有额外的注意时，其神经反应会增强。以人为被试的磁共振（FMRI）也证实了这一结果，并且这种注意增效效果发生在视觉系统的多个区域。这一结果解释了为什么学习者集中注意思考一件事情时效率会提高，同时也感到累。经验表明，人在前十分钟内，持续性注意的效率最高；超过十分钟，注意力就会下降。据此，在线微课通常会设计在十分钟左右。研究还表明，持续性注意与选择性注意的脑机制存在显著差异[1]，这也在一定程度上解释了为什么有的孩子认知反应较快，但专注力不够的原因。另外，FMRI显示，注意对脑活动的增强遍及整个大脑[2]，这一结论也证实了大脑是个协调统一的整体，各脑区既分工又协作。

（二）情绪性注意的脑机制

当学习者处于一种不良情绪状态时，很难集中精力去做一件事情，这说明情绪能影响注意；反之，如果学习者对一件事情很感兴趣，就会产生对该事情较高的情绪，此时，就能全神贯注于此。这种不同情绪对注意的作用称为情绪性注意。杏仁核是控制情绪的主要器官，当大脑产生情绪时，大脑总是根据情绪去选择信息，并进行优先加工。对于情绪性注意的大脑机制，有

---

[1] 王金娥，任国防. 维持注意与选择注意具有不同的脑机制：来自事件相关电位的证据[J]. 中国组织工程研究，2016，20（33）：4993-4998.
[2] [美] E. Bruce Goldstein. 认知心理学：心智、研究与你的生活[M]. 张明，等译. 北京：中国轻工业出版社，2017（05）：139.

较多的观点。有人通过实验证明，杏仁核影响感知加工的神经机制，不仅通过"视觉皮层-杏仁核"的直接通路实现，也可以通过"视觉皮层-额叶皮层-杏仁核"的间接通路实现。李贺等认为，以杏仁核为核心的情绪加工系统通过影响注意的警觉、定向和执行控制功能，从而对注意形成了影响。[1]

运用大脑"三位一体"的原理可以对情绪性注意的机理作出推理：脑是认知和情绪的统一体，情绪会影响认知加工，包括注意。如果情绪不佳，则会使杏仁核作出反应，分泌相关神经递质，降低注意的效率。

五、引起注意的学习策略

一般来说，知觉和注意处于学习的"基础"阶段，会直接影响后续学习的效果。如注意直接决定了信息能否或在多大程度上被学习者接受，而知识的知觉则会直接决定表象和表征，会决定学习者对知识的提取。作为教师，应充分认识到知觉和注意对学习的重要性，并将相关知识运用到教学中。

（一）创造"新奇"体验，引起大脑的选择性注意

大脑对奇异事情有独钟，一旦发现新奇事物，就会立刻停下其他工作，对其给予关注。利用这一特性，教师可以设计合适的情境，引起学习者的选择性注意，优先导入所讲内容。例如，导入新内容时，可以通过问题引发学生思考，也可以借助新闻热点引发学生的关注，还可以用欲扬先抑的手法调起学生的"胃口"；讲解内容时，根据需要交替运用讲解、提问、自主学习和讨论等教学方式，同时注意语气和肢体动作的变换。

运用这一策略的关键是要"变化"。大脑有较强的适应性，当一种方法被大脑熟悉后，就会减少关注，导致注意效率下降。此时，应及时作出调整，以维持学习者的注意。

（二）生成"意义"，维持大脑持续性注意

有些知识复杂而抽象，需要较长的时间才能真正把握，因此，除需要外在教学刺激外，更重要的是学习者在学习过程中生成关于知识的"意义"，产生学习的内在动力。一般地，有三种策略可促进知识"意义"的生成：一是知识内容本身具有一定的逻辑意义，方便学习者记忆和加工。例如，生物课

---

[1] 李贺，蔡厚德. 情绪对注意功能网络的调制 [J]. 心理科学进展，2013, 21 (01): 59-67.

中，讲解人体的结构时，可按照"组成-功能-关系"的思路进行讲解，这符合"总-分-总"的逻辑思路，便于学生理解；二是借助已有知识理解新知识。当学生掌握了旧知识后，即使这些知识是抽象和不可见的，对学习者来讲仍具有意义，仍可以用其来构建新内容。如熟悉了方程的知识，虽然生活中没有具体的方程，但学习者仍可以用它来理解函数；三是符合学习者的主观状态。每个人的生活和学习都是个性化的，当外在的教学刺激和内在的愿望一致时，学习才真正有意义。例如，当学习者对基本内容还没掌握时，基础的理解对他才是有意义的，高级的技巧对他没有意义。

（三）灵活运用有意注意和无意注意，提高认知效率

有意注意是人的意识行为，而无意注意则是潜意识行为。学习既是主动的意识行为，也是潜意识行为。因此，灵活运用有意注意和无意注意，能更好地帮助学习者进行学习。

学习中的注意行为在大多数情况下是有意注意，它使学习者的行为更聚焦于目标，并随时根据学习状况作出调整。最典型的例子就是分析问题时，学习者的注意始终聚焦于条件和目标之间：由已知条件推理出隐含条件，由隐含条件再推理出子目标，并动态调整注意，最后达成任务目标。

无意注意是在无意识状态下进行的，大脑在不知不觉中就会对刺激形成知觉。无意注意更适合泛在学习和非正式学习，如家长可以在孩子玩耍时培养其观察能力，老师可以在课前播放英语广播培养学生的英语语感，学校可以校舍环境展示营造校园文化。当学生了解到无意注意这一心理特点后，也可以借助无意注意进行自主学习，例如，在明显处张贴难记的公式，睡觉时听着英语故事。这些方法虽然没有有意注意效率高，但会在潜意识中形成记忆，在合适的时候，很有可能会被外界刺激激发，从而促进意识学习。

（四）深入感知，生成立体全面的知觉效果

知识点的知觉不同于普通事物的知觉，它是在理解知识点后，对知识点本质和特征的整体感知，是一个不断完善的动态过程。在学习的初级阶段，学习者对知识点进行初步感知和理解，形成模糊的知觉映象。在知识运用阶段，原来的知觉产生表象和表征，学习者据此解决问题。当问题无法解决或出现错误时，需要通过反思重新对知识点进行感知和调整，此时，学习者对

知识点的知觉相对清楚明了,经过多次这样的反思性学习,最终形成一个立体、全面、抽象和本质的知觉映象,这又会为后面的解决问题奠定基础。可以设想,如果对知识的知觉是片面、不深入或者错误的,就谈不上解决问题。

较多学生在进入高年级后,成绩下滑较严重,原因之一就是高年级知识较综合,学生在低年级没能深入学习,对知识的知觉停留在较浅的层次,无法用这些知识去建构高年级的综合性知识。

第三节 知识编码与提取

学习知识是为了应用知识和创新知识,这就必须先将其存储到大脑中,知识存储的过程就是记忆。记忆并不是单纯的死记硬背,更重要的是对其消化和吸收,转化为自身的"营养",因此,记忆本质上是一个"编码"的过程。编码过程发生在工作记忆区,待编码完成后,知识会存储在长时记忆中以备提取。提取知识是对知识的输出,它既可以用来理解新知识,也可以用来解决问题或实现知识创新。

一、工作记忆和长时记忆

记忆代表着一个人对过去活动、感受、经验的印象累积,是过去经验在头脑中的反映。从认知心理学的角度而言,记忆则是对输入信息的编码、存储和提取的过程。

(一)多重记忆模型

关于记忆的原理,Atkinson 和 Shiffrin(1968)提出了一种多重记忆模型,该模型将记忆存贮过程分为感觉记忆、短时存贮、长时存贮,是个多次记忆的过程。

下面通过数学公式的记忆来说明这一模型的原理。数学公式的学习,大多是先记忆,再应用。每一个公式的学习大致都经历以下几个阶段。

(1)感觉记忆:借助真实的学习情景,直观地感受与公式相关的信息,形成感觉记忆。

(2)短时记忆:将注意集中在公式上,形成短时记忆,并通过复述加工,使其维持在较短的时间内。

(3) 长时记忆：通过重复记忆和应用，将公式存入长时记忆。

(4) 提取阶段：运用公式做练习或解决实际问题，进一步巩固公式。

在这一例子中，感觉记忆是最开始的阶段，能够感受到所有的信息，持续几秒或几分之一秒。短时记忆能够记忆的项目有5~7个，持续时间是15~30秒，它只能将注意集中在少量的信息上。经短时记忆的多次重复记忆，信息才能进入长时记忆，它是信息进入长时记忆的加工器。长时记忆中的信息可以维持几年甚至几十年。多重记忆模型只是简单地描述了记忆的原理，真正的记忆要复杂得多。

(二) 组块理论

如果学习者被要求在十几秒内记住一组词语：猴子、孩子、欢快、动物园、野生、孔雀、小朋友、舞蹈，这对于多数学习者来说，都有较大的困难。但如果将这一组词组合成一句话："在野生动物园里，猴子和孔雀欢快地为孩子们跳着舞蹈"，就比较容易记了。这就是利用了组块的原理：将若干个小单位组合成较大的有意义的单位，以便于记忆。组块理论由米勒（Miller，1956）提出，他认为，短时记忆的信息容量为7±2个组块，这个数量是相对恒定的。

1973年，蔡斯（Chase）和西蒙（Simon）就对象棋大师、一级棋手和业余新手的记忆能力进行了研究。这三类棋手被要求用5秒钟的时间观看一局国际象棋棋盘布局，5秒后，把棋盘盖上，要求每位参与者尝试在另一棋盘上复现棋子的位置，这一过程尝试多次直到每个人都得到满意的效果为止。在第一次实验中，每盘棋局都是常见的经典布局，象棋大师的记忆准确性为64%，一级棋手为34%，业余新手只有18%。当棋子布局被随机打乱后再呈现5秒时，象棋大师和一级棋手的回忆能力与业余新手的能力是一样的，都只能复位2~3步棋。

在第一次实验中，专家和一级棋手之所以表现得好，是因为他们记忆中存储着很多现成的棋局，在他们眼中，眼前的棋局并不是一些毫无关联的棋子，而是由一些早已熟知的棋局组成，即棋局是成"块"的，很容易被记住；而棋局被打乱后，他们无法将当前棋局组合成他们早已熟悉的棋局，因而他们的表现和新手并无差别。这说明，只有将信息组合成对学习者自身有意义的"块",才会便于记忆。

组块理论对于学习有很大的启示。随着学习者不断地学习,他们掌握的知识越来越多,只有将零散的知识整合成系统的、有意义的知识组块,才能更便于记忆。知识结构理论本质上就是将知识相互关联,建立起有机的关系,形成组块。

关于专家和新手差异的研究表明,一方面,专家比新手拥有更多的知识,更重要的是两者组织、储存和运用知识的方式大不相同。前者更倾向于以相互关联的信息组块的形式来自动化地加工信息,并能够应用这些组块建立更庞大的、具有更多内在联系的知识结构。[1]

(三)工作记忆

随着对短时记忆的研究,多重记忆模型中的短时记忆的局限性越来越大,很多问题难以用短时记忆进行解释。后来,Baddeley 和 Hitch 修改了多重记忆模型,并将短时记忆称为工作记忆。与短时记忆相比,工作记忆不仅具有暂时储存信息的功能,而且能处理一些复杂的任务,如理解、分析、演算和执行等。信息在存入长时记忆前进行的加工和处理,都是在工作记忆中进行的。工作记忆包含了一系列的成分,它是一个容量有限的系统,是知觉、长时记忆和动作之间的接口,因此是思维过程的一个基础支撑结构。

在 Baddeley 的工作记忆模型中,工作记忆由语音回路、视空画板、情景缓冲器和中央执行系统四个部分构成。语音回路用于储存言语信息和听觉信息,视空画板用于保持视觉信息和空间信息,情景缓冲器储存信息并与长时记忆进行沟通,中央执行系统用于协调其他三部分的信息,以保证信息同步。例如,当学习者上课听讲时,语音回路负责倾听教师当前的话语,视空画板用于观察教师的板书和动作,情景缓冲器则从长时记忆中调用相关旧知识,在中央执行系统的统一控制下,各种信息在情景缓冲器进行编码处理,并将编码后的信息存入长时记忆。

脑科学研究证实,前额叶皮层对于短时程内的信息保持有重要影响。[2] 例如,8 个月大的婴儿由于其额叶和前额叶皮层尚未充分发育,当与其玩"捉

---

[1] [美] 苏珊·A·安布罗斯. 聪明教学7原理 [M]. 庞维国,译. 上海:华东师范大学出版社,2012 (09):52.

[2] [美] E. Bruce Goldstein. 认知心理学:心智、研究与你的生活 [M]. 张明,等译. 北京:中国轻工业出版社,2017 (05):180.

迷藏"游戏时，一旦玩具被藏起来，婴儿就好像没从玩过这个玩具一样。此外，大脑的初级视觉皮层、颞叶和顶叶皮层也都发现了与工作记忆相关的神经元。还有研究表明，工作记忆与理解能力、推理能力以及智力之间存在正相关（Conway et al. 2003）；工作记忆容量不仅反映了个体可以储存多少信息，更反映了个体是否能有效地将注意集中在相关信息上。

（四）长时记忆

工作记忆中的信息被加工以后，就会存入长时记忆，长时记忆是指存储时间在一分钟以上的记忆，它可以是几天、几年，甚至是几十年前的事情。长时记忆中有的信息是由于印象深刻一次形成的。长时记忆为我们过去的经历提供了一个存档，以供人们回忆和生活。在学习上，长时记忆中的信息和知识可以作为背景，为人们学习新知识提供参考。

长时记忆中的信息并不是一经存入就不变，而是会动态更新，有时还会出现误差和错误。

案例2-4：小J今年上初中，在学习一元二次方程时，他学得很不错，后来又学习了一元二次函数、一元二次不等式。他越学越迷茫，本来之前一元二次方程的知识很熟练，现在却记不清了，以至于经常犯一些低级的错误。小J很苦恼，他怎么也想不通，为什么会越学越差。

小J的情况每一个同学都会遇到，这是由长时记忆中知识的编码形式决定的。长时记忆中的知识是以语义形式进行编码的，即知识是用文字进行描述的，其特点就是不稳定，容易遗忘。当知识比较单一时，记忆的效果较好；但如果相似的知识较多时，就会产生干扰，以至有些知识产生偏差甚至错误。其实这还是因为对之前知识掌握得不扎实所致。此时，学习者应再回来对新旧知识进行比较和重新理解，并找出容易混淆的地方，这一过程是对知识进行的系统学习。经过这样多次的比较、辨析和重新认知，知识才会掌握得更加扎实。因此，学习并不是简单的记忆和应用，而是一个极其复杂的迭代过程，这期间，会伴随着重复的理解、练习、出错、反思和纠错，甚至是情绪上的失落、彷徨和苦闷，然后才是进步和提高。

数学和物理等理科知识是明确的，不能有半点差错，因此，对这类知识的掌握不仅要会，还要非常熟练，这就需要其在长时记忆中是清晰、准确的。

学习者出现的很多错误并不是因为其没有理解知识,而是不扎实和不熟练导致的。

研究表明,海马体与长时记忆密切相关。[1] 1985年3月29日,英国指挥家克莱夫·韦尔林（Clive Wearing）因病毒侵蚀大脑海马体受损,记忆成为一个漏斗,只能记忆7秒钟。还有研究表明,工作记忆和长时记忆具有不同的机制,并且这些机制是相互独立运作的。虽然工作记忆和长时记忆激活的脑区不同,但两者之间并没有存在清晰的界线,某些仅涉及工作记忆或长时记忆的任务会激活相同的脑区。

二、知识编码的方法

编码是一个关于电子信号处理的概念,意为"将信息编制成方便传送的另一种形式"。编码后的信号中虽然载有原来的信号,但形式已经发生变化。知识的记忆也是这样,并不是原样不动地复制到长时记忆中,而是要以与学习者相适合的形式进行存储,使新知识与学习者的已有经验和知识结合在一起,这就需要编码,即知识的记忆本质是一个编码的过程。只有编好码,才能更好地存储到永久记忆中；否则,知识很快就会被遗忘。

知识编码可以用克雷克（Craik）和洛克哈特（Lockhart）的记忆系统理论进行解释。其基本思想是,记忆痕迹的持久性是加工水平的直接函数。加工水平可以是浅层的感觉分析,也可以是深刻和抽象的分析。最高层次的加工水平是语义分析,即学习者能结合自身理解,用语言进行抽象描述。就如在沙滩上用树枝写字一样,如果痕迹较浅,等沙尘一吹,就会重新被覆盖；如果痕迹较深,则无论沙尘如何吹抚,仍字迹清晰。

科学的编码方法很重要,可以促使知识达到深层记忆加工。通常地,科学编码的方法有精细复述、情境融入、利用视觉图像、联系自身、生成信息、组织信息和测验等。[2]

（一）精细复述

通过复述的方法可以将信息存入记忆,复述分为保持性复述和精细复述。

---

[1] 陈丹.《工作记忆优势》（第七章）翻译实践报告 [D]. 四川外国语大学, 2017.
[2] [美] E. Bruce Goldstein. 认知心理学:心智、研究与你的生活 [M]. 张明,等译. 北京:中国轻工业出版社, 2017（05）:224-236.

保持性复述是指通过机械记忆将信息保存在短时记忆或工作记忆中,保持性复述很难将信息有效存入长时记忆。精细复述是一种较高水平的信息加工方法,它通过内部语言和外部语言对信息进行深层加工,促使记忆向长时记忆转移。精细复述包括理解、组织、记忆和表达四个要点。

精细复述的本质是将新知识与已有知识建立联系,生成关于知识的意义。因此,理解是基础。要运用已有知识对新知识的核心要点进行解释,并抽象出新知识的本质含义;组织是对新知识包含的要素关系进行剖析,明确其逻辑关系,既将其子内容作为独立的要素理解,又从系统的角度对新知识进行整体把握;在理解和组织的基础上,记住新知识的要点,并能够用内部语言进行表述,是精细复述的前提;表达是指用外部语言进行描述,学习者根据自身的理解,借助已有的知识或词语,用口头语言或书面语言清晰地将新知识表述出来,这既是一个提取记忆的过程,也是一个大脑协调工作的过程。在这个过程中,可能发现一些理解的生疏和瑕疵,但通过表述练习,能真正将新知与旧知融合起来。

精细复述时,学习者要使用自己的语言进行表述,这样才能做到新旧知识的联结,如果不是很准确,可以慢慢练习和更正。如果一开始教师要求过于准确和正确,学生往往会使用机械记忆的方法,而做不到对知识的深刻理解。

(二) 情境融入

知识往往是与情境交织在一起的,知识是抽象的,而情境是直观的,而且与已有的经验相关。因此,通过情境更容易提取到知识。例如,记单词时,单纯记忆单词虽然效率较高,但很快就忘记了,因为它只是被记忆在工作记忆中,而不能有效地进入长时记忆。而如果通过阅读文章记忆单词,就能将单词和其应用的情境结合起来,记忆效果往往更好。再如,学习数学时,单纯理解知识和问题解决的效果也会不同,后者是在情境中进行的,通过情境抽象出知识并应用知识解决问题更能理解知识的本质。

通常,有助于知识编码的情境有两种。一种是知识的产生情境,这种情境交代知识产生的来源和背景,使学习者从"为什么"的角度理解知识。例如,在学习屈原的诗时,如果将其所处的时代以及其被排挤流放的大背景交代清楚,则更能理解其怀才不遇、忧国忧民的情怀,更有助于理解诗句。另一种是知识的应用情境，这种情境阐述知识运用的具体环境，从"怎么样"的角度描述知识，如物理课中讲解向心力时，可结合骑车或跑步时拐弯的身体体验进行理解。

（三）利用视觉图像

相对于文字而言，图像能更清晰地提供特征、位置和关系等直观的属性。因此，大脑更喜欢图形和图像。例如，背诵古诗时，视觉画面往往能为关键词句提供线索；梳理知识结构时，思维导图往往能明晰章节层次关系。Bower等人（1970）年通过实验证明，通过想象图像，记忆的词语数量是通过词组记忆的两倍多。这也证明了利用视觉图像具有较好的记忆效果。

可视化是目前学习领域的一个重要方向。学习者可以用"涂鸦"的方式记笔记，教师可以将讲解内容进行视觉化设计。不仅学习情境可以视觉化，数据、关系、流程等都可以用视觉图像的形式设计。在 Office 软件中，Smart Art 就是一种视觉化工具，包括了列表、流程、层次结构、关系和矩阵等多种模板工具，为可视化设计提供了方便。

（四）联系自身

学习者在学习时，如果将学习与自我联系起来，往往能取得更好的效果，这种方法称为自我参照效应。Rogers 通过加工深度实验证实了自我参照效应。[①] 学习英语短语时，老师经常让学生用短语造句；学完一部分内容后，老师要求学生谈一下自己的学习心得，这都是运用了自我参照效应。

那么，为什么学习者更容易记住和自己有关的内容呢？一种解释是自我参照效应使外在知识与自身已有知识进行了联结，提高了信息加工的效率；二是自我参照效应将知识与已有生活经验相联系，使学习者大脑中呈现出更加丰富详细的表象，更利于信息编码。

学习者在联系自身编码知识时，具体可从自身经历、已有知识和自身的兴趣对知识进行加工，以达到有效记忆的目的。自身经历是以事例的形式为当前学习提供论据，增强说服力；已有知识是理解新知识的基础，为新知理

---

① 段菁华，刘凌. 自我参照效应影响因素的分析研究［A］. 中共沈阳市委、沈阳市人民政府. 第十七届沈阳科学学术年会论文集［C］. 中共沈阳市委、沈阳市人民政府：沈阳市科学技术协会，2020：6.

解提供推理依据；而自身的兴趣为知识学习提供情绪动力，提高记忆的效率。这三方面都是使知识产生可被自身理解的"意义"，从而实现高效编码。

下面是一位教师学习了自我参照效应后的教学设计。

案例 2-5：小 K 学的是设计专业，他做的毕业设计是校园环境设计。毕业后，他应聘到一所小学任教，讲授综合实践。在一次设计主题的公开课中，他根据自我参照效应的理论，将自己的毕业设计与教学的主题结合起来进行了讲解。他感觉自己讲得不错，但评委的评价并不高。

在这个案例中，小 K 的确使用了自我参照效应，将自己所做的毕业设计与讲授的主题结合了起来，这对他自己是一个较好的提升；但他忽略了"教与学的关系"这一问题，教学的目的是更好地促进学习者学习，教学中的举例应尽量结合学习者的经验和知识，以促进他们的认知，而不是从教师的经验出发。因此，案例中，小 K 老师结合他自身的经验讲解是不合适的，倒不如举一个小学生都熟悉的"建小房子"的例子更利于学生理解。

（五）生成信息

英语学习中，学习了"spend on"这一短语后，老师给出了两种方法用以巩固这一短语：

1. 给出一些包含短语的例语，让学生反复诵读、体会。
2. 让学生用这一短语造一个句子。

经验表明，第二种方法效果更好。第一种采用的是复述的方法，主要是了解短语应用的情境。而第二种则是将词语与自身的经验和知识进行了整合，生成了自己想要的东西，这种学习方法称为"生成效应"，即生成了新的信息。Norman Slameka 和 Peter Graf（1978）证实了这种效应。

生成效应的本质是"主动地生成信息"，具体说来，可以有三种方法借助生成效应进行学习：一是应用，即应用所学知识解决问题，如上面应用短语造一个句子。在造句的过程中，不仅会对该词进行记忆，还会注意到其用法；二是设计，用所学知识设计一个问题。如学习了除法含义，可以让学生用除法设计一道应用题。设计问题的过程是对除法及相关知识的全面理解，甚至是与加法、减法和乘法的分析比较；三是创新，创新是将所学知识与其他知识进行综合，产生新知识、新方法的过程。例如，单元复习时，可借助思维导图的方法，按主题或者关系对知识点进行归类，既方便记忆，也可以系统地掌握知识。在布鲁姆的认知目标层次中，以上三种方法属于高层次目标，因此，更有助于知识编码。

（五）组织信息

在前面的"组块"内容中，把本不相关的一些词语连接成一句话，就容易记忆，因为这些词产生了一定的逻辑关系。另外，对于电脑中多而杂的文件，可以分类存储，这样，使用的时候，就可以快速定位和查寻。这就是组织的作用。按照特定的方式对信息进行组织，使其遵循大脑习惯的呈现方式，更便于知识编码。

有效的知识组织，可以按照逻辑顺序、组织结构和认知情境三种方法进行。逻辑顺序是指知识学习的先后顺序。例如，数学学习中，表达式、等式、方程、函数和不等式等知识是按时间先后学习的，前面知识是后面知识的基础，按照先基础后扩展的逻辑对这些知识进行组织，更能明确它们的关系。组织结构是指知识点间的包含关系。例如，学习四边形时，按照四边形、平行四边形、矩形、菱形和正方形等的顺序进行组织，有助于系统把握它们的衍生关系。认知情境是指学习者理解知识时的特定情境。例如，对同一知识点的理解，学习者从教材、练习册、试题册中有不同的感悟和反思，如果从三种材料上理解同一知识点，会造成知识的"肢解"，且不便于记忆和回顾。因此，可将三种材料中不同的理解汇总到使用最频繁的教材上，以便于知识的集中复习。以上无论哪一种方式，都是使知识产生一定的心理意义，都是"意义学习"的应用，在进行知识提取时，意义产生的联系会为它们提供共同的线索。

（六）测验

目前，大量研究发现测试不仅是一种评估学习结果的方式，更是一种促进学习的有效手段，测试比重学更有利于长时记忆[①]，这就是测验效应。究其原因，一方面是考试过程中注意力集中使学习者对学习内容给予了更多关注；二是由于对考试过程本身的重视所致，如为备考在考前进行的系统复习，考

---

① 卞秀慧．提取模式和提取线索对二语测试效应的影响［D］．江南大学，2018．

完之后对错误内容的改正，都会有效促进知识的掌握。

与上述观点相反的一种观点是：真正的学习应发生在轻松自由的心境中。测验的价值是对所学习的内容进行检测，即哪部分已经掌握了，哪部分尚未掌握。因此，测验本身并不能提高成绩，重要的是测验之后的行为发挥了作用，即对测验结果的反思以及对错误内容的归因和完善促进了学习能力的提升。

目前，中学生的学习充斥了过多的练习和测验，甚至是"以考代学"，而缺少平心静气的深入思考。由于缺乏学习方法的指导，学习者过多地关注了练习和测验这一行为本身，并未对其结果进行深入剖析，没有将其归结到教材和课堂标准中，没有真正发挥测验应起的作用。

三、知识提取

学习时，首先通过知识加工，将知识存入长时记忆，待应用知识解决问题时，需要将知识提取到工作记忆中，用以分析问题。知识提取过程与编码过程是两个相反的过程，但效果是密切相关的，高质量的编码过程有利于知识提取，而低质量的编码会影响提取的效果。同时，提取也是知识编码的一种有效方法。

（一）线索性回忆和自由回忆

知识提取可分为两种情况：线索性回忆和自由回忆。前者是借助线索来回忆相关的知识，后者是指学习者不借助任何线索自行回忆相关的知识。Endel Tulving 和 Zeba Pearlstone 通过研究表明，线索回忆的成绩要远优于自由回忆。[1] Timo Mantyla（1986）也通过实验表明，当提取线索是学习者自己生成的时候，会更为有效。单纯从记忆的效果来看，线索性回忆的效果并不及自由回忆。学习者经常有这样的体会：借助线索记忆知识点时往往效果很好，而一旦线索消失，就可能记不起来了，但如果通过自由回忆记住知识，往往就比较扎实。这是因为，脱离外界线索仍能回忆时，说明知识已经与内部知识和经验产生了较牢固的联结。因此，自由回忆是类似记忆测验的一种有效记忆方法。

---

[1] 钟兴泉. 知识表征的相关史料 [J]. 黑龙江史志, 2013（13）：229.

（二）提取与编码的情境匹配

在学习中，知识提取的情境与编码的情境密切相关，当提取情境与编码的情境匹配时，更容易提取到知识。例如，教材中的例题为知识提取提供了典型的情境，当练习题中有类似的情境时，学习者会自动调用相同的知识。在学习中，研究例题非常有必要。例题的难度虽然不大，但其中体现的思想却非常典型，研究例题，不能停留在"会"的基础上，更重要的是搞清知识应用的情境和条件，把其中的知识本质挖掘出来，这样，才能实现知识的迁移。而较多的学习者甚至很多教师都没有对例题给予足够重视，只是一味研究教材之外的内容，这其实是一种舍本逐末的做法。

四、情境记忆和语义记忆

根据信息存在的形式，长时记忆可分为外显记忆和内隐记忆。外显记忆能被描述出来，也称意识记忆或陈述性记忆，如介绍课堂学习的经过，或者表述一个物理概念。内隐记忆也称为无意识记忆或非陈述性记忆，是指没有意识参与的记忆，内隐记忆的内容不能被报告出来。例如，熟练以后的打字、画图等操作技能就是内隐记忆，无需意识就能快速完成。

（一）情境记忆和语义记忆的功能

外显记忆包括情景记忆和语义记忆。情境记忆是对生活情境或个人经历的记忆，如物理练习中，需要判断两物体间的摩擦力方向时，学习者想起课堂中教师如何通过活动引导同学们学习这一知识，这就是运用了情境性知识。而语义记忆则包括对已有知识和客观事实的记忆，例如，通过学习，学习者了解到摩擦力的方向总是跟物体的运动方向或运动趋势相反，于是将这一规则以文本形式存储，如再需要判断摩擦力方向时，直接用这一知识判断即可，而无需再借助情境知识，这时，学习者就运用了语义知识。

案例2-6：在一次车祸中，L.C的海马和周围脑结构组织受损，结果他丧失了情境记忆：不能想象重现过去的情境，但能确定发生过这样的事情。听别人讲他兄弟两年前逝世的事情，他知道有这么回事，但发生在什么时间、什么地方，或是他在葬礼上经历了什么，他都记不清了；与L.C类似的一位患者，因脑炎发烧致使语义记忆受损，虽然记得生活中的各种场景，但记不清是什么事了。

上述案例也表明，情境记忆和语义记忆是分离的。可以推测，两种记忆分别由不同的大脑部位控制。

（二）情境记忆与语义记忆的关系

情境记忆和语义记忆虽然在功能上是分离的，但经验告诉我们，它们又是相互作用的。例如，当学习者回忆不起学习的内容时，如果想一下当时学习的情境，学习内容可能就会立刻浮现在眼前。

情境记忆能有效增强语义记忆的效果。情境提供的视觉化效果，有助于大脑基于多种媒体进行信息加工，从而促进对语义知识的记忆。可视化记忆、思维导图等都是利用这一结论进行的研究。经验表明，当两种记忆结合进行时，记忆效果会更佳。

因此，在学习和教学中，应同时使用这两种方式：既要借助图形、图像、视频和声音等多种媒体进行直观学习，也要借助文字描述知识，前者主要用于理解知识，以方便记忆；后者主要是对知识进行抽象，以备在脱离情境的情况下应用知识解决问题。制作PPT课件时，所遵循的"图文并茂"的原则即是兼顾了情境记忆和语义记忆。如果PPT中没有图形、图像等直观内容，只是"文字搬家"，会使人难以理解学习内容；如果只有图形、图像而无文本内容，则又会使学习停留在浅层水平，无法获得深度理解。

研究表明，长时记忆中的知识主要以语义知识的形式存在，即知识在工作记忆中被加工以后会编码为语义知识。这时候，即使情境知识被忘记后，语义知识仍被保存。因此，知识存储和提取的关键是借助情境理解知识后，再去情境，对知识进行抽象。

五、记忆的脑机制

（一）记忆巩固

一般来说，记忆与大脑的多个部位有关，如额叶皮层、海马、海马旁回、杏仁核以及旁嗅皮层和内嗅皮层等。其中，额叶皮层对工作记忆十分重要，海马与新记忆形成有关，海马旁回的作用是形成空间记忆，杏仁核对情绪记忆非常重要，内嗅皮层和旁嗅皮层与再认记忆有关。

尽管特定的脑区有特定的功能，但这种功能并不是绝对的，各脑区之间还相互联系，相互沟通，共同完成记忆功能。在生活中，初识新朋友并不能马上形成亲密的关系，只有在不断交往中，才能彼此了解对方，建立友谊。记忆也是如此，记忆刚生成时处于一种脆弱的状态，这种状态随时都有可能断裂，使记忆消除。因此，还需要通过持续的大脑活动将其转换为稳定持久的记忆状态，这个过程称为记忆巩固。记忆巩固发生在突触巩固和系统巩固两个水平上。

突触巩固是指分子水平的记忆巩固，它主要是由长时程增强（LTP）效应引起的。前面学习过，神经元间信号的传递是由传入神经元和传出神经元之间的突触完成的。当信号第一次传递时，传入神经元被激活的效率较低，神经递质传递得较慢，当信号重复多次传递后，传入神经元变得较灵敏，同样强度的神经信号，信号会传递得较快。久之，会导致突触的结构发生变化，从而进一步适应信号的快速传递。

系统巩固涉及脑区回路的重组，通常发生在更长的时间中，可能会几周，也可能是几月或者几年。系统巩固的原理①如图2-8所示。由于记忆涉及多个脑区，所以产生记忆时，会激活皮层的多个区域。首先，大脑皮层与海马进行沟通，建立联系，这时，皮层区域并没有进行联系（图2-8a）；随着皮层与海马的持续激活；连接海马的皮层间逐渐产生了神经活动，即产生了皮层间的联结，这一过程通常出现在睡眠或放松的状态中（图2-8b）；当皮层间联结变得足够强从而使其能够直接关联时，海马就变得不必要了，于是，记忆得以巩固（图2-8c）。在系统巩固过程中，起初，海马的激活较强，当记忆被巩固后，海马的激活减弱；最后，只需要皮层即可提取记忆。

（二）情绪与记忆

"一朝被蛇咬，十年怕井绳"的俗语说明了情绪对记忆的重要影响。也就是说，当记忆伴随情绪发生时，更容易被记住。根据前面介绍的大脑"三位一体"的知识，不难推理出其中的原因：大脑是情绪和认知的统一体，情绪会影响认知，自然也会影响记忆。此外，还可以从情绪与注意的关系上进行理解，情绪会在很大程度上影响注意从而影响对知识的加工，进而影响记忆

---

① [美] E. Bruce Goldstein. 认知心理学：心智、研究与你的生活 [M]. 张明，等译. 北京：中国轻工业出版社，2017（05）：255-256.

效果。

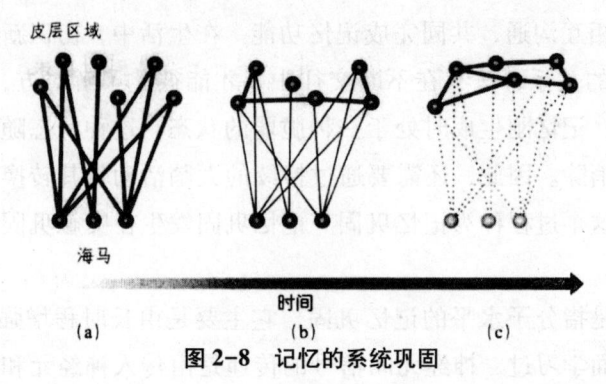

图 2-8　记忆的系统巩固

（资料来源：《认知心理学：心智、研究与你的生活》，中国轻工业出版社，2017）

　　神经科学的研究表明，情绪影响记忆主要是由杏仁核控制完成的。杏仁核在情绪记忆中的作用主要有两种不同的观点[①]：一种观点认为杏仁核本身就是存储某些情绪记忆的场所；另一种观点认为，杏仁核通过调节其他脑区的活动促进记忆巩固。[②] ERP 和事件相关 FMRI 实验证实，情绪和记忆的相互作用不仅发生在信息的编码和记忆巩固阶段，而且还发生在记忆的提取阶段。[③]而且，不同情绪状态下的记忆可能是由不同的大脑回路来分别完成的。[④] 还有研究显示，在长时记忆中，情绪性事件比非情绪性事件保持的时间更长久，细节回忆更准确；而在工作记忆中，非情绪性词语的记忆成绩明显优于情绪词语的成绩。[⑤]

　　情绪影响记忆的结论告诉我们，在教学中，必须注意学习者的学习情绪，一方面，要尽量避免教学策略和措施不当而使学习者产生不良情绪；二是要借助良性情绪促进记忆的作用，帮助学生增强记忆。

　　压力是学习者最常见的不良情绪，此时，大脑会释放一种名为三甲基锡的化学物质，破坏脑细胞发育，损伤短时记忆，降低学习效率，甚至会影响长时记忆的存储和提取。研究表明，只有在轻松愉悦的学习心境下，深度学

[①] 周平艳，王凯，李琦，刘勋. 情绪影响记忆的神经机制 [J]. 科学通报，2012, 57（35）：3367-3375.

[②] Richter-Levin G. The amygdala, the hippocampus, and emotional modulation of memory. Neuroscientist, 2004, 10: 31-39.

[③] 李雪冰，罗跃嘉. 情绪和记忆的相互作用 [J]. 心理科学进展，2007 (01): 3-7.

[④] Erk S, Martin S, Walter H. Emotional context during encoding of neutral items modulates brain activation not only during encoding but also during recognition. Neuroimage, 2005, 26: 829-838.

[⑤] 赵云龙. 情绪与记忆相互作用的实证研究 [J]. 楚雄师范学院学报，2008 (04): 80-83.

习才得以发生。脑部扫描发现，如果设置一定挑战性的快乐任务，会适度刺激杏仁核的代谢活动，增强大脑对信息的处理，提高记忆力。例如，教师可以把数学题中的人物换成同学、教师或青春偶像，以调动学生的情绪。再如，当学生稍有进步时，教师应及时给予鼓励，让学生树立自信，争取达到更高的目标。

第四节 知识的组织与形成

知识被编码以后以一定的形态和特征存储到长时记忆中，并且多种知识按一定的规则组织在一起，这些知识作为已有知识为新知识的理解提供了依据。当学习新知识时，大脑又会以这些知识的存在样态作为框架，对新知识进行分析归类，使之融入已有知识框架中，完成新知识的学习。在这一过程中，就涉及知识的表象和表征。

一、知识的模样：表象

（一）表象

如果提到"过年"，多数成年人会想到拜年、看春节联欢晚会，小朋友可能会想到放鞭炮、抢红包，如果是远离家乡的人，可能会想到吃年夜饭。拜年、看春节联欢晚会、放鞭炮、抢红包等这些场面和形象就是过年在人们大脑中形成的表象，由于经历不同，形成的表象也不同。

表象（representation）是客观对象不在主体面前呈现时，在观念中所保持的客观对象的形象，是人们在头脑中出现的关于事物的整体视觉形象。表象可能是清晰的，也可能是模糊的，这与之前对客体的知觉加工有关。对于知识而言，其表象主要取决于学习过程中对该知识的认知加工。

大脑中的知识是什么模样呢？不同的知识，在学习者大脑中的呈现方式是不同的。例如，对于浮力这一物理知识，可能想到一个木块浮在水面上的画面，木块受到向上的浮力作用。对于换元法这一数学知识，可能想到了教材中的一个示例，这个例题有关于换元法的详细分析。这些不同的形式就是知识在大脑中的分类，也是人们想象的知识模样。

（二）表象的脑机制

Gabriel Kreiman（2000）在研究药物和癫痫病的实验中发现，有一种特别的神经元，它只对棒球的图片有反应，而对面孔的图片却没有反应，而且这种仅发生在个体真正看到棒球和面孔的时候，也发生在闭上双眼想象一个棒球的时候。Kreiman将这些神经元称为表象神经元。可以推测，表象神经元这种因"物"而异的特性是在之前看到棒球时形成的。

LeBihan和同事（1993）通过脑成像技术对表象进行了研究，在研究中发现，个体观察一个真实呈现在屏幕上的视觉刺激时（知觉）与个体想象一个刺激时（表象）都会激活纹状皮层，但表象引起的激活比知觉更脆弱，更不稳定。在另外一项实验中，研究者发现涉及表象的问题比不涉及表象的问题更易激活视觉皮层。[1] 例如，被问到"树的绿色比草的绿色更深吗"和"电流强度的单位是安培吗"两个问题时，前者引起的大脑激活比后者更强烈。还有研究表明，知觉和表象的激活区域在大脑前部几乎完全重合，但在大脑后部存在一些差异。

二、表象的功能

（一）视觉表征

关于长时记忆是如何存储信息的，Paivio在1969年提出了双代码假说。如图2-9所示，他认为，长时记忆中包含了两种不同的代码，一种是言语代码，包括有关事物抽象的、语义的信息；另一个是视觉代码，即表象，即用于表征看上去像什么样的心理图片。双代码假说解释了知识在长时记忆中具有言语和意象两种形态。

根据Paivio的观点，抽象的言语，一般只能产生言语表征；而表象，则可同时产生言语和视觉两种心理表征。一方面通过视觉表征能直观地感受知识的状态和特征，同时又能结合视觉表征，用言语对知识进行抽象描述，实现对知识的形象记忆和抽象概括的双通道加工效果。例如，学习者想象着指数函数的一个示例图片，可以很轻松地将它的性质描述出来。利用百词斩软

---

[1] ［美］E. Bruce Goldstein. 认知心理学：心智、研究与你的生活［M］. 张明，等译. 北京：中国轻工业出版社，2017（05）：85-86.

件记忆单词就是利用表象进行学习的示例。

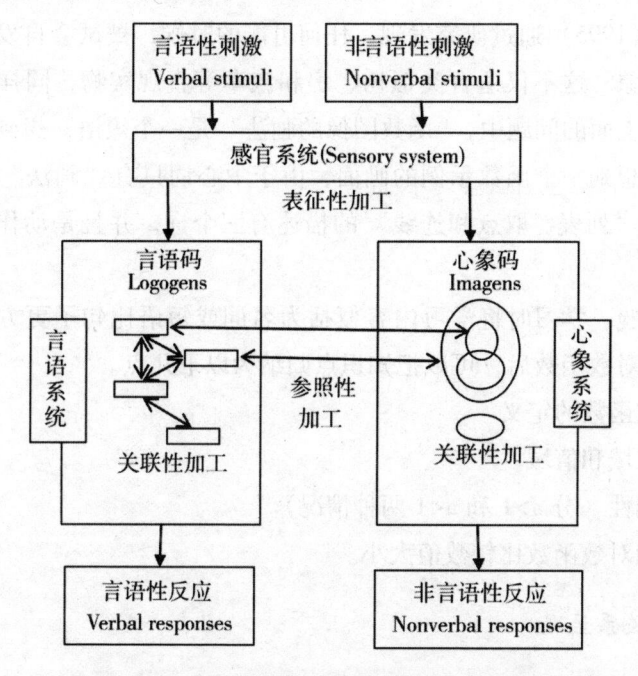

图 2-9 Paivio 关于长时记忆的双代码假说

（资料来源：《在双重编码理论指导下初中学生负数概念学习心理调查分析及启示》，广西教育，2012）

前面学习语义记忆时，提到长时记忆中的知识主要以语义知识的形式存在，此处又指到双代码假说，两者是否矛盾呢？其实这并不矛盾。在双代码假说中，表象是对知识的一个"主观印象"图像，是直观形象的，是帮助学习者快速记忆的，并不一定准确。而言语表征是对知识的抽象，是在对知识进行了细致分析后形成的概括，具有普遍的适用性，是正确和准确的。如果真正要用来分析问题，还是以言语表征更科学。这就好比交一个朋友，从其外表只能看到其大致的形象，只有经过充分的言语交流，才能真正了解他。另外，心理科学知识，本身就带有一定的主观性，只要它能够对生活和学习活动作出合理的解释，就认为它是科学的。

（二）概念桩

我们思考一个数学问题：学习了函数图像的基本画法（列表、取点和连线）后，要对知识点进行归纳记忆，是描述为"函数图像的画法"好，还是描述为"列表、取点和连线"好,哪一种描述更便于记忆。

Paivio(1995)通过研究发现,任何可能的时候,被试会自发地构建名词对的视觉表象。这不仅适合类似树、房和汽车等直观实物,同样也适合抽象的知识。在上面的问题中,"函数图像的画法"是一个短语,想到这个词,学习者自然会想到一个函数示例的画面,由于中心词只有"画法"一个,更便于记忆。而"列表、取点和连线"的描述有三个词,并且是动作,故不方便记忆。

根据经验,学习时将学习内容概括为名词或短语比句子更方便记忆和理解。学习了对数函数后,可以把知识点归纳为以下几点。

1. 对数函数的定义。
2. 定义域和值域。
3. 单调性(分 a>1 和 a<1 两种情况)。
4. 利用对数函数比较数值大小。

(三)关系呈现

"关系-组织"假说(Bower,1970)认为,表象之所以能够增进记忆,并非是因为表象必然比言语标签丰富,而是因为表象在记忆项目之间制造了更多的联系,即表象的作用在于它能产生大量的相关连接。这一观点支持了知识结构理论。

任何一种学科知识体系都存在着复杂的关系,掌握其结构关系更有助于对知识进行灵活把握。一方面,表象能构建知识间的"空间位置",理清知识的来龙去脉,明晰其逻辑关系;另一方面,表象能呈现知识点间的块状结构,从整体上认识不同知识的关系,使其呈现复杂而有序的网状关系结构,为理解新知识提供组织框架。

下面的故事能较好地解释表象的空间记忆和组织功能。

案例 2-7:传说在 2500 年前的一天,古希腊诗人西蒙尼戴斯(Simonides)去参加了一个宴会,并在宴会上致辞。非常不幸的是,就在他离开宴会之后不久,宴会厅的屋顶发生了坍塌,砸死了其中的大部分宾客。由于有些遗体受到了严重的损伤,很多遇难宾客的身份都已经无法辨认。西蒙尼戴斯意识到在致辞的过程中自己曾留意观察过他的听众,于是他就尝试着在脑海中创建了一个宾客座次的图像,图像显示出宾客们都坐在餐桌的什么位置。也正是通过这个图像，西蒙尼戴斯成功地辨认出了较多遇难者遗体的身份。

三、知识的组织：表征

表征的含义可以从两方面理解。首先，它是知识在大脑中的呈现方式。表象是指特定知识点在学习者大脑中呈现的整体"印象"，这个整体印象表现出来的特征，就是表征。一方面，它指的是单个知识点的特征。例如，正方形的边、角及对角线的性质就是它的表征。其次，表征还指知识的组织方式，即多个知识点是如何组织到一起的，它表述的是一种关系。如复数、虚数、实数、整数、分数及自然数等概念是按照一定的层级关系来表征的。此处，重点讨论知识间的关系是如何表征的，主要有两种情况：类别之间关系的表征和概念在网络中的表征。

（一）语义网络

语义网络（semantic network）最早由 Collins 和 Quillian 提出（1969），主要用于表征概念的类别。在一个语义网络中，概念或信息由许多以连线相连的节点构成。每个节点代表一个类别或者一个概念，概念处于网络之中，所有相关的概念联结在一起。此外，概念的属性特征也与概念所在的节点相连。在关于鸟的语义网络中，鸟属于动物，它又包括知更鸟、金丝雀和鸵鸟等类别。学习者从"知更鸟"搜索"鸟"的时候，可以联想到金丝雀、鸵鸟和动物等，从而提取出更多的知识。这种语义网络根据层级模型对不同类别的概念进行了归类，具有结构化的特点，便于人们进行整体认知和推理。此外，语义网络模拟了人的语义记忆和联想方式，方便学习者思维的"激活扩散"。

后来，Collins 和 Loftus（1975）将层级结构的语义网络修改为经验关系，用概念间连线的长短表示经验关系的远近。例如，数学学习中谈到方程，有人首先联想到如何解方程，也有人先想到用方程思想解应用题，还有的想到函数或不等式。这是因为他们学习的经验不同，导致他们对不同知识的熟悉程度不同。这种根据个人经验建立起来的语义网络具典型的个性化特征，更切合了学习的实际情况。

（二）联结表征理论

1986年，在题为《平行分布加工：考察认知的微结构》的著作中，James

McClelland 和 David Rumelhart 根据大脑表征概念及属性特征的原理，提出了一种新的知识表征理论：联结主义理论。图 2-10 呈现了一个简单的联结主义网络，它由一组输入单元、一组输出单元、一个或更多的中间隐藏单元构成，各单元间的连线表示激活，每一次激活的链接权重是不同的。学习之初，各输入单元的激活程度是近似相同的，经过无数次不同权重的激活后，输出单元的激活程度是不同的，这就是学习的结果。

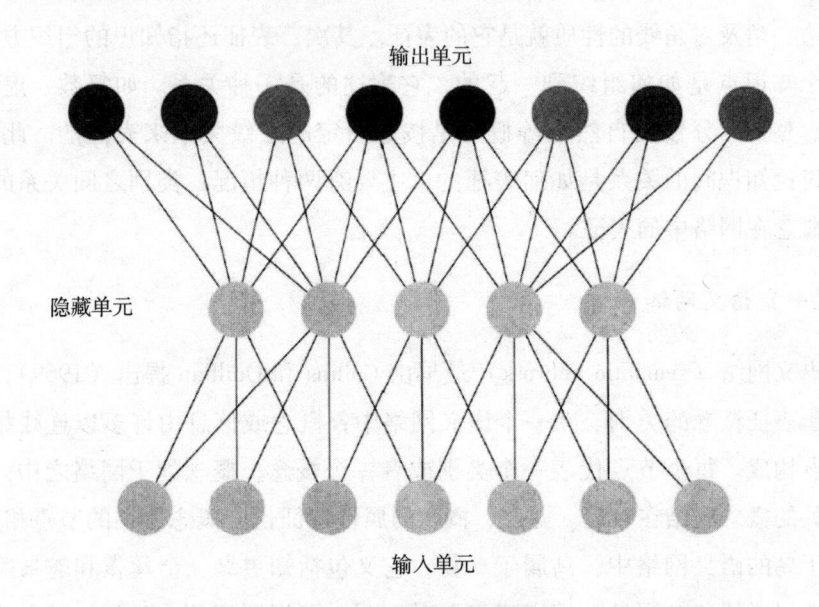

图 2-10 联结表征理论

（资料来源：《认知心理学：心智、研究与你的生活》，中国轻工业出版社，2017）

在数学学习中，借助联结主义理论，对所学知识的功能进行归类，可以帮助学习者高效地开展练习活动。以输入单元是一元二次函数为例，关系单元可以用"是""能""如果……则……"或"注意"等，这样就能由一元二次函数推出与之相关的属性单元（输出单元）。如下：

是：①一条 U 形曲线②表达式是 $f(x) = ax^2+bx+c$。

能：①求曲线与 x 轴和 y 轴的交点②求最值③辅助解一元二次方程或不等式。

如果：点在曲线上，则点坐标代入函数表达式；如果与直线相交，则联立方程，可求交点线段长度。

注意：a 不为零的情况，实际问题应用中的定义域和值域问题……

如果熟练一元二次函数联结网络中的这些属性单元，就能较好地把握与之相关的常用问题，在练习中做到运用自如。

四、概念的形成和分类

本书多次提到过"已有知识"这个词，主要是因为它对于理解新知识有着极其重要的作用。知识经过合理的组织，存储在长时记忆中，就成了已有知识。当再遇到一个新的概念时，学习者需要重新表征旧知识，并根据新概念的特征将其定位和归类，这就是新概念的形成和分类。

通常地，概念的形成和分类属于认知模型的范畴，它有特征表、原型、范例和图式几种理论模型。

（一）特征表

有些概念不能用特定样例的标准来定义，更适合用这一类样例的共同特征来描述，这就是特征表理论。例如，对于"单身汉"的定义，它的特征是男性、成年人、未婚，用这些特征来描述更便于人们理解。

特征表理论适用于一些具有严格规则的数学和物理概念。如一元二次方程、全等三角形、匀速直线运动等。对这些概念的考核并不是侧重定义的准确描述，而是要用其灵活解决实际问题，只有从属性特征上理解它，才能真正地把握其内涵。因此，用特征表描述它们更合适。

对知识进行特征分析是深度学习不可缺少的。如学习矩形时，如果仅从概念"一个角是直角的平行四边形"上理解它；只是把握了它的分类属性和表面性质，并不能深刻理解它，只有从邻角、对角、对角线等属性上对其进行分析，才能真正把握其本质；并且，无论如何变换，都能认识它。

（二）原型

原型即模具，是工业上用压制或浇注的方法使材料成为一定形状的工具。在心理学中，原型理论认为原型是某类别事物或事件的理想化表征，原型包含的特征或方面是该类别成员所特有的，即典型的，而不是充分必要的特征。有些事物的原型可能相同，但有本质的区别。如飞机设计最早依据的原型是鸟，其翅膀和尾部可为飞行提供动力，但两者本质是不同的。

原型相同的知识具有基本的原理，原型理论为思维模型和方法提供了思路。例如，函数思想的本质就是"因变量随着自变量的变化而变化"，无论物理中的追及问题,还是数学中的取值范围问题,或是教育实验中的因素分析,只要问题情境能抽象出这样的原型时,都可以用函数解决问题,原型学习提供了认识知识本质的一种方法。再如,分解因式的题目中,X^2-4 和 $X^2+4X+4-y^2$ 具有共同的原型 a^2-b^2,如果能识别出这一点,问题就迎刃而解了。

(三) 范例

范例理论认为,人们通过将新的问题与以前存储下的范例进行比较,从而对新问题进行归类。Reber 通过实验发现,当复杂的潜在结构存在时,人们更多的是记忆样例,而不能很好地找出这种结构到底是什么。[①]

一般说来,隐性知识具有关系复杂、难以表述的特点,学习者很难对其概括和抽象。因此,只有借助具体的情境,才能准确地对其描述。Mathews 等人(1989)通过研究发现,内隐学习依赖于范例的物理特征,即当示例改变,而保持规则不变时,被试的成绩也明显下降。[②]

中小学教材提供的例题就是一种典型的范例,这是对教学内容的基本应用,是后续练习的参考和基础。学习时,应对例题给予足够重视,对其进行深入剖析。一方面,要对例题去情境,分析挖掘出其中蕴含的本质知识,并进一步理解和消化;另一方面,还要从设计者的角度对问题情境进行剖析,分析出知识运用的条件,以保证能迁移到类似情境中。图 2-11 是初中数学勾股定理的一道例题,学习该例题,一是要明确如何从情境中构造出直角三角形中,用勾股定理解决问题;二是要分析出"当直角三角形的边能用 x 表示时,可借助勾股定理构造方程"的经验。

案例 2-8:如图 2-11 所示,有一架绳索拉直的秋千,当它静止时,踏板与地面的距离为 1 尺;将它往前推进 10 尺时,踏板与地面的距离就为 5 尺,求绳索的长。

---

① [美] Kathleen M. Galotti. 认知科学与你的生活(Cognitive Psychology:In and Out of the Laboratory)[M]. 吴国宏,译. 北京:机械工业出版社,2016(10):121.

② Mathews R C, Buss R R, Stanley W B, et al. Role of implicit and explicit processes in learning from examples:A synergistic effect. Journal of Experimental Psychology:Learning, Memory & Cognition, 1989, 15:1083-1100.

图 2-11　例题提供的"范例"

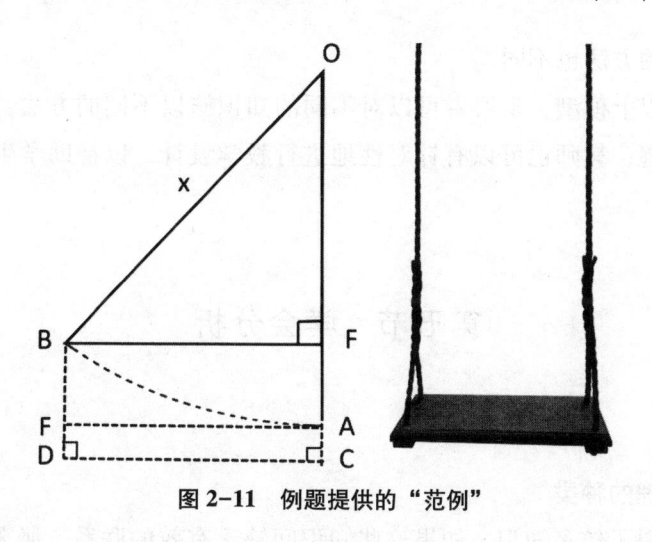

（四）图式

认知心理学家认为，人们在认知过程中，对同一类客体或活动的基本结构进行抽象概括，在大脑中形成的框图便是图式。图式有两种表现形式，一种是知识的存储结构，一种是工作执行脚本。[①] 前者是对知识的静态描述，阐述"是什么"的问题；后者是对知识的动态表述，阐述"如何做"的问题。例如，对于应用方程解应用题这一类数学知识，存储的知识结构就是"方程思想"，只要将相关关系用方程表示出来即可；而工作执行脚本是"如何列方程"，需要找出等量关系，并将各部分用含 x 的代数式表示出来。

知识的存储结构和执行脚本是图式的两种形式，是知识的"一体两面"。存储结构是陈述性的，重在对知识的形态进行描述，类似面向对象程序中类的定义；执行脚本是程序性的，重在执行，类似程序主体和方法。

在学习中，首先要对知识的存储结构有深入的把握，做到心中有"货"；其次，要通过练习熟练解题的过程，保证解题过程中不出差错。很多同学有"眼高手低"的毛病，感觉理解得不错，但做题时就会丢三落四或计算出错，这就是对执行脚本把握得不好，在数理化等理科学习中尤其要注意这一点。

以上是人们在学习新概念时常用的四种概念归类模型和方法。不同知识使用的方法不同，如严格的数学概念适合使用特征表进行归类；如果知识的情境性较强，或者任务较复杂，则使用范例归类更好理解。对同一知识，不

[①] https://study.163.com/course/courseMain.htm?courseId=1006384085&share=1&shareId=1016323206（王钰 基于学习科学的高效教与学方法）.

同的人使用的方法也不同。

理解了以上模型，学习者可以对不同的知识施以不同的方法，做到对知识的灵活掌握；教师也可以有针对性地进行教学设计，以帮助学生更好地掌握知识。

第五节 学会分析

一、推理的种类

人们获得了较多知识，如果这些知识间缺乏有效的联系，那么大脑就会因海量而庞杂的信息消耗过多的资源，影响信息加工的效率，这就需要建立信息之间的关联，把相关知识按照一定的逻辑关系梳理出知识的源与流、主与次，这就是推理。

推理是进行思维活动的基础能力，它可分为合情推理和演绎推理。合情推理是从已有的事实出发，凭经验和直觉进行推理的方法，它包括类比推理和归纳推理。演绎推理是从已有的事实和法则出发，按照逻辑规则进行证明和计算的推理方式。

（一）类比推理

类比推理指的是从两个或两类对象的部分属性相似推断出新的相似属性的过程。例如，如果对象 A 和 B 都具有性质 a、b 和 c，另外，A 还具有性质 d，那么则可以推断 B 也可能具有性质 d。类比是大脑的一种习惯，当人们遇到一个新对象或问题时，总是希望从已有记忆中找出熟悉的影子，努力运用已有的经验和方法来认识新对象，解决新问题。这样，生成的知识就会与已有知识产生关联，从而更加系统。例如，学习原子的结构时，可以将其类比为太阳系，原子核和电子的关系就好比太阳和行星的关系。再如，学习了正比例函数，掌握了其图像、性质以及 k 的意义，再学习反比例函数时，也会将其与正比例函数类比，从以上几方面进行学习。

类比推理理论研究了学习者是如何进行类比推理的，与前面讲的概念的形成与分类有相似之处。主要有结构映射理论、实用图式理论和示例理论。

结构映射问题是用原问题各因素间的关系及结构解决新问题,原问题和新问题的结构映射是类比产生的前提。例如,在邓克尔辐射问题和堡垒故事中,将堡垒故事与辐射问题类比,独裁者的堡垒与肿瘤类比,各路军队则对应着从各个方向射向肿瘤的低强度射线[1];实用图式类比是指问题因果关系的类比,有助于解决在因果关系上相似的源问题和靶问题。如方程组思想适用于解决复杂的几何求角问题;示例理论是通过具体的类比案例,求得问题解决的方法。例如,教材中例题和练习中的错题就是典型的类比示例。

影响类比推理的因素与推理任务的特征有关。通常,两个问题的情境越相似,结构变异越小以及结构特征数量越少,越易于类比。此外,类比还与个体对知识理解的程度有关,学习者对已有知识和方法的理解程度、敏感性和已有类比经验的丰富性,都会影响类比推理的效果。

(二) 归纳推理

归纳推理是由个别到一般的推理,它是由关于范围较小的观点过渡到范围较大的观点,由具体特殊的事例推导出一般原理和方法。例如,在一个平面内,直角三角形、锐角三角形和钝角三角形的内角和都是180度,由此,可得到平面内所有三角形的内角和都是180度。

归纳推理的过程分为特征识别、规则学习、形成假设和检验假设四个阶段。下面结合一探索规律的题目进行解释。

观察图中各正方形图案,每条边上有 n (n>2) 个圆点,第 n 个图案中圆点的个数是 a_n,按此规律推断,a_n 与 n 的关系式为(   )。

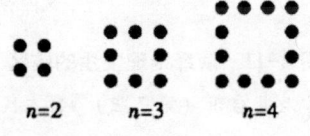

A. n^2 B. n^2-4 C. n^2-2 D. 2 (2n-2)

(1) 特征识别。识别前提样例的特征,并进行归纳。由图可知:

n=2 时,a_2=2×2;

n=3 时,a_3=3×3-1×1;

n=4 时,a_4=4×4-2×2;

---

[1] 徐国庆. 类比问题解决中图式归纳的研究 [D]. 长春:东北师范大学,2004:18.

（2）规则学习。根据特征识别，得到模型的变化规律。该题的变化规律是：每个图形的点数等于正方形围成的面积点数减去内部空白正方形的面积点数。

（3）假设形成。将规则学习阶段得到的模型变化规律用函数表达式表示出来，注意自变量用个数或次数表示。本题的表达式为 $a_n = n^2 - (n-2)^2 = 2(2n-2)$。

（4）检验假设。检验假设是否适合新样例。例如，当 $n=5$ 时，正方形有 16 个点，公式计算 $a_5 = 2(2×5-2) = 16$，故假设成立。

（三）演绎推理

演绎推理是由一般到特殊的推理方法。与归纳推理相对。演绎推理有很多形式，但在学习中用得较多的是关系推理。例如，如果 a>b，b>c，那么 a>c。

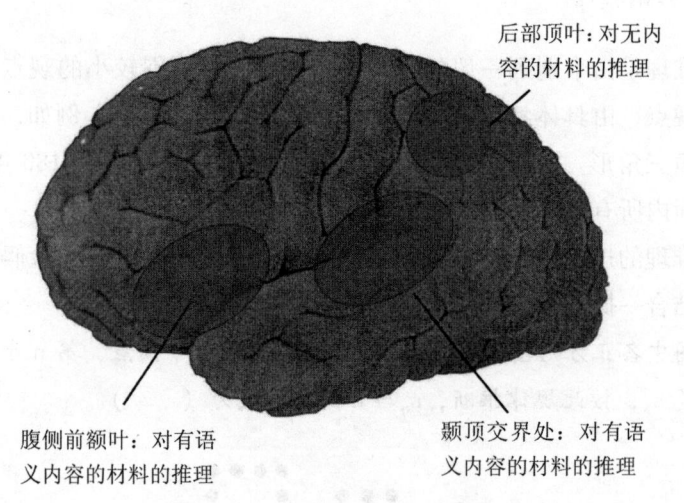

图 2-11 演绎推理发生的脑区

（资料来源：《认知心理学及其启示（第 7 版）》，人民邮电出版社，2009）

研究发现，人们能够用不同的系统来解决不同的推理问题。如图 2-11 所示，当对有意义的内容进行判断时，左侧前额叶和颞顶交界区这两个与语言加工有关的脑区出现激活，当对类似代数方程等抽象的内容进行判断时，顶叶脑区出现激活。[1] 此外，戈尔（Goel，2000）等人通过研究发现，人们作推

---

[1] [美] 约翰·安德森. 认知心理学及其启示（第 7 版）[M]. 秦裕林，等译. 北京：人民邮电出版社，2012.01：293.

理时，会受到推理内容和知识经验的影响：被试判断一个与生活经验一致的三段论，有效推理的正确率为84%；当三段论与生活不一致时，正确率仅为74%；当三段论由抽象字母组成时，正确率为77%。这说明人的理性是有限的，多数情况下，学习者推理时采用了基于经验的启发式推理，而这种推理并不一定是符合逻辑的。大脑这种结合经验来快速推理的习惯保证了推理的快速有效而不会出现逻辑刻板现象。①

二、推理的数学应用

推理在数学中有广泛的应用，是数学核心素养之一。数学学习中，培养学习者的推理能力是学习者学习新知以及解决问题的基础和保证。

（一）运用类比和演绎理解新知

分析问题时，各知识点相互关联，相互制约。新知识的理解往往不是孤立的，而是已有知识的拓展和延伸，这就需要运用演绎推理对已有知识进行推导，使知识不断深化和综合。同时，运用类比推理对新旧知识进行比较、发现和归类，进而实现知识的同化和顺应。

（二）运用演绎推理分析问题

由图3-6中问题解决的推理过程可知，分析题目时，学习者需要由已知条件逐步推导出隐含条件，或者综合已知条件和隐含条件进一步发现新的条件，并根据子目标与最终目标的关系调整分析路径。这一过程主要运用了演绎推理的方法。演绎推理是对已有知识的推理，因此进行正确有效推理的前提是牢固掌握已学知识。在推理过程中，理清已知条件、隐含条件、子目标和最终目标的关系是最重要的任务，是分析问题的关键，会占用工作记忆的主要认知资源。此时，熟练基础知识能有效避免过度消耗不必要的资源，从而为推理任务提供保证。

在数学推理过程中，有的学习者经常会出现错误，这主要与知识的熟练程度有关。数学知识多是抽象的符号知识，其知识描述的事实往往与生活经验的直观感受不一致，当学习者对知识的掌握不扎实，或者没有养成严谨的学习态度时，往往凭借感性经验进行数学推理，从而导致错误。

---

① 吴增生. 用数学发展智慧［M］. 南昌：江西教育出版社，2015（07）：112.

因此，学习数学，必须养成严谨、理性和一丝不苟的态度，必须牢固地掌握知识，而不仅仅是理解、听懂或能求出结果来。

（三）运用归纳推理概括和抽象知识

概括和抽象是数学学习的两种重要能力，它们是通过归纳推理实现的。学习新知识时，为提高学习者的情境认知能力，教材往往通过情境导入、特例分析和讨论扩展的形式进行讲解，这就需要学习者运用归纳推理概括所学内容的大意，抽象知识的含义，挖掘例题的考核点。此外，阶段性学习结束后，要对所学的知识点、方法、题型和技巧进行总结、概括和归纳，使知识形成结构，使认知形成图式，从而提高思维能力。

小学生在低年级阶段往往表现出归纳能力不足的现象。例如，不能说出不同事物的共同特征，语言表达不准确，思维和表达不一致，抓不住事情的本质等。这是因为他们的大脑发育尚不完全，其内部语言系统和外部语言系统不能很好地配合。随着年龄的增长和经验的增加，这种情况会逐步改善。

本章主要从信息加工的观点介绍了信息是如何被选择、加工和编码的，知识生成后又是如何被组织和存储，以及如何运用知识解决问题的。信息加工的过程就是学习者学习的过程，是信息输入和知识输出的过程。学习者了解这些理论，可以从生产者的角度更好地把握自己的学习，做到知己知彼，教师了解这些理论，可以从管理者的角度更好地指导和调控学生学习的过程，做到运筹帷幄。当两者思路和步调一致时，学习就会高效而深入。

第三章　知识与学习

案例 3-1：L 老师是一名市教研员，有一次，他到一所高中听了一位数学教师的授课。这位教师按照合作学习的模式进行了授课：先进行讲授，然后练习，最后采用小组合作的形式对几个较难的题目进行了讨论、分享。

听完课后，L 老师针对"合作学习是否适合数学课堂"的问题，和授课教师及其他听课教师进行了讨论。L 老师了解到，这所学校现在正在开展合作教学的研究，要求各门课程都采用合作学习模式进行授课。最终讨论的结果是：多数数学课应以自主学习为主，或是小范围进行讨论，但并不适合在课堂内大范围开展讨论。

评析：合作学习的目的是让学生在学习过程中碰撞观点、拓展思路，强化团队意识，这种教学方式一般适用于劣构或开放问题，但数学问题通常是良构问题，这类问题更适合自主思考。在数学学习过程中，当学生通过积极思考获得思路时，更能感受到学习的快乐。由于缺乏经验和方法，学生在讨论过程中往往不是通过间接的提示让同伴获得启发，而是直接给出思路和方法，这可能会让同伴临时"恍然大悟"，但这种光亮并不能在大脑中维持太久。

第一节　学习的分类

通常情况下，知识指的是学习的内容，而学习是对知识的认知。不同类型的知识，其获得的机制不同，学习的方法也不同。通过案例 3-1 可知，如果对知识的类型搞不清楚，就会影响教学设计和学习的效果。试想，如果用记忆历史知识的方法来记忆数学公式，或是用解数学题目的方法来分析历史问题都是不对的。对知识进行分类，有助于更好地陈述教学目标、设计教学过程、选择教学方法和指导教学评价。[1]

历史上，学者们曾从不同角度对知识及其学习进行了分类。

一、加涅的学习结果分类

1977年，加涅在《学习的条件》一书中对学习进行了分类，将学习分为言语信息、智慧技能、认知策略、动作技能和态度五种类型。

（一）言语信息

言语信息学习是指学会用口语或语言文字来表达所学的知识，如认识词语、背诵诗词、记住一个概念或定理都属于言语信息的学习。通常，人们认为言语信息的学习相对比较简单，学习者只需要通过字面理解，然后将其存入记忆中即可。一种例外情况是，用于知识抽象的言语信息体现了学习者的高级思维能力，也是较难掌握的。例如，用自己的话描述一个事件的发生过程，或是概括一种现象背后的原理。研究表明，主动加工的语言表达和抽象有助于学习者进行深度学习。[2] 其原理是，主动的言语加工能将当前知识与已有的相关知识进行联结，为知识找到更多的"附着点"，同时，语言表达本质上是一个多脑区域协作的过程，它首先由"内部语言"进行综合分析、判断，再通过外部语言表达出来，是一个内外系统的协同加工过程。因此，言语抽象是一种有效的学习和教学策略，在学生学习过程中，较多错误是由于思路不清导致的，此时，教师让学生借助自身的言语信息能力进行自我梳理，往往会收到意想不到的效果。

（二）智慧技能

智慧技能学习是指学生"使用概念和规则"处理信息的能力。它包括由低到高的四个等级，分别是辨别、概念、规则和问题解决。[3] 辨别是智慧技能

---

[1] 黄莺，彭丽辉，杨心德. 知识分类在教学设计中的作用——论对布卢姆教育目标分类学的修订 [J]. 教育评论，2008（05）：165-168.
[2] 蔡甜甜，刘国祥，宁连华. 数学课堂留白艺术的理论探析与实践反思 [J]. 数学教育学报，2018，27（06）：29-32.
[3] 卢家楣. 学习心理与教学 [M]. 上海：上海教育出版社，2009（05）：09.

学习的基础，是指学生学会识别出不同刺激，如识别物体的形状、颜色、大小和轻重，观察出两个事物在哪些方面不同。概念学习是对具有共同属性的事物的概括和抽象，它分为具体事物的概念和抽象事物的概念。孩子年龄小时只能概括具体事物的定义，当到一定年龄后，就能概括抽象事物的定义。低年级小学生有时很难说出一个概念或定义，是因为他们的大脑还未发展到概括抽象事物的能力，这时，应侧重他们对概念的理解，而不是简单的记忆。规则是若干概念的联合，只有明确概念的含义，才能准确理解规则。问题解决是运用规则来解决实际问题，是对所学概念和规则的综合运用。

在智慧技能学习中，尤其要注意辨别能力的基础作用。这种能力往往始于学前阶段的观察能力。物理、地理及生物等不同学科的概念和规则是不同的，但学生的辨别能力是与学科无关的，始于学科知识之前。因此，从小培养孩子的观察能力和辨别能力很重要，不会辨别便发现不了事物的共同特征，就形成不了概念，也不会在问题解决中剔除情境，抓住问题的本质。图3-1中的找规律题目，考查的就是学生的辨别问题、形成规律的能力。

观察下列等式：$1\times\dfrac{1}{2}=1-\dfrac{1}{2}$，$2\times\dfrac{2}{3}=2-\dfrac{2}{3}$，$3\times\dfrac{3}{4}=3-\dfrac{3}{4}$，…
请写出第 n 个等式。

图 3-1 初中数学的"找规律"题目

（三）认知策略

认知策略学习是指通过调节自己的认知活动以有效获得知识，它是关于如何学习的方法。它包括提高记忆的策略、组织知识的策略和元认知策略等。其中，提高记忆策略和组织知识的策略指的是一般的方法，与所学的内容无关。如，回顾是一种较好的记忆策略，用思维导图对所学知识进行梳理有助于知识的组织加工，这是一种普遍的认知加工规律，对所有学科知识都适合。元认知策略具有较强的个性化特征，这种策略的养成依赖于学生的反思能力。学习的最高意境应该是个性化的，苏格拉底说过，没有反思的人生不值得拥有。学习也是这样，如果没有针对自己的反思，就建立不了真正属于自己的学习。比如，当老师布置的作业较多，而自己又有未消化的学习内容时，学生就应反思：到底是先做作业，还是先消化自己不会的知识？再如，一个单元学习结束后，学生应主动想到利用空余时间对本单元进行系统复习。因此，从小培养学生的元认知能力和反思能力非常重要，它会形成学习者一生的学习原动力。

（四）动作技能

动作技能学习是指通过练习而形成的一定动作方式，如写字、作图、打球、做体操等，动作技能的形成通常依赖于动作的熟练程度。具身学习理论认，为知觉、行动和认知是一体的，是不可分离的，可以理解为肌肉具有"记忆功能"。当某一个动作熟练以后，就被某些相关肌肉"记住"了，之后就会很顺利地作出这一动作。同时，动作的"定式"也会促进高效率的认知，比如，考试时，端正的坐姿有助于全神贯注地进行思考，而做题时随意的坐姿会使身体处于放松状态，也会使大脑较为松懈，不利于提高效率。

（五）态度

态度学习是指通过学习形成的某种相对稳定的态度，它是影响个人对其行动选择的内在心理状态（加涅，1985），不能被直接观察，只能通过学习者外在的行为推知，因此态度学习往往被忽视。除受遗传因素影响外，态度形成还与低年龄段的经历和体验有很大关系，这时候，父母往往关注他们的行为表现，而没有重视他们做事情的态度，等他们年龄稍大后，态度一旦形成，又很难改变。

严谨认真的态度通常是在坎坷和失败的经历中形成的，由于缺乏这样的生活经历，中小学生在学习的早期阶段难以形成严谨的态度，而这又会对他们的学习产生一定的影响。比如，严谨的态度对数学学习是非常必要的，从理解、演算到书写每一个环节都不能有半点马虎大意，而有些学生总在这些环节上丢三落四，丢分后他们归因为"粗心大意"，而没有认识到是主观态度的原因，这样就无法在行动上进行改进，成绩也一直得不到改观。有的同学虽然成绩并不是太好，但基础并不差，一旦态度发生改变，短时间的学习就会产生较大的突破。

二、布卢姆的教育目标分类

布卢姆等人在1956年对教育目标的分类中，将教育目标分为认知、情感和动作三个领域，后来又对每个领域作出了进一步的完善。

(一) 认知领域目标

布卢姆将认知领域的目标按照由低到高的层次分为六级，分别是知识、领会、运用、分析、综合和评价。知识是指能从长时记忆中找到和识别的知识，如能够说出牛顿第二定律的含义，知识是对学习结果的静态表述。领会是指能够对所学知识进行解释、举例、分类、总结、推断、比较和说明，如，举例说明浮力，或概括说明一篇文章的大意。应用是指运用知识去解决问题，如，运用几何知识对土地进行丈量，运用的前提是理解相关的概念性知识，分析是将知识分解为几个子部分并确定它们之间的关系，它包括对知识进行区分、组织和归属，比如，学习了幂函数，需要将幂函数与指数函数、对数函数等知识进行比较和区分，以确定它们的异同，分析是对知识进行扩展理解，是比领会更深入的学习。综合是将所学各部分进行组合，整合成一个知识整体，如在加速度的实验中，通过分析各个点之间的距离，引导学生归纳出加速度的大小。评价是依据准则和标准来作出判断，它包括核查和评判。当初步掌握知识时，往往要通过多个角度验证对知识的理解，当牢固把握知识后，便会对知识进行评判，比如，初步学习解方程的方法时，会按照老师讲解的方法进行核对，以确定方法是否正确，当掌握了解方程的多种方法后，会根据方程的具体特点对不同的方法进行评判，以选择最佳的方法。在学习过程中，当学习者能够对同伴的做法进行正确评价时，意味着学习者对知识的理解达到了较高的阶段。

表3-1 基于知识分类和认知过程的学习目标分类

知识维度	认知过程维度					
	1. 记忆	2. 理解	3. 运用	4. 分析	5. 评价	6. 创造
A 陈述性知识						
B 概念性知识						
C 程序性知识						
D 元认知知识						

(资料来源：《布卢姆教育目标分类学（修订版）：分类学视野下的学与教及其测评（完整版）》，外语教学与研究出版社，2008)

2001年，安德森等研究者对认知领域教育目标进行了修订，他们从知识和认知过程两个维度对认知领域的教育目标作出了描述和分类，如表3-1所示。在表3-1中，纵向维度按照知识类别将知识分为陈述性知识、概念性知识、程序性知识和元认知知识，横向维度按照认知过程将学习分为记忆、理解、运用、分析、评价和创造。学习是一个静态和动态相结合的过程，本质上，知识是学习的静态状态，是指学习者学习或学到了什么内容，认知过程是学习的动态状态，是指如何进行学习或者学习达到哪一个阶段。基于知识和认知过程的学习分类，为学习者和教师更有效地学习和设计教学提供了抓手。

（二）情感目标

对情感领域的目标，依其价值内化的程度分为接受、反应、价值化、组织、价值与价值体系的性格化五级。接受指学生从心理上能够注意所学内容，这是低级的价值内化水平；反应指学生能够参与学习活动并从中得到满足；价值化指能够将学习行为和结果与一定的价值标准相联系，对所学内容在信念和态度上表示正面肯定，相当于通常所说的"欣赏"；组织指将当前学习的结果与多种不同的价值标准组合在一起，建立内在一致的价值体系，达成统一的人生哲学目标；价值与价值体系的性格化指个体通过前四个阶段的学习，将知识内化为自己的价值观，并与性格融为一体。

例如，当教师告诉学生学习数学必须有严谨认真的态度时，学生通过平时所犯的一些"低级"错误，想到出错的原因可能与练习时思考不缜密有关，于是便抱着试试看的态度接受了教师的观点，并在做题的过程中按照教师的方法进行操作，这就是接受和反应。等自己的错误有所改善，于是便从心理上认可了"学习数学要有严谨认真的态度"这一观点。当有些简单的题目再出错时，学生便会想到是不是由于态度不严谨所致，或者当同伴出现类似问题时，他也会运用这一原则去帮助同伴归因，这就是价值化。慢慢地，通过其他课程的学习及经历的一些挫折，他感受到，认真是做学问的一条普适原则，于是，这一原则贯穿到了他学习的所有行动中，实现了价值的性格化。

（三）动作领域目标

对于动作技能领域，布卢姆并没有编写出分类，这个领域出现了好几类分类法。其中，辛普森（E. J. Simpson）将动作技能的目标分为知觉、定向、有指导的反应、机械动作、复杂的外显反应、适应和创新七级。

知觉指通过感觉器官觉察客体或关系的过程，借此获得信息以指导动作，它是动作的必要条件而非充分条件。定向指为某种稳定的动作或活动所做的准备，包括心理定向、生理定向和情绪定向三个方面。有指导的反应指在复杂动作技能的早期学习阶段，可通过一套标准判断操作的适当性，它包括模仿和试误两个方面。机械动作指学习者的反应已成为习惯，能熟练地完成动作。这一阶段的学习结果涉及各种形式的操作技能，但动作并不复杂。复杂的外显反应指能迅速、连贯、精确和轻松地完成复杂动作，实现动作的自动化。适应是运动技能的高度发展水平，指学生能改变动作以适应新的具体情境的需要，比如，对已经掌握的一套动作进行改编。创新指通过对动作技能领域的学习，形成对动作技能的独到理解，由此可创造出新的动作模式，例如，根据某一主题设计一段现代舞蹈。

三、按学习方式的分类

20世纪60年代，奥苏伯尔在他的《教育心理学——认知观点》一书中，从两个维度对学习进行了分类，并区分了意义学习的复杂层次。

（一）机械学习与意义学习

根据学习者对学习内容是否理解，奥苏伯尔将学习分为机械学习和意义学习。机械学习一是指学习材料本身无意义，二是指学习者不理解学习材料的意义。前者如英语字母或音标，它本身只是符号，并无实际意义，学习时必须将其机械地记住；后者如几岁小孩子背诵《三字经》，《三字经》虽然有意义，但几岁小孩子并不理解，只能机械记忆。意义学习是指学习者将当前内容与以前旧知识进行有效联结，如，学习内容是具体事物或是生活常识，学习者能借助以往经验进行解释，或者学习内容是抽象的符号，学习者能用已经掌握的知识进行理解，例如，学习方程时，能用等式和含有字母的表达式进行理解。

（二）接受学习与发现学习

按照学习是否主动，奥苏伯尔将学习分为接受学习和发现学习。接受学习是指通过被告知的方式进行学习，比如，学习解二元一次方程组时，教师讲解了代入消元法，学习者根据教师的讲解理解了该方法。发现学习是指通过自己的观察和发现，获得解决问题的方法，如学习加减消元之前，学习者发现只要一个未知数的系数相同或互为相反数，可以通过加减的方法消掉一个元，就可求解。接受学习和发现学习的区别在于学习是否主动。

新课改当下，学校更多地提倡教师们采用发现学习的教学方式，以提高学习者的学习能力。但在知识爆炸的时代，不可能所有的学习都采用发现学习的方式进行，接受学习，特别是有意义的接受学习应成为当前课堂教学的一种基本形式。

（三）意义学习的层次分类

按照学习由简单到复杂的顺序，奥苏伯尔将意义学习分为表征性学习、概念学习、命题学习、概念和命题的运用以及解决问题和创造五种类型。表征性学习是对表示人或事物的符号进行的学习，如，"北京"这个符号表示一座城市，"汽车"表示一类交通工具；概念学习是对具有共同抽象特征的事物进行的学习，如"三角形"和"圆周运动"；命题学习是指对概念关系的学习，如"等腰三角形的顶角平分线与对边的垂线和中线重合"。前三类学习是有意义学习的基本类型，在掌握了这些知识的基础上，可以再进行后两类学习。在后面两类学习中，概念和命题的运用是知识的简单运用，解决问题和创造是知识的复杂运用，通常针对劣构问题和复杂性问题。

学习是一个由基础到综合、由浅层到深入的渐进过程，如果基本知识掌握不好，就无从进行更高级的学习，奥斯伯尔对有意义学习的复杂分类，为学习者提供了一条有机的学习路线，即，应在熟练掌握基本类型知识的前提下再进行高层次学习。高层次学习出现问题时，应首先从基础知识上找原因，如概念理解了没有、规则明确了没有。对于有些错题，只有在较低层次的"根"上找到原因，才能彻底改正。

除以上分类外，还有一些其他学习分类方式。如，安德森按照信息加工的观点，将知识分为陈述性知识和程序性知识，迈克尔·波兰尼（Michael Polanyi）按照知识能否被清晰地表达，将知识分为显性知识和隐性知识。

了解了学习的不同分类，我们会对学习进行科学的判断。如，理解了言语信息与智慧技能的不同，家长便不会被孩子在低学龄阶段没有认识过多字词或是背过多少古诗而悲天悯人；认识到了元认知策略对于学习的重要性，家长们就会从小重视孩子反思意识的培养；了解了机械学习和意义学习的区别，教师便会围绕知识建构进行教学设计；理解了脑结构的变化才是学习的根本结果，家长、老师们便不会因为孩子一时成绩不佳而忧心忡忡，而是能从长远的角度帮助孩子成长。

四、我国学者对学习的分类

（一）以往关于学习分类的研究

我国心理学家潘菽在其主编的《教育心理学》（1980）一书中，依据学生在校学习的内容和结果，把学习分为知识的学习、动作技能的学习、智慧技能的学习、道德品质和行为习惯的学习四类。

学者冯忠良等人于2000年在《教育心理学》一书中，将学生的学习分为以下三类：

（1）知识的学习。通过一系列心智活动来掌握知识，在头脑中构建起相应的知识结构。

（2）技能的学习。通过练习建立合乎法则的问题解决思路、思维方式和能力，包括心智技能学习和操作技能学习。

（3）社会规范的学习。把外在行为的要求转化为主体内在需要的过程。

以上两种分类方法的类目虽然不同，但实质上是一样的，都主张从知识、技能和情绪态度三个方面来分类。需要注意的是，虽然同是基于学习结果的分类，这两种方法中，每一类所涵盖的范围与加涅的分类不同。例如，这两种方法中，"知识的学习"的范围要大于加涅的言语智慧学习，而"技能的学习"是广义的技能学习，既包括职业技能，也包括用于解决复杂问题的问题解决能力。

（二）本书主张的学习分类

基于不同的标准对学习进行分类，能够对知识和学习研究得更加透彻，但对于多数非研究人员来说，容易形成混淆。例如，概念属于陈述性知识，但概念的掌握并不是简单的记忆，有时需要借助程序性知识去理解和深化。再如，陈述性知识包括事实性知识、符号、概念和规则等多类知识，有时很难准确区分每一类知识，也没有必要这样做。

111

本部分学习主要是让学习者和教师能理解不同类别知识的原理，以采用不同的方法进行学习和教学，如果对学习的分类过于复杂，则不利于学生和教师把握。结合我国教育界对于学习的分类习惯，根据教学内容的不同，我们将学习分为（陈述性）知识的学习、技能的学习、问题解决和态度学习四大类，并分别对其进行分析。各类与其他分类的关系如表3-2所示。

表3-2 不同学习分类的交叉关系

	加涅	奥苏伯尔	安德森
知识	言语信息	表征性学习、概念学习、命题学习	陈述性知识
技能	动作技能、智慧技能、认知策略	概念和命题的运用	程序性知识
问题解决		解决问题与创造	
态度	态度		

第二节 知识的学习

根据认知心理学的理解，知识有广义与狭义之分，广义的知识可以分为两类，陈述性知识和程序性知识，狭义的知识只是指陈述性知识。这儿所讨论的知识特指狭义的陈述性知识，它指的是"用于解决问题所需的理论性知识"，主要是用来说明事物的性质、特征和状态，用于区别和辨别事物，是能够用语言表述的静态知识。知识学习是技能学习的基础。

一、知识的分类

按照知识的表现形式，知识可以分为事实性知识、概念和命题三类。

（一）事实性知识

学习者学习新知识时，总是以一些常识性的知识为前提，没有这些知识，学习者就无法理解新的知识。比如，在理解"首都通常是一个国家的政治文化中心"这句话时，首都、政治、文化等词语就是事实性，不理解这些词，也就不理解这句话。

事实性知识通常包括生活常识，具体细节和术语三类知识。生活常识是指"一年有四季变化""月有阴晴圆缺"等从生活中获得的知识；具体细节是指事件、地点、人物、时间和信息源等知识，如，"布鲁姆提出了教育目标分类的方法"和"'911事件'发生在1999年9月11日"等；术语是专业人士进行专业交流的基本语言单位，如，"学习目标""学习活动""教学评价"等术语就是教师应熟知的事实性知识，如果不了解这些术语，教师就无法进行教学设计。

事实性知识通常是直观、形象和较易理解的知识，它往往使学习停留在较浅的记忆层次上，大量的事实性知识会消耗较多的大脑资源，而无助于学习能力的提高，因此，必须对其进行整理、组织和分析，使其转化为抽象的概念性知识。

（二）概念

通过大量的事实性知识，可以概括出一类事物的共同特征，形成概念性知识，如，牛顿通过对生活现象和实验结论的思考提出了万有引力的概念；人们根据两个量的变化关系，提出了函数的概念。概念性知识通常是指专业领域内的基本概念，如数学中的三角形、方程和不等式等，物理学中的浮力、折射和圆周运动等，这些知识具有概括、抽象的特点。专业领域内的概念性知识和命题性知识是两种基本的专业知识形态，它们是解决专业领域问题的依据。概念通常用符号来表示，以方便表达不同概念间的关系，如密度用 ρ 表示，这样就可以通过表达式 $m=\rho v$ 表示出密度和质量的关系。

（三）命题

在现代哲学、逻辑学、数学和语言学中，命题是指一个判断语句表示的语义，它是事实性知识和概念性知识的进一步表达和延伸。如，在人际交往中，人们通过对一些事实性知识的分析，概括出"有修养的人都是值得尊敬的"的命题；通过对加速度和力两个概念的测量，牛顿得出"加速度与力成正比，与质量成反比"的命题。相对于概念的静态特征，命题是动态的，概念转化为命题以后更易于被理解，因此，概念往往是基础性的，而命题则是应用性的，借助命题，学习者更容易形成技能。

和概念用符号表示一样，命题通常用表达式来表示，如，正比例函数用 y

$=kx+b$ 表示，电流和电压的关系用 $I=U/R$ 表示。通过命题表达式，可以进一步计算和推理，创生出新的知识。

二、知识的作用

（一）已有知识是学习新知识的基础

建构主义认为，学习是根据以往的经验和知识对当前刺激作出的反应，就好比蜘蛛织网，新的蛛丝必须借助旧的节点才能形成。例如，通过生活学会了数数，就会很容易理解自然数、整数等概念，进而理解分数、实数；掌握了直角三角形、比等概念，才能学习三角函数。新课讲授时，教师通常要让学生复习旧知识，以为理解新知识做好铺垫。"基础不牢，地动山摇"就是强调旧知识的基础作用。

学科教学中，概念性知识的作用尤为明显，它是学科知识的主体。雅各布森（D. A. Jacobsen）主张，在课堂上达成认知方面的目标是，应将主要的时间和精力用于概念性知识的教学。[①] 林恩·埃里克森（H. Lynn Erickson）等人也提出，围绕概念进行教学是培养核心素养的绝佳路径。[②]

（二）知识是形成技能和能力的基础

安德森将知识分为陈述性知识和程序性知识，根据前面对知识和学习分类的界定，知识即为陈述性知识，技能和能力则可理解为程序性知识。学习的目标是获得技能和能力，即获得程序性知识，但程序性知识不能直接获得，而是应以陈述性知识为基础，通过在实践中应用陈述性知识才能获得；有理数的混合运算技能，须借助四则运算法则知识进行，再如，物理学学习中，平抛运动的距离最值问题通常是借助函数解决的，如果对函数的知识缺乏深入理解，就很难掌握这一类物理知识。

知识对技能的辅助作用，在理科学习中有典型的体现。当前，中小学生在学习数学时，练习做得较多，但在一定程度上忽略了练习与基础知识的关系，基础知识掌握得不牢固，很不利于学生学习技能的提升。有的学生学习

[①] Jacobsen, D. A. et al. *Methods for teaching* (6th. ed) [M]. New Jersey: Merrill Prentice Hall, 2002: 51.

[②] （美）林恩·埃里克森，洛伊斯·兰宁. 以概念为本的课程与教学 培养核心素养的绝佳实践 [M]. 鲁效孔，译. 上海：华东师范大学出版社，2018（10）.

物理时即是如此，没有深入理解相关概念，只是套公式、套步骤，照葫芦画瓢，方法出现严重错误，以致到高年级仍不会学习。

（三）知识作为理论具有指导实践的作用

多数知识是从生活中提炼出来的，具有概括、抽象的特征。知识学习的目的是运用知识改造生活。因此，知识与生活的关系就是理论与实践的关系。例如，在教学实践中，经验虽然能指导教学，但并不一定有效，只有在学习科学和教育科学的指导下，才能最大程度地优化教育实践。前些年，一些地区和学校曾轰轰烈烈地搞过多种教育模式，但有些教师只是机械地套用模式，支撑这些模式的基本理论是什么、为什么要用这种模式、其适用条件是什么，他们很少认真地分析，没有这些知识作为规则和尺度，他们就不能灵活地运用这些模式。例如，现在，PPT课件制作是每一位教师必备的技能，多数教师会做，但做得并不好，因为他们并不理解设计PPT的知识，如可视化原则、情境性原则、简洁性原则等。

三、知识学习的过程

知识学习是通过对知识进行加工，将其存入长时记忆的过程，这个过程大致包括理解知识、知识技能化和知识结构化三个阶段，如图3-2所示。这三个阶段不是简单的线性关系，而是双向互动的。

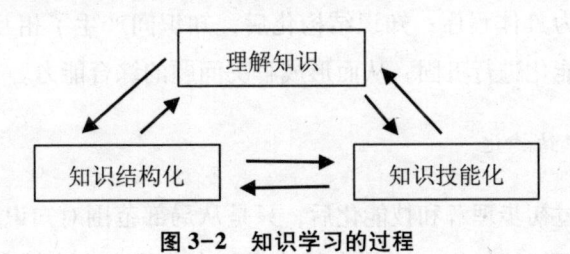

图 3-2　知识学习的过程

（一）理解知识

图3-2中，对知识的理解贯穿于三个不同阶段。初学知识时，需要对知识进行初步理解，要么用之前知识同化新知识，要么顺应旧知识，生发出新的观点。初步理解知识后，要明确知识的原理，把握知识的子要素，并厘清子要素之间的关系；知识技能化阶段，即应用练习阶段，在这一阶段，须结

合难题、错题对知识进行重新理解，此时，知识的难重点就会被发现和关注；在知识结构化阶段，学习者会认识到所学知识与其他知识的关系，而这种关系正是解决综合性问题的关键所在，这时，就会对知识点间的关系产生深刻认识，从而形成知识网络。

在学习的不同阶段，学习者理解知识的侧重点不同，例如，学习一元二次函数时，初学阶段关注的是函数表达式的自变量与因变量的映射关系；在技能化阶段，会关注到图像对解决问题的重要性；当学习了一元二次不等式后，会关注到定义与值域的关系，并进一步认识数形结合方法的重要性。

（二）知识技能化

知识被初步理解后，并不意味着学习者就掌握了知识，根据安德森的ACT-R理论，陈述性知识只有被转化为程序性知识，即被技能化后，才会被有效掌握。知识在技能化的过程中，学习者会发现知识的重点、难点和易错点，这时，就须对所学知识进行重新理解，完成知识的"反刍"；知识通过程序化而被深入理解，此时，如果学习者能有意识地将其以一个"短语"的形式存储，则更有助于知识的把握。例如，学习方程组解应用题时，通过练习，明确了设未知数、找等量关系、列方程和解方程等步骤；待熟练操作后，只需用"方程组思想"对其进行描述即可，无须再记住详细的步骤；分析问题时，它只是一个组块，占用较少的认知负荷，只有当真正使用它时，才会重新将其转化为具体程序；知识结构化后，知识间产生了相互关联，这种关联仍须通过技能化进行巩固，从而形成解决问题的综合能力。

（三）知识结构化

新知识经过初步理解和技能化后，只是从局部范围对知识点进行了把握，为进一步深入理解该知识，还须将其放到更大范围内去应用和理解，从而使其与其他知识产生关联，以实现知识的结构化。知识结构化的关键是找出知识交叉的节点，并通过上联下延，建立知识综合运用的"关联区"。例如，学习了一元一次不等式后，仅是借助不等式的性质理解了求解的方法，当将其与一元一次函数和一元一次方程结合起来时，便能借助图形更直观地理解它的含义，从而实现对三者关系的深入理解。由于三者关联的节点是"点的坐标 (x, y) "，因此，该知识的结构化会加深学习者对"坐标"和"坐标系"

概念的理解。须注意的是，知识结构化具有个性化的特征，对同一个知识单元，每个学习者知识结构化的结果是不同的。

知识结构化以后，学习者能从多个角度理解知识，使知识的记忆更为牢固。但此时，并不能保证在特定情境下，知识被提取出来。因此，还须通过练习、复述等方法熟练掌握该结构化知识，即做到：当"孤立"地遇到某一知识点时，也能熟练地"再现"其与其他知识的关系。这样，就能在多数情境下顺利提取该部分知识。

四、知识获得的方法

不同类别的知识，其获得的方法也不同。事实性知识侧重记忆，可采用复述、精细加工、情境融入、利用视觉图像和联系自身等知识编码的方法进行学习；概念和命题知识侧重理解，可借助解释、应用与反思、比较与组织以及概要等方法进行学习。

（一）解释

解释是对知识进行理解、分析及再表达的过程，当学习者能够用自己的知识对知识进行阐释时，说明学习者已经理解了所学知识。因此，解释是学习概念和命题的基本方法。解释大致有三种情况，一是借助已有的知识来阐释当前知识，如，运用加法解释乘法的原理；二是转化知识表征的形式，如，利用线段图说明数学倍数问题，用思维导图分析知识的结构；三是举例说明，如，用电梯升降时人的感受解释超重和失重，用炭的粉碎和燃烧说明物理变化和化学变化的区别。

解释的本质是大脑输出知识的过程。学习中，可利用这一方法来促进学生的主动思考，以达到深入理解知识的目的。

（二）应用与反思

概念与命题具有概括、抽象的特征，仅通过简单的言语学习较难获得其本质。事实表明，具体情境中的练习和实践是获得该类知识的有效方法和途径。学习时，当知识以具体可视的形态出现在情境中时，学习者更易于感受到知识应用的场景，体验到知识的作用，并通过问题的解决分辨出知识的难重点。

应用知识解决问题后，还需借助情景进行反思，反思的内容包括知识的运用条件、知识的原理和含义以及运用知识解决问题的逻辑。经过反思，知识与情境完全剥离开来，既获得了对知识的深刻理解，也获得了知识迁移的能力。

（三）比较与组织

学习时，对单个知识点的理解往往比较容易，但掌握的效果往往停留在表面，当再学习了相似或相近的知识点后就会产生混淆，因此，需要对其进行比较，以对它们的细节差异作出区分。如，比较大小是学习指数函数和幂函数时的一类典型题目，较多学习者不能确定选用哪种函数，通过对指数函数 $y=a^x$ 和幂函数 $y=x^a$ 的形式进行比较，发现两者的差异是自变量所在的位置，由此可确定选择函数的原则：当指数不同时用指数函数，当底数不同时用幂函数。除不同知识点可以进行比较外，同一知识点还可以从正反两方面进行比较，如，学习了多项式的概念，即可以出题目判定哪些"是"多项式，从而抓住多项式的"本质"特征，也可以出题目判定哪些"不是"多项式，从而从"非本质"特征上理解多项式。比较学习能使学习者抓住知识的细节，对知识的把握更加明确和深刻。

组织是实现知识结构化的主要方法，是按照一定的关系将知识组合起来，以实现知识的网络化。知识组织可以按照不同的类型进行，可以按照知识的原理组织知识，使知识逻辑化，以便于学习者理解，也可以按照功能组织知识以便于使用，还可以按照认知习惯组织知识以方便记忆。例如，教材是学习的基本参考，学生应以教材为主材料，将课堂讲解、练习册、试卷中的经验和技巧汇集起来，形成一个有秩序的知识系统，当学习新知识后，新知识会被合理安置到这个系统的适当位置，以与已有知识融为一体，当学习者出现错误时，也会通过这一系统进行准确归因，并正确改正。

（四）形成概要

概念和命题知识被理解后，特别是被转化为程序后，需要进行语义记忆，可以将其概括成一句简要的话或一个简洁的主题，这就是形成概要。学习者调用此知识时，只需通过概要即可回忆起该知识，而无须详细记忆要点和步骤。如，学会了函数单调性的判定方法，无须记忆其详细步骤，只需用"大则大，小则小"来概括即可；再如，学习了函数的相关特性，可分别用定义域和值域、单调性、奇偶性和对称性等简洁的术语表示，而无须再记住每一特性的具体原理。

较多学习者缺乏对知识的分层次概括能力，以至于思考时大脑总是摆满细节知识，而少有整体性的规划，这在很大程度上影响了大脑的结构化思维。

请试着将以下内容概括为简洁的短语。

1. 解一元一次不等式时，可以先将不等式转化为函数 $y=ax+b$ 的形式，再画出函数图象，最后结合图象，根据 $y>0$ 或 $y<0$ 的情况确定 x 的范围。

2. 重力是由地球引起的，其方向是竖直向下；而支持力是由接触物体引起的，其方向是垂直向上。

3. 大脑皮层包括顶叶、枕叶、颞叶和额叶。顶叶主要与数学和逻辑方面的能力有关；枕叶主要与视觉功能有关；颞叶是语言中枢，主管发声听音、鉴形辨貌等活动；额叶是人脑"理性"思维的控制中心，主管规划和思考，兼具调节情绪的功能。

以上内容可分别概括为"利用图象解一元一次不等式的方法""重力和支持力的区别""大脑皮层的结构和功能"三个短语，大脑在记忆这三个短语时，显然比记忆三段文字要轻松得多。

概要的本质是让知识打包，形成组块，以便更好地与其他知识形成接口。专业术语和教材目录是学科学习中最重要的两种概要，概括知识时要注意使用。此外，概括知识时，名词短语比动词短语或名字更符合学习者的认知心理，因为前者更符合概念桩的原理，比后者更容易产生表象。

（五）设计

设计的本义是"构造与规划"，如，工业领域中的产品设计，科学研究领域中的实验设计等。近年来，设计也成为学习科学领域的重要研究方法，它是指通过设计一个过程和任务，实现对某一知识的掌握。设计学习是一种高层次的学习，它属于布卢姆认知目标的创新层次。进行设计学习，首先需要发现问题，其次是深入理解问题，并创造性地提出构想，最后需要进行反复实践以获得最优化的设计方案。

设计学习通常用于复杂环境中非线性知识的学习，如，提高教学水平、优化工业设计流程时，需要学习者灵活运用多门学科知识才能完成，且结果不唯一。同时，这类学习方法也可以用于良构任务的学习，例如，对于数学分段函数的学习，教师可以让学生设计一道应用分段函数解决的应用题，学生通过完成这一任务，也就对分段函数的应用情境、定义域及计算方法进行了全面把握，这就相当于站在命题专家的高度对知识进行了深度解读。

第三节 技能学习

技能和问题解决都是指运用知识解决问题，是对知识运用的动态描述，它们分别对应于安德森的程序性知识和加涅的动作技能、智慧技能和认知策略。两者的区别是两者解决的问题不同，技能通常用于解决简单问题和良构问题，它对应于奥苏伯尔关于意义学习中的"概念和命题的运用"层次，如，运用函数知识解一道数学题，或是运用物理学知识分析电冰箱的工作原理。而问题解决通常对应复杂、综合和劣构性问题，它对应于奥苏伯尔"解决问题和创造"层次。例如，设计一个飞行器，或是设计一个提高学习绩效的评价方案。

本节主要讨论技能学习，它是学习者形成问题解决能力的基础，也是巩固知识的手段。

一、技能学习的理论

（一）ACT 理论

ACT 理论是由美国心理学家 J. 安德森提出的适应性控制与思维模型，安德森提出，个体已有的认知结构中，知识以陈述性知识和程序性知识两种状态存在。关于陈述性知识和程序性知识，第二章已详细阐述。

根据 ACT-R 理论，人的认知过程正是借助陈述性知识和程序性知识转换进行的。陈述性知识的理解不仅需要足够掌握与之相关的知识，而且需要能够灵活地解决与这些知识有关的推理问题，以获得它们之间的关系，这就是程序性知识。

安德森将程序性知识的学习分为认知阶段、联系阶段和自动化阶段。① 在认知阶段，要了解问题的结构，即起始状态、要达到的目标状态、从起始状态到目标状态所需要的步骤等；在联系阶段，学习者应用具体的方法来解决问题，主要表现在把某一领域的描述性知识转化为程序性知识，这种转化即是程序化的过程。随着对某一技能不断的练习，学习者对解决问题法则的言语复述逐渐减少，而能够直接再认出某一法则的可适用性；在自动化阶段，个体获得了大量的法则并完善这些法则，操作某一技能所需的认知负荷较小，不易受到干扰，且能够迁移到其他情境中。

（二）样例学习理论

样例学习又称"例中学"，是学习者在对样例的研习中习得知识和技能的过程。有研究表明，样例学习是学生认知技能的重要手段。1994年，帕斯（F. G. W. C. Pass）和范麦瑞波尔（J. J. G. Van Merrienboer）以解几何题为例，对样例学习进行了研究，结果发现，在效率上，掌握同一项技能，传统学习所花的时间是样例学习的两倍多，在迁移测验上，样例学习组正确解决的题目数是传统学习的两倍多。② 此外，如齐（M. T. Chi）等人研究了学生对物理课本的样例学习，结果发现，优秀的学生在遇到难以理解的步骤时会不断地做出自我解释，而较差的学生这样的行为较少。1997年，任考（A. Renkl）发现，优秀的学生对样例的自我解释有两种类型：基于原理的解释和预期推理。前者是尽力找出技能背后的概念和命题知识，而后者是从逻辑上预测下一步骤。③ 因此，教师在指导学生进行样例学习时，应通过诸如"这样做的依据是什么""下一步应该做什么"的问题引发学生进行自我解释。

理科课程学习中，教材的例题即是典型的样例，它蕴含了该部分技能蕴含的基本方法和技巧，是联络知识和技能的桥梁，因此，教师应充分借助教材培养学生的技能。遗憾的是，有些教师没有认识到教材例题和习题的作用，在没有掌握教材的情况下去做大量的课外练习，这是一种舍本逐末的行为。

---

① 冯忠良. 教育心理学 [M]. 北京：人民教育出版社，2004：133.
② Mayer, R. E. *Learning and instruction* [M]. New Jersey: Merrill Prentice Hall, 2003: 308-313.
③ Atkinson R. K., Derry S. J., Renkl A., Wortham D. *Learning from examples: instructional principles from the worked examples research* [J]. Review of Educational Research, 2000, 72 (2): 181-214.

(三) 两阶段循环理论

两阶段循环理论是由海斯-罗斯（F. Hayer-Roth）、克拉尔（P. Klahr）和莫斯特（D. J. Mostow）于 1981 年提出的，他们将技能的学习分为两个层次的阶段。第一阶段是建议采纳阶段，是指学习者根据教师的建议，对当前技能学习涉及的理论知识进行熟悉，并运用这些知识对智能学习的过程进行解释。第二阶段是知识的精致化阶段，主要是通过技能练习进一步更正知识，达到深刻理解知识的目的，这一阶段是通过"错误学习"实现的。错误是不可避免的，通过错误能发现知识把握的不足，然后再进入第二轮循环：进一步理解知识，进一步进行有针对性的技能练习。技能的学习正是通过这样的多次循环习得的。

这一理论有两方面特点，一方面强调了错误在技能学习中的价值，错误准确反映了学习者哪方面掌握得不好，因此，对错误的改正即是技能的完善和对知识的准确修正；另一方面强调了技能学习的重复性，技能的掌握不可能通过一两次练习就能把握，只有通过反复多次的练习和反思，知识才会被精细化理解，技能才会被习得。

二、技能学习的过程

结合以上技能学习理论，技能学习的过程可概括为知识学习、分步理解、基础练习和综合练习四个阶段，如图 3-3 所示。

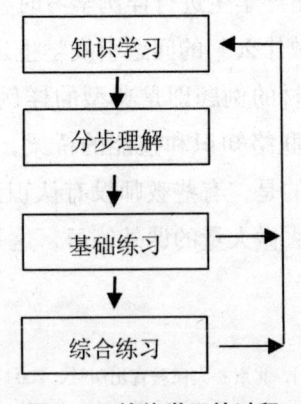

图 3-3 技能学习的过程

（一）知识学习

知识是技能学习的基础和依据，技能学习前要理解相关知识。基础练习也是为了验证知识的掌握情况，在学习中，要及时更正对概念和命题等知识的理解偏差。综合练习阶段，要从关系上进一步把握知识点间的联系，做到在广度和深度上理解知识，例如，初步学习一元二次方程，主要是掌握其求解方法，学习了一元二次函数后，就要从交点坐标上理解方程的解。

（二）分步理解

分步理解是指运用所学知识对技能练习的每一步骤作出解释，如图3-4所示。

解方程：$\frac{x-2}{3}+\frac{x}{4}=x$

$4(x-2)+3x=12x$　　　通分

$4x+3x-12x=8$　　　移项

$-5x=8$　　　合并同类项

$x=-8/5$

图3-4　分步理解解方程的步骤

分步理解的本质是建立陈述性知识和程序性知识之间的联系，实现两类知识的转换。教材例题为分步理解提供了样例，分步理解不仅要弄明白每一步骤背后依据的原理，还要弄清楚题目的思路，即"如何想到的"。较多学生剖析例题时，只注重前者，仅停留在"能看懂"的层次上，一旦离开例题就不知如何做。如果能从思路和方法上理解其解题过程，就会产生触类旁通的效果。

（三）基础练习

基础练习主要是运用知识解决一些基本的问题，其作用有二：一是巩固知识，二是形成基本技能。基本技能的形成要尽量与相关知识产生联系，如在数学问题解决中，老师应尽量让学生列分步算式，并为每一步标明标题，说明其目的或使用的知识。基础练习的目标也有两个，一是要达到自动化的熟练程度，即遇到相关条件，会习惯性地调用程序性知识。做不到这一点，在复杂练习中就会消耗过多的认知负荷，影响问题的整体解决。另外，通过基础练习，要求做到把握知识的重难点并实现群体效应。重难点的把握，往往是在错题学习中实现的。群体反应是指当遇到一个情境和条件时，会联想到与之相关的多个，甚至所有知识命题。例如，当遇到"平行四边形"条件时，要联想到"对角相等""对边相等""对角线平分"等多个命题，以备选择使用，如果忽略了一个条件，很可能就会影响问题解决。

基础练习阶段，主要是熟练基本知识和基本技能，有些学生对此认识不足，在未掌握"双基"的情况下，一味追求难题、怪题，这是一种好高骛远的行为，是不可取的。

（四）综合练习

综合练习是通过解答综合复杂的题目，提高学习者综合运用知识的能力。如，教材或辅导资料中的"巩固与提高"和"拓展与延伸"模块就属于这一类。综合练习时，学习者须将当前知识和以前所学知识结合起来，放眼全局，关注联系，学会交叉运用知识解决问题。此外，综合练习会使学习者在复杂的情境中重新认识知识，发现知识间的联系。因此，练习后，学习者须回归到知识层面，重新梳理相关知识点的含义、性质、方法和技巧，完善其认知，并结合情境找出不同知识点间的关系，在更大范围内形成知识结构。

综合练习时出现的问题主要源于两类原因，一是知识把握不牢固，二是缺乏综合运用知识的能力，前者需要重新回归到知识学习和基础练习两个阶段巩固"双基"，后者则需加强综合题目训练，提高逻辑推理能力。

三、影响技能学习的因素

（一）知识的掌握程度

前面已经多次论述过知识与技能的关系：知识虽不是学习的目的，但它是技能和能力形成的基础和依据，或者说知识是技能的静态形式。离开了知识，技能便失去了内涵，只是一种操作步骤。知识掌握的程度决定了技能学习的深度。布卢姆认知目标体系包括识记、理解、应用、分析、评价和创新六个层次，其本质就是对知识掌握程度的描述，而技能学习对应这一目标体系中的"应用"层次。"识记"和"理解"两个层次在"应用"层次之下，是技能学习的基础，而"评价"和"创新"是比技能学习更高的层次。技能学习时，知识的掌握至少应在"应用"和"分析"层面。

学生学习时，往往不能区分认知目标的不同层次，将"识记"和"理解"等同于"应用"，将理解知识等同于掌握技能，认为掌握了概念就能正确解题，经常出现"一看就会，一做就错""眼高手低"等问题，这都是因为没有从较高的层次上掌握知识所致。

（二）练习的数量和质量

首先，认知技能的提高与练习的数量有关。研究表明，认知技能的变化与练习的关系可用幂定律来描述，即在练习的初期，技能水平提高较快，随着练习数量的增加，技能水平提高的速度变慢，最后达到一个固定水平。可见，高技能水平必须经过一定数量的练习才能形成。

其次，技能的提高还与练习的质量有关。练习的质量是指练习要与反思结合起来，进行有针对性的刻意练习。如，进行变式练习、专题练习或者间隔练习等。变式练习是指通过变换情境而对同一概念或原理进行的练习。技能与情境密切相关，在单一情境中形成的技能很难应用到其他情境中，只有在不同的情境中获得技能，才能迁移到未知的情境中。如，学习了直线的函数表达式，并不只是单纯让学生去求表达式，而是可能会利用直线表达式求直线与坐标轴的交点坐标，还可能求多条直线形成的线段长度。专题练习是针对某一知识专题进行的练习。如，利率应用题专题、方程或方程组思想专题、函数专题等。结合学生的错误进行专题练习，有助于及时克服弱点，改正不足，复习时进行专题训练，有助于学生形成深化理解，形成综合能力。间隔练习是针对练习的时间而言的，是指同一类练习，可以在不同的时间段进行，或与其他学习交叉进行。正如间隔效应所描述的，"尝试将学习知识的过程分布在多个分散的时间区间里，我们反而能够更好地回想起这些知识"。间隔练习有助于克服学习中的"思维定式"，并在其他知识的干扰中学习，使技能学习效果更稳固。

通常情况下，有两种练习行为不利于提高技能学习。一是练习的数量不够。根据认知负荷理论，当简单练习的数量未能使技能达到自动化时，其在复杂的练习中占用的认知负荷就越多，就越不利于任务的完成。有些学生对这一原理缺乏认识，未进行充分的练习，使技能学习处于较低的效率，从而影响了更高能力的形成。二是练习的数量过多，但是质量不高。当技能学习达到自动化以后，再进行练习，对技能提高的帮助并不太多。教学中，有些教师由于统一要求，没有顾及学生的个性化状况，使部分同学进行了较多的重复练习，反而使学生产生了应付作业的情绪。教师应从学生的问题或错误出发，有针对性地布置练习作业，使练习更有针对性，或是让学生针对自己的不足自行进行练习，以提高学生自主练习的积极性。

（三）反思与反馈

技能学习是一个不断循环迭代的过程。在这个过程中，学习者须对练习的过程和结果进行反思，并有针对性地进行更正，从而使技能学习不断得到正强化。

每一个学习者的学习都是个性化的，学习者只有得到个性化的反馈，才能最大程度地改进学习。一般来说，技能练习后，可以从知、行和情三个方面进行反馈。"知"是指知识，多数技能错误是由于知识缺失或不足造成的，知识维度的反馈有助于巩固技能的基础。常见的知识层面导致的技能错误有知识不理解、理解较浅显、知识把握不清晰以及缺乏结构性认识等。"行"是指技能学习的操作过程，它是大脑和肢体协调统一的过程，只有通过足量的练习才能达到准确无误的效果。"行"方面的主要问题是由于练习不足导致操作不熟练，或者因为操作不熟练影响深层次的能力提升。此外，对要求严谨的练习来说，松懈的外在行为也会导致练习出错，如，做数学练习时，随意的坐姿可能会导致注意力分散而出错。"情"是指情绪和态度，它是技能学习的动力。较多技能学习中的错误并不是缺乏理解和练习不足导致的，而是由于情绪不佳和态度不认真导致的。例如，由于心境不佳而导致注意力投入不足，由于对数学学习的严谨性缺乏认识而思考不慎重，由于着急而计算过快，都会导致不应该犯的错误。

学习中，学习者可以从教师、同伴和自身得到反馈。作为教师，一方面要对学生的练习给予准确反馈，帮助学生精准改正不足，更重要的是，要让学生学会反思，从自身得到反馈。当学习者从自身得到内部反馈时，会从情绪和态度上真正认可自己的不足，并在行动上作出调整。

第四节 态度学习

态度是人们经常使用的一个术语，人们通常说某人工作很认真，或某个学生学习很积极，都是指态度的表现。态度指的是个体的心理状态，它在很大程度上决定着认知和行为的发展，是个体发展的动力。由于态度属于价值观范畴，具有相对稳定的心理状态，因此，相对知识和技能的学习，态度学习的难度更大一些。

一、态度与相关概念的关系

罗森堡和霍夫兰指出，个体对某类刺激作出的反应主要有三种类型：认知的、情感的和行为的。因而，他们认为态度是由认知、情感和行为三种成分构成的。弄清楚态度与这些要素之间的关系，有助于系统性地把握学习和教学。

（一）态度、情感和情绪

从根本上说，态度和情感的形成与情绪有关。根据脑科学的观点，外界刺激大脑促使大脑产生特定的神经递质，从而产生某种情绪，这种情绪经过强化、调适和累积，便形成某种情感和态度。例如，语文课程的学习重在平时积累，短时间的强化较难提高成绩。如果第一次努力后，成绩并未提高，学习者容易产生沮丧的情绪，第二次努力后，仍不能提高成绩，相反，那些并未付出多少努力的同伴却提高了成绩，此时，学习者便会对"努力能提高语文成绩"的说法提出怀疑。久之，结合自身经历和同伴的事例，他便会产生"语文学习跟努力没多大关系"的结论，从而产生不喜欢学习语文的态度。

态度和情感同动机、兴趣一样，都是情绪长期积累的结果。因此，在学习中，教师尤其应关注学习者的情绪，使之在学习中产生获得、满足和成功的体验，增强学习者的自我效能感，从而产生积极主动的学习态度。

（二）态度与认知

在认知上，态度表现在对学习对象的评价中。如，有的学习者认为"数学学习不能有半点马虎",这说明他学习数学的态度是严谨的,这种态度会在他的学习过程中体现出来:仔细剖析概念的要素,慎重对待每一道题目,细心运算等。

态度作为情绪的反映,从个体内部决定了认知的深度和层次。如果在态度上没有正确的认知,就无法落实到思考和练习中。"态度决定一切"的观点,也正是从这一角度说的。教学中,教师不仅要教会学生如何学习,也应重视对学生态度的引导,使学生愿学、乐学、好学。从长远看,环境、技术、分数、物质奖励等外在学习刺激都不是有效的方法。

(三) 态度与行为

态度和行为是一个个体对待外界刺激的两种反应倾向,态度是一种内部状态,不能被他人直接观察到,而行为是具体和外显的,可以被观察到。通常情况下,学习行为是态度的外在表现,而态度决定了学习行为的精致程度。例如,如果学习者认为数学学习是很严谨的,那么他练习时一定正襟危坐,书写起来也一丝不苟;相反,我们可以从学习者潦草的计算书写过程推测出其敷衍的学习态度。

技能练习是学习中最典型的一种学习行为。技能练习中,很多错误从根本上说是由态度导致的,但学习者往往认识不到这一点,而是简单地将其归结为"粗心",并没有在态度上引起注意,因而这些错误也一直得不到有效解决。

二、态度的功能

(一) 过滤和衰减作用

该功能是指学习者会根据自己的态度对学习内容进行选择性学习。个体总是有意无意地重点处理那些自己认可、感兴趣或擅长的内容,而忽略或降低那些自己不认可或不擅长的内容,就如大脑的感觉输入过滤器(网状激活系统 RAS)过滤感觉信息一样。

琼斯(E. E. Jones, 1956)做过一次实验,研究者选择对"白人与黑人分校学习"有不同态度的大学生做被试者,第一组为反对分校者,第二组为赞成分校者,然后让两组被试者分别朗读 11 篇主题为"黑人与白人分校学习"

的文章，最后请两组被试者将读过的文章内容尽量完整地写出来。结果发现，第一组学生所记忆的材料数量（成绩）远优于第二组，即与被试者社会态度相吻合的材料已被吸收、同化和储存，而与被试地社会态度（包括信念、价值观）相反的材料，则往往被忽视或曲解。显然，态度在学习过程中起到了过滤器的作用，是影响学习效果的一个重要因素。

经验表明，具有较强个性的学习者更容易对所学内容以及相关的人和事产生个性化的态度和情感，从而过滤或减弱自己不喜欢的内容。如，有的学生因为喜欢某一课程而总是学习该课程，还有的学习者因为不喜欢任课老师，而不愿学习该老师所授课程内容。在教学中，教师应充分认识到态度和情感在学生学习中的作用，要关注学生的学习情绪，创造良好的生生和师生关系，这对学生学习是至关重要的。

（二）导向功能

价值观是人们对某一事物的善恶、是非和重要性的评价，其往往通过态度表现出来，价值观不同，态度也不同。在学习中，价值观解释了"为什么要学习"的问题，而态度解释了"如何学习"的问题。态度的导向功能是指态度如何根据个体的价值观导向其学习行为，以保证外在学习行为与内在价值需求的一致。比如，家境贫困的学生往往希望通过学习改变命运，因此，他们具有认真、好学的学习态度，表现在行为上，就是比较刻苦，能够吃苦耐劳、积极练习，力求做到一丝不苟、求真务实。具有远大抱负的同学往往具有积极、主动的学习态度，在行动上博览群书，主动与老师和专家交流，以开拓视野，获得全面发展。

（三）调节功能

调节功能是指态度能从方向、方法以及努力程度上调控学习行为，使之适应内心的需求和发展。态度是个体内部较稳定的心理状态，而学习行为则是复杂多样且动态变化的。在特定情况下，由于受到内外部环境的影响，学习者的学习状态可能发生变化。如、厌学、因成绩不理想而产生挫败感、信心不足等。此时，态度能使学习者理性地分析问题产生的原因，并对自己进行"规劝"，使之回到正确的行为轨道上。态度的调节功能是借助学习者的元认知功能实现的，是学习者的一种自我修复能力。

三、态度学习的过程

由于态度的相对稳定性，态度学习比知识学习和技能学习更为复杂。班杜拉的社会学习理论为理解态度学习提供了框架，它认为，个体、行为和环境存在着相互影响、相互决定的关系。社会学习理论认为，人们通过亲历学习和观察学习形成态度；凯尔曼（Kelman H. C.）认为态度改变会经历顺从、认同和内化三个阶段。概括以上研究，我们将态度学习的过程归纳为亲历学习和观察学习、价值冲突、反思接受、接受行为强化和内化为习惯五个阶段。

（一）亲历学习和观察学习

亲历学习是个体通过自己的行为反应结果而获得的学习，如，师范生实习授课、工科学生进行金工操作实习等。观察学习是指个体以旁观者的身份观察他人的行为表现，以形成自身态度和行为的学习方式，如参观学习、医学实习生的见习等。根据经验之塔理论，做的经验和观察的经验总是优于抽象经验①。因此，相对于符号学习，学习者总是更愿意接受"眼见耳闻"的信息。亲历学习通过观察、动手、思维以及互动等行为，从多角度感受学习刺激，形成对学习内容的整体、立体知觉，产生"具身认知"的效应。观察学习通过视听觉感受具体、形象的信息，使学习行为得到强化。因为是亲身经历或眼见的，学习者认为这些感受都是切实可信的，它们都会成为日后学习依据的经验。

亲历学习和观察学习是形成新态度的两种基本形式。在学习过程中，学习者多次经历或观察学习过程，并感知到学习的结果，自然从心理上形成了学习行为和学习结果之间特定的关系。例如，刚上一年级的小朋友发现，如果能按时完成作业并保证较好的正确率，就会获得老师的表扬，于是便形成了"要认真学习，按时完成作业"的学习态度。

如果学习者已经具有了对于某些问题的态度，相关的亲历学习和观察学习也可能为态度改变提供佐证材料。

---

① 耿新锁. 戴尔的"经验之塔"理论及其现实意义 [C] //纪念《教育史研究》创刊二十周年论文集（16）——外国教育思想史与人物研究. 2009：695-698.

（二）价值冲突

关于态度改变，费斯廷格（Leon Festinger，1957）提出了认知失调理论。该理论认为，对于同一个问题，当个体自己持有的两个或两个以上观点相矛盾时，就会出现认知失调，内心会有不愉快或紧张的感受。在这种情况下，个体总是力求改变自己的观点和行为，以达到新的认知协调。例如，根据以往的学习经验，小 A 认为，只要努力学习就能取得好成绩，但进入高中后，尽管他很努力，但每次的成绩总是不理想。这种现实与小 A 之前的认识不一致，于是他便产生了对以前认识的怀疑。这种新旧经验引起的观念冲突正是态度可能改变的转折点，如果小 A 经过深入的研究，很有可能发现之前的认识存在片面性，主观努力并不是影响成绩的唯一因素。

此外，美国社会心理学家海德（Heider F.）提出了态度改变的平衡理论。海德认为，人类普遍地有一种平衡、和谐的需要，一旦在认知上产生不平衡，就会从心理上产生紧张和忧虑，从而促使主体将其认知结构向着平衡与和谐的方向转变。这种理论强调了心理"失衡"对态度改变的重要性，与认知失调理论本质上是一致的。

认知失调仅仅为态度的改变提供了先决条件，不一定必然导致态度改变，这就需要进一步采取措施，促使认知由"失调"到"协调"转变。教学中，教师应充分认识到这一状态的价值，采取有效的措施促使学生改变态度。例如，对于上面的小 A 而言，教师可以帮助小 A 分析其学习情况，也可以剖析其他同学的学习情况，以促使小 A 发现学习方法的重要性。

为有效帮助学生进行态度学习，教师还可以设计学习活动，使学习者产生认知失调，以为态度转变创造条件。如，有的同学对班级小组抱有"无所谓"的态度，交作业拖拖拉拉、不参加小组活动，影响小组的评价得分。老师可以让他当小组长，当他站在组长的角度考虑问题时，便发现当前的观点与之前的态度相矛盾，于是，就会引发其态度发生转变。

（三）反思接受

学习者产生价值冲突后，会产生认知失调，从而在心理上产生"平衡冲突"的愿望，以确定哪一种观念更为合理。这一过程本质上是一个"顺应"过程，是学习者改变已有认知结构、适应新情境、解释新问题的过程。这个过程不是自动发生的,而是需要学习者进行主动反思,比较和分析两种观念的差异,必要时进行实践论证。通过反思,学习者进行心理调整,作出态度改变,认同新的观念。

此时,学习者心理上不再迷茫和挣扎,而且从情感上也主动接受这一观点,行为与态度表现出一致性,认知重新达到了一个平衡状态,且相对稳定,不再随情景的变化而轻易改变。

(四) 内化为习惯

认同新的观念或观点以后,这些态度还有可能因外部刺激而发生变化,为此,须将其内化为习惯。习惯内化是指将新认同的态度与自己原有的思想、观点和信念融为一体,并成为执行任务或解释行为的价值标准过程。

习惯内化是在学习实践过程中进行的。一方面,要将态度融入自身的个人信念中,如,在学习中初步认识到了细致、耐心的重要性,结合自己谨慎的行为和稳重的性格,便产生"做什么事情都要严肃认真"的理念,这是一种从特殊到一般的认知信念加工过程。另外,要经常性地运用态度处理问题或解释问题,将态度转化为行为。如,结合以往考试中因马虎大意出错太多的情况,学生考试前暗示自己要细心、认真地对待每一道题目,在答题过程中也认真审题,慎重推理,规范书写;当出现不应该的错误后,学生也会有意识地将错误与是否认真的态度联系起来,以从主观上寻求解决问题的办法,而不是简单地将错误归因为粗心大意。如此,在实践中经常运用态度,就会将态度转化为自己个性的一部分,从而形成稳定的态度。

第五节　问题解决

问题解决是比技能更高层次的知识运用,它对应于有意义学习的"解决问题与创造"层次,它解决的问题一般是指具有不良结构的复杂、综合问题。

一、问题解决的内涵

(一) 问题解决的概念

各个领域的发展都会遇到问题,如产品开发中的问题,企业管理中的问题以及学习中如何运用学科知识解决实际问题。问题解决中，问题通常指一种特定的情境，问题解决就是将知识运用到情境中，通过分析和探索，寻求解决问题的方案。

问题通常包括初始状态、目标状态和过程三个部分。问题解决中，研究者需要借助适当的策略和方法，对初始状态进行分析，并经历推理、猜想、反思和验证等活动，最后达到目标状态。问题能否解决以及解决的质量，本质是研究者大脑思维活动的结果。

按照问题情境的呈现方式和任务的性质，问题可以分为良构问题（Well-Structured）和劣构问题（Ill-Structured）两大类型。良构问题通常有明晰的结构和确定的答案，单纯的理工科知识解决的问题通常是良构问题，劣构问题通常与现实问题联系，有多种解决方案，且包括一些不确定性因素，具有较强的主观性，如产品设计、市场开发等问题。中小学阶段，我国更多地重视知识的传授和技能的掌握，且存在一定的重成绩、抓效率的功利思想，因此，对良构问题研究得较多。在劣构问题的学习上，存在着重形式、缺方法及质量不高的问题。

（二）问题解决的特征

安德森（Anderson，1985）认为，问题解决是由一定情境引起，按照一定的目标，应用各种认知活动和技能，经过一系列思维操作，使问题得以解决的过程。根据这一定义，问题解决具有四个基本特征。一是情境性，现实生活中的问题通常是劣构性问题，不能确定用哪一种知识解决，这就需要结合情境去分析问题，寻求解决的方法。因此，问题解决中的"问题"应处于一个真实复杂的情境中。二是目标性，解决问题是最终目标，最终目标又分为若干个子目标，问题解决的过程是实现一个个小目标从而实现最终目标的过程。三是操作序列性，问题解决是一个复杂动态的过程，这个过程需要按照一定的序列进行操作。四是认知操作，认知操作是问题解决的基本成分，单纯没有认知需求的操作技能序列不属于问题解决。

（三）问题解决的策略

问题解决的方法包括算法式策略和启发式策略两大类。算法式策略有明确的解决问题的步骤，按照步骤执行下去，就可以保证问题得到解决，是一

133

种万无一失的策略。如，求方程组的解，只要满足未知数的解和方程的个数相同，用消元的方法，总能求出解。算法式策略的思路较清楚，但往往耗费时间，而且对工作记忆和长时记忆的要求较高。人们解决问题时更倾向于使用启发式策略，它是一种凭感觉的方法，运用它通常能促进问题的解决，但并不保证一定能解决问题，它的作用是对问题解决思路的"启发"，而不是具体详细的指导。

问题解决的启发式策略有随机法、爬山法、逆向法、类比法、头脑风暴法和手段—目的分析法等。随机法是指随机地采取一个步骤并检验是否达到目标状态，其本质是一个试误的过程。例如，数学问题中的"特殊值法"就属于随机法。爬山法的原理类似爬一座真正的山，每前进一步就会离目标状态近一步。逆向法是从目标状态开始，逐步地推至初始状态。如，做几何证明题时，如果从条件向后推理的路径较多而不能决定采用哪一种，可以先采用逆向法从目标往前推理。类比法是指将当前的问题，与以前熟悉的问题联系起来，寻求问题解决的方法。如，解决"邓克尔辐射"问题时，可借助"堡垒"问题进行解决[①]。头脑风暴法由奥斯本（A. Osborn）提出，其基本步骤包括定义问题、产生尽可能多的解决方法、确定标准、选择方法四步。头脑风暴法通常用于解决一些开放的人文科学问题。"手段—目的分析"策略是人们普遍采用的一种问题解决策略，广泛应用于各个领域。这种策略通过分析将问题分割成若干个子目标，通过逐步实现各子目标达成总目标。这种策略对研究者要求较高，需要进行推理、猜想、反思和验证等一系列思维过程，也更容易成功。

二、问题解决的过程

（一）问题解决的过程模型

早在20世纪初，杜威（Dewey, 1910）就对问题解决进行了描述，它将问题解决过程分为意识到困难的存在、鉴别出具体问题、提出假设、演绎推理假设和验证假设五个阶段。此后，心理学家对问题解决的过程提出了许多看法。1978年，奥苏伯尔提出一个新的问题解决模型，将问题解决分为呈现问题情境、明确问题目标和已知条件、推理与填充空隙及检验四个步骤。该

---

① 郭兆明. 数学高级认知图式获得方式的比较研究 [D]. 重庆：西南大学，2006 (32).

模型强调了"问题背景"知识、"推理规则"和"策略"等不同类的知识在解决问题过程中的作用。

1986年,吉克（M. L. Gick）提出了问题解决的四阶段模型,模型包括建构表征、搜索解决办法、尝试解决办法及评价四个阶段[1],这一模型强调了问题解决过程的非线性特征,即并不是对问题进行分析后即能得到解决的方法,而是需要不断地尝试、纠偏和再分析。尽管吉克的模型与奥苏伯尔的模型在表达方式上不同,但本质上都是通过减小目标状态和初始状态的差异,从而使问题得到解决。

以上几种问题解决模型,都是针对一般领域的问题,具有普遍的指导意义。但研究表明,问题解决能力往往是与具体领域联系在一起的,不同领域、不同学科的问题解决能力各不相同,通过训练一种一般的、可适用于所有领域的问题解决能力是不现实的。

20世纪60年代,美国曾开展过"创造性思维计划"培训活动,旨在教给学生一般的问题解决方法,并希望以此能改善学生解决各学科问题的能力。培训资料由15个卡通小册子构成,每个小册子讲的都是两名孩子破案的侦探故事,故事的主人公示范了基本的思维技能,并为学让提供了练习的机会。结果发现,受训的学生只在解决与小册子中类似的侦探问题上的成绩优于控制组,一旦要求解决的问题与训练时的问题不一样,这种训练的效能就不复存在。此外,富恩斯坦（R. Feuerstein）的工具丰富教程、委内瑞拉在20世纪80年代开展的智力项目研究,都得到了类似的结果。

以上案例说明问题解决能力的学习和教学,应当结合具体学科和具体内容进行。这一结论也为教师专业发展研究提供了思路,教师专业能力的提升,应基于教学实践开展,而不能将专家的方法原样不动地照搬到某一学科教学中。那些基于教育学、心理学和教育技术的一般方法,虽然是科学的,但只有与具体内容和学生的实际相结合,才能真正起作用。

（二）一种数学问题解决的过程模型

问题解决是数学教育研究的重要课题,学生问题解决能力的培养是数学学习的核心。基于以上对问题解决过程的研究,我们概括出一种数学问题解决的过程模型,如图3-5所示。

---

[1] 史伟琴. 结构不良问题解决教学的研究［D］. 南京：南京师范大学,2014：16.

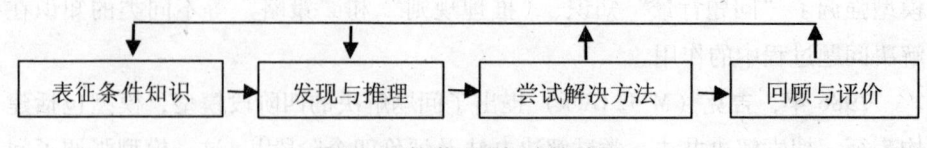

```
┌─────────────┐   ┌─────────────┐   ┌─────────────┐   ┌─────────────┐
│ 表征条件知识 │→ │ 发现与推理  │→ │ 尝试解决方法 │→ │  回顾与评价 │
└─────────────┘   └─────────────┘   └─────────────┘   └─────────────┘
```

图 3-5　数学问题解决的过程

下面结合以下题目，对这一数学问题解决过程进行说明。

示例：已知 $f(x) = \dfrac{ax+b}{x^2+1}$ 为定义在 R 上的奇函数，且 $f(1) = \dfrac{1}{2}$，求 $f(x)$ 在 $(-1, 0)$ 上的单调性。

如图 3-6 所示，该数学问题的解决分为条件（初始状态）、结论（目标）和推理过程三部分。

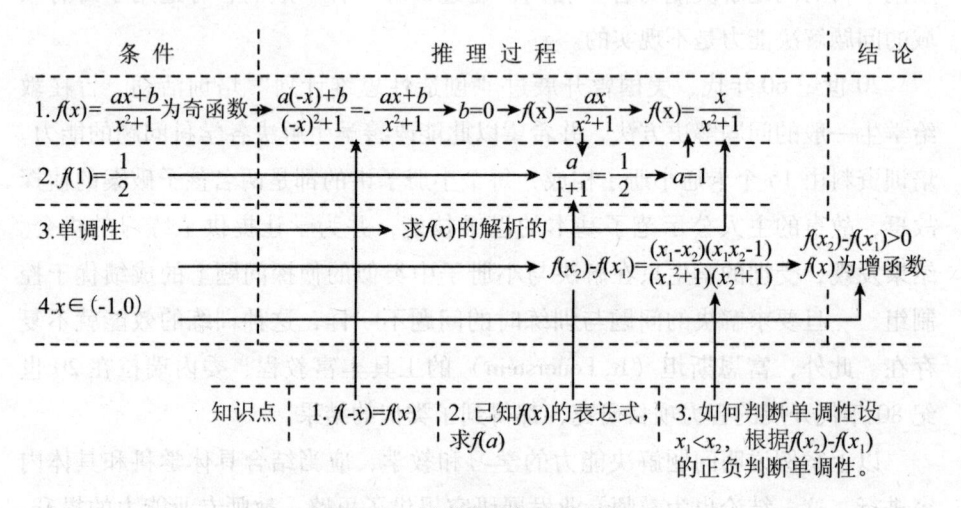

条件	推理过程	结论
1. $f(x)=\dfrac{ax+b}{x^2+1}$ 为奇函数 →	$\dfrac{a(-x)+b}{(-x)^2+1}=-\dfrac{ax+b}{x^2+1}$ → $b=0$ → $f(x)=\dfrac{ax}{x^2+1}$ → $f(x)=\dfrac{x}{x^2+1}$	
2. $f(1)=\dfrac{1}{2}$ →	$\dfrac{a}{1+1}=\dfrac{1}{2}$ → $a=1$	
3. 单调性 →	求 $f(x)$ 的解析的	
	→ $f(x_2)-f(x_1)=\dfrac{(x_1-x_2)(x_1x_2-1)}{(x_1^2+1)(x_2^2+1)}$	$f(x_2)-f(x_1)>0$ $f(x)$ 为增函数
4. $x \in (-1,0)$		

知识点：1. $f(-x)=f(x)$　2. 已知 $f(x)$ 的表达式，求 $f(a)$　3. 如何判断单调性设 $x_1<x_2$，根据 $f(x_2)-f(x_1)$ 的正负判断单调性。

图 3-6　数学问题解决的过程

1. 表征条件知识

表征条件知识是指借助已有知识对问题中给定的条件进行理解，以获得问题的初始状态。本题中有三个已知条件：奇函数、$f(1) = 1/2$ 和单调性。在以前的学习中，学习者已经对这些条件进行了充分地感知。此处，看到这些条件后，则立刻将其表征为原来知觉的形式，如下所示。

奇函数：表征为 $f(-x) = -f(x)$。

$f(1) = 1/2$：将 $x=1$ 代入函数表达式。

单调性：用 $f(x_2) - f(x_1)$ 的形式验证其区间的单调性。

数学问题解决中表征条件至关重要，如果条件表征不正确或不全面，可能就会影响问题解决。因此，在平时的学习中，应牢固把握"双基"知识，形成对基础知识的立体、整体和全面的知觉，为表征知识提供可能。另外，表征条件知识要全面，在问题解决的过程中，可能用到同一条件的多个属性知识，如果表征不全面，很可能由于后期"想不到"而功亏一篑。例如，本例中表征奇函数这一条件时，除想到"$f(-x) = -f(x)$"外，还应想到"定义域对称""关于原点对称"等特征。

2. 发现推理

问题解决过程的本质就是对条件进行推理，通过推理，使问题由初始状态一步步向目标状态靠近，如图3-6所示，本例的推理过程如下，

$f(x)$是奇函数：推出$b=0$，既而得出$f(x) = ax/x^2+1$。

$f(1) = 1/2$：代入上式，可得$a=1$，既而得到$f(x)$的表达式。

处理过程中除从条件向后推理外，还可以从目标状态向前推理，以为从前向后推理提供更易观察的目标，如，本题中，从目标状态向前的推理为：只要能求出$f(x)$的表达式，就能求函数的区间单调性。

此外，推理过程要本着综合、变通的原则进行，综合是指要时刻全面"留意"由已知条件表征出的知识和推理出的隐含知识，以进一步进行综合处理。变通是指当一种推理思路进入"死胡同"时，要改变思路，以另辟蹊径。

3. 尝试解决方法

尝试解决方法是指通过分析已知条件与目标的关系，确定问题解决方案的过程。通常情况下，问题解决的方法并不是对已知条件和目标进行简单的分析就能获得的，而是需要进行反复的推理、发现、猜想、尝试和验证后获得的。

寻求问题解决的方法最重要的是构建问题解决的框架思路，例如，本例中，确定了问题解决的框架思路是"已知条件—$f(x)$的表达式—区间单调性"，由于由$f(x)$的表达式可以较容易地求出区间单调性。因此，本问题的目标就转化为求$f(x)$的表达式。

4. 回顾与评价，

问题解决是培养数学思维能力的一种手段，问题得到了解决并不意味着结束，还要对问题解决的过程进行回顾和总结。总结主要包括知识、策略和

元认知三个方面。知识方面的总结包括该问题解决用到了哪些知识，自己对这些知识的把握有哪些疏漏，这些知识应用的条件或情景是什么等。策略的总结包括运用了什么样的方法，是观察、发现、推理，还是比较、猜想，使用了什么样的分析原则，是逐条分析还是统筹规划。元认知方面的总结包括分析过程中是如何调整推理方向的，当推理遇阻时，又是如何准确判定问题所在并转换思路的，以及对解决方案的正确性及时作出研判。

三、专家的问题解决特征

20世纪60年代，心理学家采用专家与新手比较的方法研究了各领域中专家是如何解决问题的，结果发现，专家和新手在诸多方面有明显差异，主要表现在以下几个方面。

（一）专家拥有更多的知识和更熟练的技能

首先，由于经历了较长时间的学习，专家拥有更多的知识。米勒（Miller，1973）关于象棋大师和新手的研究表明了这一结论[1]：当复盘固定的棋局时，专家具有明显的优势，但如果棋局是随机的，专家与新手则相差无几。此外，通过大量的练习，专家的知识都转化成了技能，并且达到了自动化的程度。当完成某一较复杂的任务时，他们只需花费较少的认知负荷用于基础操作，从而腾出较多的认知资源用于处理主要问题。很多情况下，新手在解决问题时出错，并不是因为其能力不足，而是因为其基础操作不熟练，消耗了较多的认知资源，从而影响了对主要矛盾的解决。

（二）专家与新手组织知识的方式不同

专家通过长期的知识学习，形成了系统的知识结构。一方面，知识点按照子属关系进行组块，呈现一定的层次结构。另一方面，又根据其相互关系形成网状结构，知识点紧密结合，不易断裂。学习新知识时，学习者通过分析新知识属于哪一类，将其对号入座，然后又通过练习使其与其他知识产生联系，形成新的知识节点。此外，通过实践，专家将学习与生活和工作联系起来，使知识内化为自己的价值观，使知识更为牢固。

由于专家组织知识的以上特点，即使产生知识遗忘，也会借助知识间的

---

[1] 汪安圣，李旸. 专家和新手在问题解决中的不同思维模式 [J]. 应用心理学，1987（S1）：3-8.

关系很快修复。与专家相比，新手的知识组织呈现简单、线性的关系，各知识点间关联较少，一旦出现遗忘，就会"随风而逝"。研究表明，如果教师为学生提供组织新知识的结构，他们能够学得更多、更好。[①]

（三）专家比新手在更深层次上表征问题

专家经过长期学习，产生了对知识更系统、更全面的知觉。再次遇到该知识时，专家能从更深的层次上对知识作出表征，Michelene 和同事（1981）通过实验发现，当新手和专家对物理问题分配时，新手通常基于表面特征分类问题，而专家通常是基于问题的结构特征进行分组。[②] 例如，新手习惯将题干中画有斜面图的问题归为一类，而专家则按照能量守恒定律进行分组。再如，编程专家对编程问题进行分类时，是根据解决问题的算法进行的，而新手则是根据应用领域来分类的。由此可以推测出，专家基于语义表征问题，而新手则基于表面特征表征问题。

（四）专家花更多的时间分析问题

思路对于问题解决非常重要，这就需要对问题进行充分的分析，以形成有效的问题解决框架。在问题面前，专家往往不是立刻开始解答问题，而是先花较多时间理解情境、表征条件、推理过程，以形成合理的问题解决框架。遇到问题时，专家也是先梳理过程，检查计算错误，再研判方法，确定思路是否有误，所谓"磨刀不误砍柴工"就是这个道理。而有的学习者往往没有充分分析已知条件，就匆匆下手行动，导致思路错误，受阻后又不经深入思考即改变方法，其学习呈现出较大的主观随意性。

（五）专家比新手具有更好的自我监控技能

专家拥有比新手更强的元认知能力，凭借敏锐的直接判断力，他们更容易抓住问题的主要矛盾，判定问题的难易程度。在问题解决过程中，他们也更容易觉察到自己可能犯的错误，以及如何作出矫正。问题解决后，专家能对自己解决问题的过程作出合理的评价，通过"抽丝剥茧"，提炼出关键的经

[①] 苏珊·A. 安布罗斯. 聪明教学7原理 [M]. 庞维国，译. 上海：华东师范大学出版社，2012（09）：33.

[②] E. Brucegoldstein. 认知心理学：心智、研究与你的生活 [M]. 张明，等译. 北京：中国轻工业出版社，2017（05）：458.

验。与专家相比，新手较少监控和检验自己的结论，更多地关注如何借助现成的方法解决问题。用一句俗语来说，新手往往只是"低头走路"，而专家不仅"低头走路"，还"抬头看天"。

第四章 情绪与学习

案例 4-1：小 M 今年上小学五年级，性格比较开朗，个性比较强。原来他的数学成绩中等，这学期，他担任了班级的英语课代表。由于工作做得比较好，英语老师经常表扬他，他学习英语的积极性越来越高，成绩也越来越好。但数学成绩却下滑得较厉害，原因是有一次因为未完成作业，老师让小 M 站了一堂课，这使他的自尊心备受打击。之后，数学老师曾多次找小 M 谈话，但效果不佳。

评析：脑科学告诉我们，大脑是情绪、认知和行为的"三合一"整体，情绪对学习有重要影响。课代表的工作和英语老师的表扬，调动了小 M 学习英语的情绪，也促进了他的英语学习。相反，数学老师的不当行为，使他对数学学习产生了消极情绪，挫伤了他学习数学的积极性，导致成绩下滑。每位教师应意识到情绪对学习的重要作用，在教学中，教师应关注学生的情绪，充分挖掘情绪的价值，更好地服务于学生学习。在这一点上，这位数学老师显然做得不够。

第一节 情绪的脑机制

一、情绪加工的神经系统

（一）早期的边缘系统

早期，对大脑认知功能的探索主要依赖于脑损伤病例和动物实验。1848

年，美国工人 Gage 在一场事故中，头部受到严重的贯穿性创伤，虽然他奇迹般的幸免于难，但同时性格大变，情绪非常不稳定，研究者推断，这主要是因为他负责情绪抑制的额叶受损。受到这个罕见病例的启发，科学家和神经科学家们开始重视研究大脑和情绪的关系，其中一个目标是：针对各种情绪状态和情绪加工过程，辨别和理解其背后的神经系统。

早在 1937 年，James Papez 就提出了脑和情绪的回路理论，认为情绪反应涉及由下丘脑、前丘脑、扣带回和海马组成的网络。后来，Paul Maclean 把这些脑结构命名为 Papez 回路。他随后扩展了该情绪网络，加入了杏仁核、眶额皮质和部分基底神经节。他把这个扩展的情绪神经回路命名为边缘系统，边缘系统的结构大致围绕在胼胝体边缘。

早期研究者确定情绪的神经回路时，倾向于把情绪看作一个单独的概念，可以定位到某一个特定的回路上，从而把情绪脑和大脑其他部分分开。这些年的研究发现，情绪是大脑非常精细、复杂且具有多面性的表现，很难用一个单独的神经回路和脑系统来定义和概括。也就是说，情绪和大脑之间的关系很复杂，不仅不同的情绪可能有不同的大脑回路，大脑的不同部分在产生情绪中起着不同的作用，而且大脑的不同部分还可能存在相互作用，以整合或加工情绪信息，产生情绪行为。[1]

（二）杏仁核

杏仁核，又名杏仁体，呈杏仁状，位于颞叶内侧，与海马前部相连，是边缘系统的一部分，是产生情绪、识别情绪和调节情绪，控制学习和记忆的脑部组织。

1956 年，魏斯克兰茨（L. Weiskrantz）的研究首先揭示出杏仁核的作用，他发现损坏了杏仁核后，实验动物会表现出综合的典型症状：对外界威胁不再表现出应有的恐惧反应。可见，杏仁核对恐惧情绪的产生和处理有重要影响。在此后的研究中，杏仁核逐渐被确认为情绪加工的核心，脑区域对情绪面孔的感知、情绪性记忆的巩固以及社会情绪认知等功能都与杏仁核有关。目前，边缘系统的说法最近依然流行，主要是因为边缘系统加入了杏仁核和眶额皮质这两个区域，这两个区域已经成为情绪的神经基础的研究焦点。

杏仁核是由一些亚核组成的复杂结构，如图 4-1 所示，它主要由外侧核

---

[1] 严峰，俞诗源. 情绪的脑机制 [J]. 生物学教学，2006（09）：10-11.

和中心核两部分组成,外侧核负责整合来自大脑多个区域的信息,使恐惧反射中的联结得以形成,接着,外侧将信息投射到杏仁核的中心核,如果刺激被分析加工确认是某种威胁或潜在的危险时,中心核就会引发出情绪反应。

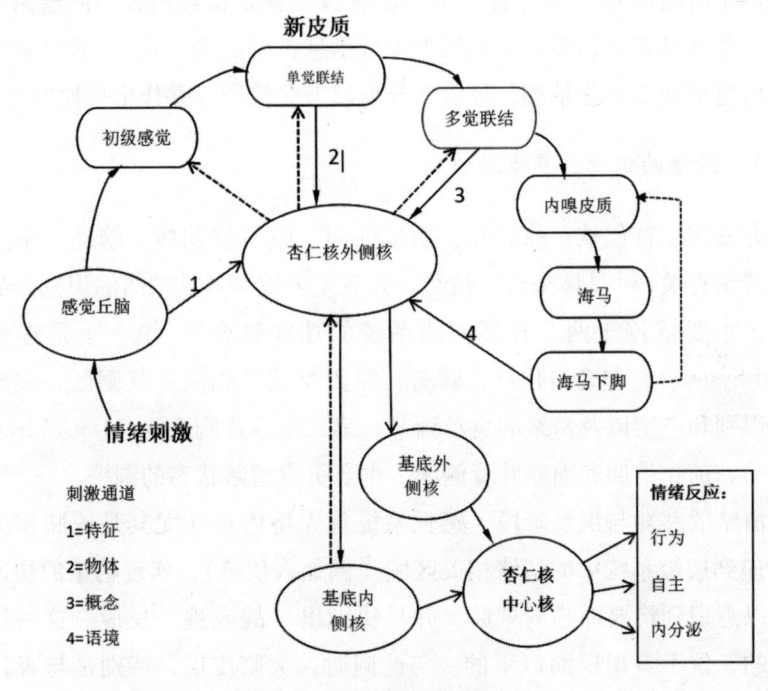

图 4-1 杏仁核通路

(资料来源:《认知神经科学:关于心智的生物学》,中国轻工业出版社,2013)

二、情绪的识别、产生和控制

(一)情绪处理的快通路和慢通路

人脑中存在着两条用来处理情绪激活信息的通路,一条是快通路,另一条是慢通路。

如图 4-1 所示,快通路快速而粗略,信息首先投射到丘脑,再将信号直接传递到杏仁核,丘脑并不会对感觉信息进行复杂的分析,但它会给杏仁核一个粗略的信号,从而引发情绪产生。这条通路通常用于处理危险或威胁性刺激。

慢通路的反应路径是"丘脑—皮层—杏仁核",感觉信息先被投射到丘脑,然后丘脑再将信息发送到感觉皮层,进行更精细的分析,最后感觉皮层将分析的结果传递到杏仁核,引发情绪。慢通路反应有些慢,但是可以作出更为彻底、完整的分析。

人们平时所说的"情绪脑"和"理性脑"就是指经两种不同通路对信息的处理。情绪脑走快通路,只能携带少量信息,特点是"快"。理性脑走慢通路,对信息的加工更为精细,可以充分地思考和权衡,并作出理性的决定。

(二)情绪的识别、产生和控制

研究发现,杏仁核、前额叶、扣带前回、腹侧纹状体、脑岛、小脑等结构都与情绪有关。[1] 具体来说,情绪,尤其是恐惧等负性情绪的识别产生和控制过程,主要依赖于两个神经网络系统的功能整合[2]:第一个是腹侧系统(Ventral System),包含杏仁核、脑岛、腹侧纹状区和额叶复侧区,主要负责情绪的识别和产生以及情绪的自动调节;第二个是背侧系统(Dorsal System),包括海马、前扣带回和前额叶背侧区,主要负责情绪状态的调控。

在情绪的感知与识别阶段,感觉系统首先将信息(尤其是威胁相关的信息)传递到边缘系统中的情绪相关区域(例如杏仁核),实现情绪的快速加工过程,以意识到将要面临的威胁,并尽快做出"战或逃"反应。这一过程是自动化的,位于意识层面以下的。与此同时,大脑皮层,特别是与杏仁核等皮层下区域有着紧密连接的前额叶会对情绪进行进一步加工。前额叶皮层的背侧和腹侧连接是情绪调节的关键神经回路,其中,前额叶的腹侧区首先会对情绪行为进行无意识的自动调节,以抑制杏仁核等脑区域对情绪刺激产生过度的反应,实现机体的自我保护功能。当情绪行为与现实情境不适应的时候,前额叶皮层的背侧区将负责对情绪行为和状态进行有意识的认知调控,通过运用先前情绪反应的学习经验,引导当前情绪状态朝着目标状态发展,最终使得个体的情绪体验和情绪行为符合当前情境的需要。[3]

此外,海马在情绪加工过程中也有着独特的作用,主要是与情绪性记忆相关。在压力应激产生时,海马在前摄记忆过程中有重要作用。前摄记忆能

---

[1] Dalgleish T. *The emotional brain*. Nat Rev Neurosci, 2004, 5: 583-589.
[2] 罗跃嘉,吴婷婷,古若雷. 情绪与认知的脑机制研究进展 [J]. 中国科学院院刊, 2012, 27 (S1): 31-41.
[3] 陈桃林,罗跃嘉. 基因多态性对情绪调节神经回路的影响 [J]. 心理科学进展, 2010, 18 (9): 1440-1448.

够加强、抑制，甚至独立引发压力应激状态，由此带来焦虑、抑郁等负性情绪。在慢性压力的影响下，海马可能会受到损伤。[1]

三、与情绪有关的神经递质

神经递质属于化学有机物质，它产生于神经元之间的突触，它对人的精神状态和行为特征有着重要影响。人们会产生不同的情绪，归根到底是由神经递质的类型和多少决定的，神经递质与情绪之间是因果关系。

（一）神经递质的种类

按照神经递质的生理功能，可把神经递质分为兴奋性神经递质和抑制性神经递质两种类型。

兴奋性神经递质包括肾上腺素、多巴胺、谷氨酸等，它能刺激大脑并导致更加活跃（但不一定都是积极情绪）。如，肾上腺素经常与充满活力的性格和心跳加快有关，多巴胺是一种能让人感觉非常愉快的神经递质，它是在人参与吃、运动、约会等喜欢的活动或者体验时释放出来的。通常情况下，性格外向的人比内向的人更容易分泌多巴胺。除影响情绪外，兴奋性神经递质还会影响记忆、注意等认知过程。

抑制类神经递质有去甲肾上腺素、血清素、γ-氨基丁酸、甘氨酸以及伽马氨基丁酸等，它的作用是阻止传递太多信号，并平静情绪的影响。例如，去甲肾上腺素能识别危险，同时激发大脑分泌肾上腺素来作出应对，是人体的警钟；γ-氨基丁酸（Gamma Amino Butyric Acid）在大脑达到情绪高峰时，会帮助神经恢复稳定，从而降低焦虑和压力水平，血清素能在数量充足时促进快乐和平静感。

（二）情绪与神经递质的平衡

神经递质与情绪之间的关系不仅对身体健康很重要，也是影响心理幸福感的重要因素。在正常情况下，脑内的兴奋与抑制两个系统是平衡的，如果某一类或几类神经递质分泌过多或过少，都会导致人的情绪失调，甚至出现某种病症。例如，过多的肾上腺素、多巴胺和谷氨酸等兴奋性神经递质会导

---

[1] Roozendaal B. McEwen B. S., Chattarji S. *Stress, memory and the amygdala*. Nat Rev Neurosci, 2009 (10): 423-433.

致人极度活跃，产生注意缺陷障碍、精神分裂症和失眠等症状，这是因为这些神经递质往往对大脑产生过度刺激；如果血清素等抑制性神经递质水平太高，就会使人产生抑郁、焦虑或强迫症状。再如，合理的皮质醇水平会让人有更多的心理能量对抗危险和伤害，如果人体内完全没有皮质醇，在遇到危险和挑战时，就会完全无力抵抗，就会感到过度担心和恐惧。

青春期是大脑的最好阶段，神经递质分泌是否足量以及不同神经之间是否平衡，对学生的学习和成长有重要影响。正常水平的神经递质既能使大脑处于适度的活跃状态，促进认知，提高效率，又能使人保持平和的心态，进行充分的学习和深度学习。反之，如果压力过大或者过于放松，则会使神经递质失调，产生不良情绪，阻碍认知，甚至对学生的学习动机、自我效能以及性格产生影响。因此，教学中，教师要宽严相济、尊威并重，使学生在轻松愉悦的环境中获得对知识的深入理解，又使学生严格约束自己，以发挥自己的潜力和效能。

据调查，目前国内较多中小学校普遍存在教学进度过快、作业太多以及过度讲求效率的问题，给学生形成了较大的压力，致使学生过度用脑，分泌过多的兴奋性神经递质，导致情绪不稳定、敏感自卑、运动能力差、血糖血压升高等问题，从而影响了学生的健康成长。

此外，也有的同学由于过度"自觉"，一味地强制自己服从老师的安排，刻苦学习，而不注意休息和放松。这种行为虽然在短时间内能提高学习成绩，但长此以往，这种违背大脑本能的过度学习行为会破坏大脑的内环境，使判断力下降，反应迟缓，最终反而会降低学生的学习能力。

第二节 情绪和认知的关系

一、情绪的认知

（一）情绪与理性

在传统哲学思想中，情绪代表感性，理性代表认知，两者是一种对立关系。对此，哲学家们各执不同的态度。柏拉图（Plato）认为，理性存在于人的头脑中，是永恒的灵魂，而情感存在于躯体中，只是暂时的体验，理性与情感是主人和仆人的关系，情感是仆人，理性是主人。英国哲学家大卫·休谟（David Hume）则认为，"理性只能是情绪的奴隶，除了为情感服务并服从情感之外，决不能冒称其他的功能"。中国先哲荀子提出：性者，天之就也；情者，性之质也；欲者，情之应也。以所欲为可得而求之，情之所必不免也；以为可而道之，知所必出也。他认为性情是天生而不可避免的，但也不能顺其发展，因此，只能用礼乐来节制，既要满足情欲又要节制情欲。

认知与情绪对立的格局，一度使人们将情绪视作洪水猛兽。中世纪欧洲的禁欲主义和我国明代朱熹的"存天理，灭人欲"，即是对情绪的极端压制。前些年，我国教育过多地提倡了"理性""刻苦"等学习品质，一定程度上是对情绪的一种压抑。近年来的研究发现，情绪和认知发展并非彼此独立，而是彼此联系和相互作用的，情绪在认知中发挥的作用远远超出人们的想象，情绪的动机和组织功能也是情绪作用于认知过程的不同阶段。

（二）情绪认知理论

情绪认知理论（Cognitive Theory of Emotion）是心理学中主张情绪产生于对刺激情境或事物进行评价的理论，即情绪的产生不仅受实际环境的刺激影响，还与自己的主观认知有关。影响较大的情绪认知理论有阿诺德（M. Arnoid）的"评定—兴奋"说、沙赫特（S. Schachter）的"三因素"情绪理论和拉扎勒斯（Richard S. Lazarus）的"认知—评价"理论。

1. 阿诺德的"评定—兴奋"理论

阿诺德的"评定—兴奋"说认为，刺激情景并不直接决定情绪的性质，从刺激出现到情绪的产生，要经过对刺激的估量和评价，情绪产生的基本过程是"刺激情景—评估—情绪"。如果评估的结果认为对个体"有利"，就会引起肯定的情绪体验，并企图接近刺激物；如果评估的结果认为对个体"有害"，就会引起否定的情绪体验，并企图躲避刺激物；如果评估的结果认为与个体"无关"，就会予以忽视。同一刺激情景，由于对它的评估不同，会产生不同的情绪反应。

从脑科学角度看，"评定—兴奋"理论关于情绪的产生是大脑皮层和皮下组织协同活动的结果。首先，外界刺激作用于感受器，产生神经冲动，通过内导神经上送至丘脑，在更换神经元后，再送到大脑皮层，在大脑皮层上刺激情景得到评估，形成一种特殊的态度，如兴奋、恐惧或愤怒等。这种态度通过外导神经将皮层的冲动传至丘脑的交感神经，将兴奋发送到血管和内脏，所产生的变化使其获得感觉。该理论中，大脑皮层的兴奋是产生情绪最重要的条件。

2. 沙赫特和辛格的"情绪归因"理论

沙赫特（S. Schachter）和辛格（J. E. Singer）提出的情绪归因论（Attribution Theory of Emotion）认为，情绪的产生决定于三个主要因素：个体对生理唤醒的体验、个体对生理唤醒的归因和对环境刺激的认识。其中，后两个是主观的认知因素，即情绪状态是生理状态、认知过程和环境因素共同作用的结果。沙赫特和辛格的情绪归因实验如案例4-2所示。

案例4-2：沙赫特和辛格给被试者注射一种药物，并告诉被试者实验目的是测定这种新药对视力的影响。但实际上注射的是肾上腺素，肾上腺素能引起心跳加快、血压升高、手发抖、脸发热等情绪生理反应。被试者分为以下三组，每组被试者再分为两个小组，分别被安排到两种实验情境：一种愉快环境，一种愤怒环境。

第一组：被告知注射这种新药会出现心跳加快、手发抖、脸发热等反应。

第二组：被告知注射这种新药可能会发麻、发痒、头痛等。

第三组：无任何说明。

如果情绪是由生理状态引起的，那么三组被试的生理状态一样，情绪反应也应相同；如果情绪是由环境因素决定的，那么三组被试者所处环境一样，情绪反应也应相同。但事实并非如此。实验结果发现，第二组和第三组的被试者，在愉快环境中显示出愉快情绪，在愤怒环境中显示出愤怒情绪，而第一组被试者则没有愉快或愤怒的体验。这说明，注射肾上腺素虽然引起了典型的情绪唤醒状态，但它的单独作用不能引起人的情绪，同样，环境因素也不能单独决定人的情绪，而认知对人的情绪的产生起着决定性的作用。

沙赫特和辛格的实验证明，人对生理反应的认知和了解决定了最后的情绪体验。事实上，情绪状态是由认知过程（期望）、生理状态和环境因素在大脑皮层中整合的结果。这一结果的生理学解释是：环境中的刺激因素，通过感受器向大脑皮层输入外界信息，生理因素通过内部器官、骨骼肌的活动，向大脑输入生理状态变化的信息，认知过程借助过去的经验对当前情境进行评估。来自这三个方面的信息经过大脑皮层的整合作用,才产生了某种情绪体验。上述过程可以理解为一个工作系统,称为情绪唤醒模型。模型的核心部分是认知,通过认知比较器把当前的现实刺激与储存在记忆中的过去经验进行比较,当知觉分析与认知加工出现不匹配时,认知比较器产生信息,动员一系列的生化和神经机制,释放化学物质,改变脑的神经激活状态,使身体适应当前情境的要求,这时情绪就被唤醒了。

3. 拉扎勒斯的"认知—评价"理论

这一理论把情绪视为人与环境相互作用的结果,在情绪活动中,人不仅反映环境中刺激事件的影响,同时也调节自己对刺激的反应。即情绪活动须有认知活动指导,人们才可以了解环境中刺激事件的意义,才可能选择适当、有价值的动作反应。

从情绪认知理论的基本观点可知,情绪的产生是环境刺激、生理变化和认识过程等内外因素综合作用的结果,而认知过程起到了决定作用。

二、情绪如何影响学习

2007年,Immordino-Yang和Damasio通过研究发现,情绪对被试者的学习具有重要的指引作用,虽然情绪及其影响是不可见的,但它提供了一种力量,随着时间的推移,这种力量能够使学习者决策和行为的方向保持稳定。[1]如图4-2所示,实线椭圆代表情绪,虚线椭圆代表认知,两个椭圆之间的区域代表情绪思维,即情绪和认知的共管区域,只有在这个区域,认知才会高效发生。

情绪对学习的影响,主要表现在注意、记忆、决策和行为三个方面。

(一) 情绪影响注意

在学习中,学习者往往需要先从较多信息中聚焦当前学习内容,以使学习能深入、高效地进行。根据第二章中"情绪性注意的脑机制"部分,情绪会约束注意,并且注意对情绪性内容具有加工的偏向,就是说在注意的过程中,情绪事件的加工存在优先性,相比于中性刺激,情绪性刺激可以吸引更多注意,从而占据知觉上的优先地位。因此,在教学中,如果能合理地设计

---

[1] David A. Sousa 主编. 心智、脑与教育 [M]. 周加仙,等译. 上海:华东师范大学出版社,2013:58.

教学情境或组织学习活动，使学习内容对学习者产生吸引力，激发学习情绪，则有助于学习活动的顺利开展。如，教学时，教师引人入胜的故事导入、娓娓动听的讲解，都是运用了情绪对注意的调控作用。

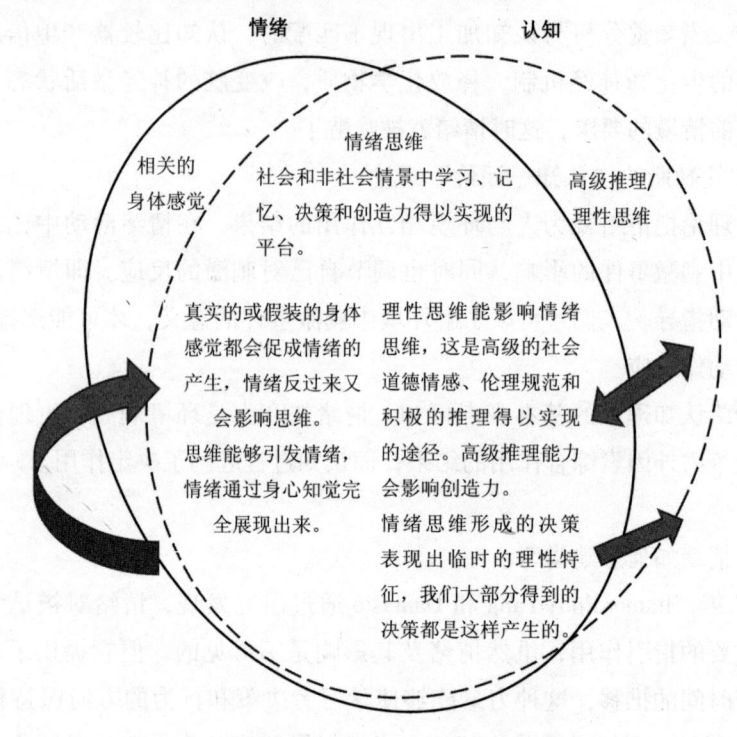

情绪　　　　　　　　　认知

相关的身体感觉

情绪思维
社会和非社会情景中学习、记忆、决策和创造力得以实现的平台。

高级推理/理性思维

真实的或假装的身体感觉都会促成情绪的产生，情绪反过来又会影响思维。
思维能够引发情绪，情绪通过身心知觉完全展现出来。

理性思维能影响情绪思维，这是高级的社会道德情感、伦理规范和积极的推理得以实现的途径。高级推理能力会影响创造力。
情绪思维形成的决策表现出临时的理性特征，我们大部分得到的决策都是这样产生的。

图4-2　情感与认知如何共同生成思维过程
（资料来源：《心智、脑与教育》，华东师范大学出版社，2013）

（二）情绪影响记忆

生活中，人们总是更容易记忆情绪性事件，如，人们对有情绪色彩的事情往往比单调、枯燥的事情记忆得更深刻，对愉快的事情会比平淡的事情记得更好，而且总是能记住情绪事件的各种细节。情绪对记忆的影响表现在两个方面，一是对永久记忆的影响，这主要表现在情绪唤醒能影响记忆的编码和巩固，从而产生情绪记忆，增强记忆效果。[①] 研究发现，杏仁核是这种效应

[①] Hamann S. *Cognitive and Neural Mechanisms of Emotional Memory* [J]. Trendsin Cognitive Sciences, 2001, 5 (9): 394-400.

产生的核心脑区域，它产生情绪，同时释放应激激素，经由下丘脑、垂体和肾上腺通路反馈到记忆巩固和储存脑区域以及杏仁核本身，以提高记忆储存效率。[1]

除长时记忆外，情绪也对工作记忆产生影响，现有的研究主要集中在负性情绪对工作记忆的影响。20世纪90年代初，Eysenck和Calvo提出的过程效能理论（Processing Efficiency Theory）对焦虑等负性情绪影响工作记忆的原理进行了解释：焦虑被试者会过多关注自己的强制思想、担忧和负面认知等焦虑反应，这种与当前任务无关的反应会分散个体的注意力，从而消耗有限的工作记忆资源，导致要么降低正确率，要么增加反应时间。良性情绪和负性情绪好比记忆的催化剂和抑制剂，前者能促进各脑区域间的协作，提高记忆效率，后者能抑制大脑信息加工和通信，降低记忆效能。

（三）情绪影响决策

电影《特洛伊》描述了交战双方为了一位美女，爆发战争的故事，还有人们熟知的吴三桂"冲冠一怒为红颜"的故事，这虽然不太可能是真实的，但都说明了情绪对决策的影响。人的情绪状态和情绪感受会对决策过程造成较大的影响：实验心理学研究证明，愤怒情绪会促使人作出冒险的决定，而恐惧情绪会使人过度保守，这是因为情绪状态会强化对特定类型信息的加工。例如，恐惧情绪使人更多地注意到环境中的威胁性刺激而倾向判断当前情况是危险的。同样，当人非常期待某一件事情发生的时候，往往就产生相应的情绪，并促使产生行动，而这时的决策往往是缺乏理性的。在学习中，较多同学总是期望能考出好成绩，因而产生过分自信，甚至自负的心理，从而影响对自身学习状况的理性判断。

FMRI研究发现，决策激活的脑区域包括眶额叶皮层、背外侧前额叶皮层、顶叶皮层、杏仁核、扣带回、脑岛、纹状体以及伏核等多个区域，其中，前额叶皮层、杏仁核、扣带回是处理情绪的脑区域。说明在决策相关脑区域与情绪的神经回路之间存在着高度重叠，这种现象反映了情绪影响决策的神经机制。[2]

---

[1] LaBar K. S., *Cabeza R. Cognitive Neuroscience of Emotional Memory* [J]. Nature Reviews Neuroscience, 2006, 7 (1): 54-64.
[2] 罗跃嘉, 吴婷婷, 古若雷. 情绪与认知的脑机制研究进展 [J]. 中国科学院院刊, 2012, 27 (S1): 31-41.

(四) 情绪影响行为

学习行为通常是由学生的意愿主导的，而意愿又受情绪的影响。当内外部刺激符合学生的心理时，便激发出积极的情绪，并表现出主动的学习行为，哪怕遇到困难和挫折，也能积极应对和克服。当学习中伴随消极的情绪时，就不愿付诸行动，学习过程中稍有不顺，就容易放弃，甚至会回避学习。这是因为情绪产生处于心理活动的最前端，它总是会对学习内容和自身关系等问题产生影响，进而形成自己的学习意愿或态度，并决定学习行为。

学习中，有的学生领悟能力较强，但不愿多做练习。这种情况下，一方面要通过挫折教育让其认识到练习的重要性；另一方面，还要从情绪入手，通过内外刺激让其感受到学习的快乐，调动学习的积极性，提高学习执行力。

以上情绪对学习的影响，可以从脑科学视角进行概要的理解：不同的情绪是因为分泌不同的神经递质，这些神经递质会影响大脑的工作，良好的情绪会促使大脑分泌多巴胺等神经递质，促进脑区域协作，不良情绪会促使大脑分泌肾上腺素、可得松等神经递质，影响注意、记忆、编码和决策等认知心理过程，降低大脑的工作效率。

三、认知影响情绪

根据情绪认知理论，认知对情绪的产生有重要影响，具体来说，个体认知和社会认知都会影响人的情绪，而个体认知是从结果、过程两个方面来影响情绪的。

（一）认知结果影响情绪

学习者学习时，总是带有一定的积极期望，希望能获得对事物或知识的深入、全面认知，但结果往往并非如此。当认知的结果与期望一致时，往往会产生积极的情绪，否则，会产生不良情绪。例如，当学生迫切希望提高学习成绩时，经过一段时间的努力，如果学习成绩有提高，则会获得成就感，产生自信，如果学习成绩没有提高或反而下降，则会产生沮丧感，进而影响后续的学习行为。因此，认知结果是影响情绪的重要因素。阿诺德认为情绪产生的过程是"刺激情景—评估—情绪"，即他认为情绪产生于评估的结果。

学习中，刻意设计学习的结果也很必要。如，在后进生付出努力后，老师要及时进行肯定或表扬，或在测试中，将题目出得容易些，以使他们感受到自己的进步，从而产生积极的学习情绪。

（二）认知过程影响情绪

学习者经过积极地思考，如果能较好地理解和掌握知识，大脑就会分泌多巴胺，产生满足感，这是大脑对自己的奖赏，是内部的生理反应。在学习中，如果经常产生这种情绪，就会激发学习动机，培养起学习的兴趣，这比表扬、礼物、金钱等外部激励措施会更加有效。从这一点上说，认知过程比认知结果更容易对人产生激励作用。正是在认知过程中，学习者体验到努力和进步的关系，并将两者联系起来，认识到"付出必有回报"的道理，进而培养理性的学习情绪。这就好比友谊往往建立在共患难的情境中，幸福通常产生于经历困苦之后一样。

在学习中，教师要让学生体验学习的过程，感受汗水、错误、挫折、退步、彷徨、思考、改变以及进步。只有经历这些，才会感悟到学习的本质，才能在情绪的变化中理解学习，从而更好地开展学习。

（三）社会认知更容易影响情绪

个体在与他人的互动中，能对他人的心理状态、行为动机和意向作出推测和判断，并将其与自己的知觉、思想和信念组织在一起，产生某种意义或解释，引发某种情绪。当人们对某种事情并无确定把握的时候，更容易"受脊髓神经而非大脑"的影响[1]，产生无意识的情绪行为。由于学生的心智发育尚不成熟，因此更容易受到社会认知的影响，产生不良情绪。

在教学中，教师除引导学生积极进行个体认知外，还应充分借助社会认知创新教学形式，引发学生的积极情绪，为持续有效学习提供动力。例如，让学生在社会学习活动中感受自身价值，在相互评价中认知自我，以及在社会实践中了解自我、培养爱好等。

---

[1] ［法］古斯塔夫·勒庞. 乌合之众：大众心理研究［M］. 冯克利，译. 北京：中国妇女出版社，2017：23.

第三节 情绪学习

一、与情绪相关的学习理论

(一) 情绪智力

情绪智力,简称情商,是近年来对商业企业最有影响的思想之一,它是指个体监控自己及他人的情绪和情感,并识别、利用这些信息指导自己的思想和行为的能力。丹尼尔·高曼(Daniel Goleman)对全世界 121 家公司与组织的 181 个职位的胜任特征模型进行分析后发现:67%的胜任特征与 EI (情绪智能) 相关。他认为,人类的自我意识、自我约束、毅力和全情投入等能力对一个人一生的影响在大多数时间内都要比智商更为重要。高曼提倡儿童更应该在学校期间就开始接受情绪智力的教育。

情绪智力主要包括以下五种能力。

- 自我察觉能力:察觉自己的情绪、压力、弱点、价值和目标等,并能认识到它们能影响行为决定。
- 自我规范能力:控制破坏性情绪和冲动,并不断适应环境变化。
- 自我激励能力:为达成成就而进行自我鞭策和自我说服,使自己始终保持高度的热忱、专注和自制。
- 同理心:在作出决定时能考虑其他人的感受。
- 处理关系的能力:管理人际关系,使之朝着理想的方向发展。

(二) 情绪的冰山理论

冰山理论是美国心理治疗大师维琴尼亚·萨提亚(Virginia Satir)提出的一个关于家庭治疗中的理论。"冰山"实际上是一个隐喻,它指一个人的"自我"就像一座冰山一样,能够被观察到的人的行为只是表面很少的一部分,而更大的部分是人的内在世界,它隐藏在更深的"水层"下,不为人所见,这部分包括行为、应对方式、感受、观点、期待、渴望、自我七个层次,每一层次的含义如表 4-1 所示。

表 4-1 冰山理论的层次含义及示例

层次	含义	举例
行为	可观察到的行动。	学习态度严谨、认真、深入。
应对方式	做事的姿态。	做事情执着。
感受	情绪，如喜悦、兴奋及悲伤等。	解决问题后有较强的自我满足感。
观点	信念、假设、立场、思考及价值观等。	喜欢钻研问题或独立解决问题。
期待	希望自己、他人成为什么样子。	注重个性自主，希望每个人都有真才实学。
渴望	希望被别人如何对待，如希望被别人接纳、认同或尊重。	渴望自我归属感。
自我	对生命、精神的本质认识和追求。	有较高的自我价值和追求。

"冰山"的水下部分，是真正深藏于个体内心中，长期被自己压抑并被忽略的"内在"，揭开这部分的秘密，就会看到生命中的渴望、期待、观点和感受，看到真正的自我。冰山理论表述了人的自我表现是一个从底层到表层、从本质到现象和形式的过程。冰山理论中的情绪即感受部分，它既由下部的层次决定，又决定着上层的行为。

教师应理解情绪、信念、渴望和价值观等个性品质对学生学习态度和行为的影响。在教学中。在教师不仅要关注学生外在的行为表现，更要关注看不见的情绪及其底层因素，只有如此，才能从根本上帮助孩子成长。例如，针对学生"学习态度严谨认真"的外在行为表现，表 4-1 中的"示例"一栏列举了冰山理论中每一层的可能表现。

(三) 社会情绪学习理论

社会情绪学习（Social and Emotional Learning，简称 SEL）的概念于 1994 年被首次提出，它指儿童和成人理解与管理情绪、设定和实现积极目标、感受和表现出对他人的同情心、建立和维持积极关系以及做出负责任的决策过程。丹尼尔·戈尔曼（Daniel Goleman）经过研究，证明了社会情绪学习不仅对儿童的不良行为及心理问题有很好的预防效应，同时对学生的学习成绩和认知能力有良好的促进作用。[①]社会情绪学习理论强调儿童社会性发展为个人服务，培养儿童个性，使其获得自我认知和自我管理的能力，继而为适应社会生活做准备。目前，社会情绪学习理论已形成了完备的内容体系，核心内容包括自我认知、社会认识、自我管理、人际交往能力和负责任的决策五个方面。美国、英国和澳大利亚等国先后制定和实施了基于社会情绪学习理论的系统课程方案，课程在减少儿童问题行为、提高学业成绩、培养学生道德品质方面都颇有成效。

在学习过程中，学生不仅需要进行个体认知，提供独立思维的能力，而且需要进行社会互动，从同伴和教师那里获取对自身的理解，在与环境的互动中学会管理自己，以为自己的成长提供心理和动力支持。作为教师，应时刻具有"社会情绪学习"的意识，在教学中，结合教学内容，设计生生和师生互动学习，激发学生情绪，为学习提供动力保障。

二、情绪与非智力因素的关系

非智力因素包括情感、意志、兴趣、性格、需要、动机、信念和世界观等方面。这些因素虽然与智力没有直接的关系，但这些因素的形成都以情绪为基础，都是情绪长期累积的结果。非智力因素在人的发展中起到重要的作用，甚至高于智力。

（一）情绪与动机

学习动机通常与学生学习的"意愿"直接相关，当学生愿意学习时，就会从内心产生愉悦感，激发学习动机。同时，迫于成长的需要，学生又不得不学习，即学习是他们"必须"要做的事情。因此，学习动机的形成就是如何让"必须"趋向"意愿"的问题。此时，如果外界刺激使学习者身心愉悦：学习内容简洁明了，学习活动生动有趣，教师讲解声情并茂，学习就趋于学生的"意愿"心理，学生就会产生积极的情绪。一旦学生通过切身情绪体验认同了学习的必要性，学习就成为其"意愿"的事情。此时，学习不再是迫不得已的事情，而是一种自我满足的过程。

[①] 张剑春.社会情绪学习理论对我国学前儿童社会性教育的启示[J].绍兴文理学院学报（教育版），2019，39（02）：15-20.

（二）情绪与意志

持久的学习行为需要意志来保证，意志对学习的支配和调节作用，是通过情绪发挥作用的。如果没有积极的情绪参与，学生的意志努力就会使行动变得乏味，面对困难、挫折和失败时，他们很难坚持太久。相反，在学习中，如果他们经常能产生积极的情绪，就会保持学习的热情，乐于正视困难，克服困难。

困难具有主观性，人在不同的情绪状态中，对待困难的态度也不同。如果困难的产生伴随着积极的情绪体验，学生不仅不会退缩，反而将其认为是一种有益的挑战，会以跃跃欲试的心态对待它，并以克服为乐；反之，如果困难伴随着消极的情绪，学生通常将其视为一种痛苦或负担，总是试图回避或退缩。

（三）情绪与学习态度

由第三章中的"态度学习"部分可知，态度学习需要经过亲历或观察、价值冲突、反思认同和习惯内化几个阶段，特定情绪经过强化、调适和累积，便形成某种态度。学习中，严谨、认真的态度通常是在反思后形成的，而反思又与情绪，尤其是负面的情绪密切相关。当在学习中经历挫折时学生往往会产生懊恼、悔恨等心理，正是在这种负面情绪的驱使下，学生才会反思现状，分析失分的原因，才会认识到学习态度的重要性。

情绪是短暂的，积极情绪对学习行为的支持也只是暂时的。但学习态度往往是比较稳定的，它对学习行为有着持久的支撑和指导作用。有的学生智商较高，但数学、物理等理科课程成绩总是上不去，就是因为缺乏严谨的态度，要么不重视基础，好高骛远；要么思维不缜密，丢三落四。而这些学生一旦意识到问题所在，其成绩就会得到快速的提升。

总之，情绪在行为和动机、意志和态度等非智力因素中起着基础作用，在一定程度上，它决定着这些非智力因素的发展；研究这些学习要素，都要从情绪入手。

三、情绪学习与教学

当前，情绪已成为学习科学重要的研究领域，在学习实践中，情绪也得到了足够的重视。情境学习、社会化学习、小组学习、合作学习以及移动学习等学习方式从根本上都源于情绪。

（一）情绪教学的原则

教师应充分意识到情绪在学生学习中的重要作用，并时刻怀有"借助情绪引导学生学习"的教学理念，在教学活动中，贯彻情绪学习和教学的相关原则，充分发挥情绪在学习中的作用。

1. 遵从个体意愿的教学原则

认知情绪是学习者学习时表现出来的认知意愿、习惯和规律。每个个体是情绪、认知和行为的统一体，从总体上说，情绪控制着认知和行为的走向。每个人的性格和经验不同，学习时表现出来的认知情绪也不同。个体只有遵从自己的认知情绪，才能适应大脑独特的认知路径和认知规律，建立自身的认知结构。因此，在教学中，教师应了解每个学生的性格，充分尊重每个学生的认知情绪，多让学生独立认知，多引导学生自主认知，使学生基于自己的智力系统发展能力，形成自己的个性化学习品质。

2. 注重情绪社会化功能的原则

人的情绪易受外在环境的影响，表现出一定的社会化效应。学生追求时尚，沾染不良风气，或者受班风校风的熏陶，产生进步的行为，从根本上说都是情绪社会化的体现。在教学中，当学生不能通过自身的认知系统理解问题时，教师可借助情绪的社会化功能，巧妙设计教学活动，营造学习情境，让学习者在群体中感悟气氛，在活动中体验学习，在互动中产生改变，实现潜移默化的学习。例如，在态度学习中，当教师通过语言无法让学生改变错误观点时，可设计活动，间接地让其他同学传递正确的观点，对学生产生"隐性"影响。当学生意识到多数同学与自己观点不同，或发现证明自己错误观点的有利证据后，便会从态度上作出转变。

3. 顺应学生情绪的原则

顺应学生的情绪是指教师应尽量本着"少批评，多鼓励"的原则，让学生在学习中保持较高的热情，避免因不良情绪产生信心不足，甚至厌学的心理。教师在开展教学活动时，一方面要把握理性的原则；另一方面，要策略性"迎合"学生的情绪，使情绪真正驱动认知和行为，最大限度地发挥大脑"三合一"的作用。当学生犯错时，首先要用同理心表示理解，耐心帮学生分析犯错误的原因，使学生建立一种相对安全的心理状态。再顺应学生"遗憾"或"悔恨"的情绪帮助学生提出解决问题的办法。当学生稍有进步时，要及时对学生提出表扬，让学生意识到自己的进步和老师对他的关注，以增强其学习的信心；同时，也应注意顺应学生的情绪是艺术教学的一种理念，并不是无原则地迁就学生，而是为了不引起学生对教师和学习的抵触心理，从长远的角度帮助学生改进不足。

（二）情绪教学的策略

在教学中，应牢牢把握以上情绪教学的原则，在不同的教学环节中，结合不同的教学任务，针对学生的不同表现，设计不同的学习活动，采取不同的教学措施，激发学生的情绪，促进学生进行有效学习。具体有以下策略。

• 理解新知识时，让学生用已有知识对当前知识作出解释，适应大脑自然的"联系"天性，建立牢固的知识网络。

• 在教学设计中，本着情境学习和教学的原则，基于"问题""情境""活动"等理念，创设情境，激发情绪，促进有效学习。

• 在指导学生学习的过程中，尊重学生的独立思维，并对学生的主动思考进行鼓励，使学生产生"感觉良好"的情绪直觉。并在此基础上，通过良性情绪与学习提升的持续关联，增强学生学习的信心。

• 引导学生主动学习，独立思维，激发学生积极的学习情绪，体验学习乐趣，培养内部学习动机。

• 改变传统教学方式，积极开展讨论、分享和互评等形式，促进师生互动，激发学习热情。

• 构建融洽的师生、生生交往环境，创建学生安全、平和的心理环境，使学生轻松、愉快、高效地学习。

• 引导学生学会情绪调控，利用积极情绪促进学习，避免不良情绪影响学习，并加强元认知调控，克服感性情绪，理性地作出判断和决策。

四、学业情绪

（一）学业情绪形成的原因

学业情绪是在教学或学习过程中，与学生学业活动相关的各种情绪体验，包括在课堂学习活动、课后作业以及考试期间的情绪体验。学业情绪与成就动机、归因、自我效能感有着密切的联系，良好的学业情绪不仅有助于学生认知活动的开展和主动学习态度的培养，而且有助于建立良好的师生关系，促进学生身心健康发展。①

当前，很多中小学生存在着不同程度的学业情绪问题。究其原因，主要源于三方面：一是学校方面。学校过于追求升学率，教师过分注重孩子的成绩，作业偏多，针对性不强，致使学生疲于应付作业，产生心理负担；二是家庭方面。家长往往给予孩子过高的期望，或过于关注孩子的学业成绩，超出了孩子的实际情况，忽视了孩子心理的发展；三是社会影响。当前，受社会上功利、攀比等不良风气的影响，学生也过于重视分数、排名和荣誉等，为此，不得不应付过多的学业任务，而这些并不是出于自己的初衷。成长期的学生，长时间处于困惑与压力之中，就形成了学业情绪，甚至会产生情绪障碍。

（二）学生学业情绪的改善

改善学生的学业情绪，关键是让他们保持放松的心态，深入积极思考，增加积极的情绪体验，并感受学习的成就和快乐；同时，教师要多给予鼓励，帮助其建立学习的自信心。此外，很多学者也提出了改善学生学业情绪的方法。王萍指出，通过提高同伴评价和自我评价能力，能够改变学生的学业情绪，同时对学业成绩也有一定的影响。② 中小学生的心理尚处于发展中，情绪是其行动的重要推动因素，积极的评价会使其产生良好的自我概念，引发积极的学业行为。马惠霞等通过研究发现，通过理性情绪教育增加高一学生的良好学业情绪，能有效减少其消极学业情绪。③ 初中高年级以上学生已具有较强的自主意识，通过理性教育能让学生客观公正地认识到自己的情绪，学会自我接纳，帮助自己建立正确的信念、理性的思考和培养稳定的情绪。

---

① 俞国良，董妍. 学业情绪研究及其对学生发展的意义 [J]. 教育研究，2005 (10)：39-43.
② 王萍. 评价干预改变高一学生学业情绪和学业成绩的研究 [D]. 天津师范大学，2011.
③ 马惠霞，刘美廷，张非易. 理性情绪教育改善高一学生的学业情绪 [J]. 中国临床心理学杂志，2012，20 (01)：116-119.

第五章 练习：学习行为

案例 5-1：学生小 N 和小 P 都对同一首曲子不熟练，老师告诉她们要多加练习。小 N 对整首曲子进行了多次练习，小 P 则主要针对自己不熟练的部分进行了练习。你觉得小 N 和小 P 谁练习得更合理，为什么？

案例 5-2：小 Q 和小 R 是高一同班同学，小 Q 每天按照老师的要求做很多题目，做完后很少总结；而小 R 每天做的题目只有小 Q 的一半，老师布置的作业也是经常不完成，但老师讲完题目后，小 R 总是去总结改错，重新看课本。小 Q 的成绩远不及小 R 好，你认为造成两者成绩差距的原因在哪里？

评析：案例 5-1 中，通常情况下，小 N 和小 P 并不是对整首曲子不熟练，而是对某一处或几处不熟练，在这种情况下，只需要对这些不熟练的部分加强练习即可，而无需对整首曲子进行重复练习，即要抓住问题的重点，明确练习的目标。在这方面，显然小 P 比小 N 做得好。案例 5-2 中，小 Q 每次都做较多的练习，但这些练习中，有一些题目考查的知识点是相同的，小 Q 不注意及时总结，很有可能会重复犯同样的错误。小 R 每做一部分练习就进行总结，很好地使练习反馈于知识点学习，使后继练习更加有效。

练习是学习的重要行为，练习有助于掌握知识和提高能力。一方面，对知识的深入理解通常是在练习实践中进行的，而不仅仅依靠简单的文本阅读；另一方面，只有通过充分练习，使技能达到自动化，才有可能在此基础上进行创新。尽量多练习，并不意味着练习得越多越好，只有有针对性、及时获得反馈以及适应学习者认知心理的练习才是高效的。

第一节 基于目标的练习和反馈

一、目标理论和反馈理论

（一）目标理论

目标理论是研究目标与行为关系的一种理论，是后期行为科学学派理论体系的重要组成部分。这种理论认为：人的行为是实现目标、满足需要的活动。在学习过程中，学习者的学习行为只有服务于目标才能高效。

在学习中，不同的目标会导致不同的行为。例如，一个学生，如果有远大的学习目标，就会比目标短浅或没有目标表现得更努力。做练习时，如果理解练习的目的是掌握知识和技能，就会有针对性地进行练习，并在练习后及时总结不足。如果不理解这一关系，往往练习过多而效果不佳，容易陷入题海战术，迷失自我。在案例5-1中，小P的练习就有明确的目标，就是曲子中不熟练的部分，效果会比小N更好。因此，让学生明确练习与知识和技能的关系尤为重要。

（二）反馈理论

反馈是控制论中的术语，它是指"一个机械、一个系统或一个过程输出端的信息，一部分反送到输入端"，也可以说，反馈就是控制系统把信息输送出去，又把其作用结果返送回来，并对信息再输出发生影响，起到控制作用，以达到预定目的。使作用的结果越来越大的反馈叫正反馈，使作用结果越来越收敛的反馈叫负反馈。正确应用反馈原理的关键是使反馈信息灵敏、准确和有力。

反馈的目的是使行为不偏离目标，就如圆周运动，点始终围绕圆心运动。信息反馈广泛应用于各个领域中。例如，在电子信息系统中，信号放大器借助反馈电路实现了自动增益控制；军事上，导弹运用反馈实现跟踪功能；教学中，教师通常通过课后研讨实现对授课过程和效果的反馈。

同样，学习中也要有反馈，如学习后的反思、错题的改正、现阶段的总结都是学生对自己学习的反馈。只有经过反馈，才能发现行为与目标的差距，才能更好地进行聚焦，实现精准学习。

二、把练习聚焦于具体目标

（一）聚焦练习的作用

压强的原理告诉我们，当用力相同时，受力的面积越小时，压强越大，即压力产生的效果越明显。学习中，学习目标相当于受力的面积，当学习目标相对单一时，学习者的行为更容易聚焦这一目标，越容易产生累积效应。教学中，教师经常结合所学内容进行分类练习和专题练习，其实就是针对某一类知识或能力的特定目标而进行的训练。在学习中，学生出现错误后，如果能针对错误目标再进行针对性的训练，会有效纠正错误，实现有效学习。

研究表明，个体刻意练习所用的时间，能够预测他在该领域的持续学习的效果，而花在一般性练习上的时间，则不具有这种预测作用（Ericsson 等，2003）。刻意练习的一个关键特征在于针对具体目标进行练习。[①] 埃里克森（Ericsson）曾断言：那些花费大量练习时间可以朝向某个特定目标前进的人，可能成为杰出的人，而那些没有进行刻意练习的人则可能流于平庸。

（二）目标导向学习的研究启示

例5-3：老师让学生写一篇小论文，下面是两位老师对学生提出的要求，试分析有何不同。

教师A：根据所学的认知原理知识，结合自己的学习或教学体会，写一篇关于学习或教学的小论文。

教师B：根据所学的认知原理知识，结合自己的学习或教学体会，写一篇关于学习或教学的小论文。要求：1. 独立完成；2. 不低于1000字；3. 下次课前订好题目和提纲，下次课间分享讨论。

显然，教师A虽然有目标要求，但目标并不具体，学生在理解教师A的要求时，还有较多疑问，如写多少字、什么时间提交等，而教师B对这些方

[①] 苏珊·A. 安布罗斯. 聪明教学7原理 [M]. 庞维国，译. 上海：华东师范大学出版社，2012 (09)：81.

面作出了详细的要求。

有关目标导向学习的研究发现，在教学中，经常存在以下典型的问题：

• 教师往往认为自己已经清楚告诉学生具体的目标，但实际上并没有做到这一点。

• 如果教师不能清楚告诉学生目标，学生就很难知道自己该练习什么，或者该如何做。

• 清楚地陈述目标的同时，老师还应明确告诉学生需要如何去做。

• 清晰而明确的行为目标能够促进学生的学习，并提高最终的学习质量。

以上面第一条为例，青年教师在讲课时，总是按照自己的思路去讲授内容，他们自以为已经讲得很清楚了，但这很可能只是他们自己的"想象"，实际并没有落实到行动上：他们并没有给出具体的要求，学生并不知如何去落实；虽然他们给出了具体要求，但只是口头的，并没有写在黑板上，让学生记下来，学生在课后无法实施。克服以上问题，最重要的是"换位思考"，即站在学生的角度去理解问题，围绕"做什么""有什么要求""如何做"三个方面进行目标导向学习的设计。

（三）明确练习的目标

学习中，练习并不是目的，练习的目标，从短期讲，是掌握知识，把握知识体系，从长远讲，是提高思维能力。教师要明确这一点，以在布置作业和培养学生能力间找到一个平衡点，也要让学生理解这一道理，以处理好行与知的关系，处理好做练习与思考的关系，避免出现搞"题海战术"却打不牢基础的现象。

如图 5-1 所示，围绕知识学习和思维能力培养的目标，基于目标和反馈的练习程序可分为四步，分别是基础性练习、巩固性练习、针对性练习和综合性练习。在理解新知识时，需要进行基础性练习，其目的是通过简单应用理解新知识的基本原理，教材上的例题和基本练习就是典型的基础性练习；巩固性练习比基础性练习难度稍大，综合性稍强，但仍是对新知识学习的检验；在巩固性练习中，会产生错误和疑问，此时，需要对所学知识和思维过程进行反思，找出问题的原因，再进行针对性练习，针对性练习是对难重点、易错点的二次把握；最后需要进行综合性练习，以融合新知识与原有知识，形成稳固的知识和能力，在这一环节中，如果仍会出现错误，则再重复针对性练习的程序。四个练习环节，始终聚焦知识和思维能力，保证了练习行为的有效性。

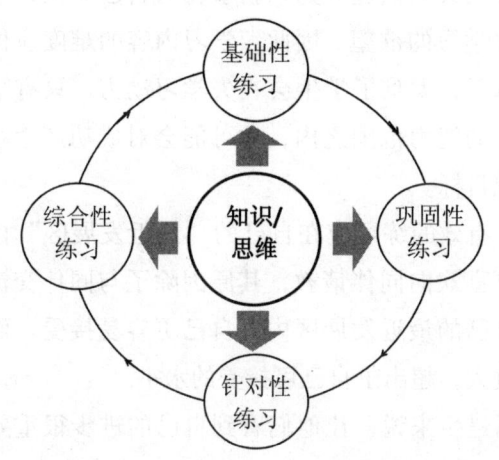

图 5-1　基于目标和反馈的练习程序

三、恰当的难度水平

（一）最近发展区理论

最近发展区理论是由苏联教育家维果茨基（Lev Vygotsky）提出的儿童教育发展观。他认为学生的发展有两种水平：一种是学生的现有水平，指独立活动时所能达到的解决问题的水平；另一种是学生可能的发展水平，也就是通过教学所获得的潜力，这种水平，学生只能"跳一跳"，才能"够得着"。两者之间的差距就是最近发展区，学生学习，正是在最近发展区内活动。教学也应着眼于最近发展区，为学生提供带有难度的内容，调动学生的积极性，发挥其潜能，超越其最近发展区而达到下一发展阶段的水平，然后再以此为基础进行下一个发展区的学习。

学生发展的两种水平中，现有水平是潜在水平的基础。只有熟练把握现有知识，使其达到自动化水平，才能由此发展潜在水平。有的学生对现有知识只是停留在简单的理解水平上，稍略复杂一点的问题就不会，主要就是因为在现有水平上没有达到熟练。

（二）练习难度要恰当

脑科学研究发现，大脑具有"喜新厌旧"的特性。一个贴近自己生活的

165

新奇事物，总会引起大脑的好奇心，大脑总是产生弄懂其原理的欲望。但一经熟悉了，又会对其失去兴趣。如果新事物与自己无关，或是距离自己能力太远，就激发不起学习的欲望。因此，学习内容的难度应保持适中，太容易会使学生感受没意思，太难了学生会丧失学习动力。只有学生认为自己所面临的挑战，在自己的能力范围之内，才可能会对成功产生积极预期，从而坚持不懈地努力实现目标。

对学生来说，有效的练习应在自己的"最近发展区"内。与老师的指导相比，有的学生更喜欢向同伴请教，其原因除了与同伴交流更自然外，还因为同伴的理解在自己的最近发展区内，自己更容易接受。而老师的指导往往层面过高、难度过大，超出了自己可接受的水平。

教学中，对后进生来说，让他们看到自己的进步很重要，这就需要教师为他们布置难度适当的题目，或是在他们努力一个阶段后，为他们进行适当难度的测试，让他们看到自己努力后的成就，增强他们的自我效能感，激发他们学习的信心。

（三）为学生提供恰当的难度水平

最有效的学习，应是适合学生自身的个性化学习。因此，为学生提供恰当的难度水平，使每个学生在自己的最近发展区内学习至关重要。在班级层面，教师可以开展分层教学，或者布置分层作业，以适应不同层次学生的学习需求；个体层面，老师可以指导学生立足错题，重点进行基于错误的学习。目前，作业帮、小猿搜题等APP都提供了"同类练习"的功能，可以帮助学生快速找到同类题目，实现针对性练习。

四、通过反馈聚焦目标

（一）反馈的作用

在本章开头的案例5-2中，小R每次做完一部分题，都要进行总结，梳理出出错的问题，找出离目标的差距，并在后面的练习中进行调整，做到了技能和能力始终不断向目标靠近。这本质上是反馈起到了作用，即让学习者明确当前存在的问题，感知到自己和目标的距离，从而为下一步的行动提供方向。

再如，在走迷宫的游戏中，很多情况下，游戏者只是凭着感觉走，实际上并不知哪条路离出口更近，即使最后自己走出来了，也不知怎么出来的，这就是没有反馈。这种情况下，自己不明确自己所处的位置，很难作出行为调整。学习也是如此，如果一味练习，而不结合知识点和能力进行反思、反馈，其实就是一种低效重复学习，甚至是做无用功。因此，反馈对于学习很重要。

（二）反馈的内容

研究表明，反馈能否推动学生充分而有效地进行练习，取决于反馈的内容和时机两个方面。反馈的内容除包括学习的哪些方面需要改善外，还包括学生当前的状态离他们的目标有多远。一位小学低年级学生的数学成绩不太好，妈妈很担忧。和老师沟通后，妈妈了解到儿子的问题主要是运算不熟练和马虎大意，而应用题学得一直不错，这说明孩子的思维能力较强，只是缺乏练习，也可能是因为小孩子大脑发育尚不完善，注意力不集中所致。老师的准确反馈让妈妈吃了一颗定心丸，从而明确了下一步努力的方向。反馈的时机是指什么时候给予反馈。一般情况下，反馈要符合及时和适应心理需求的原则。学习者完成一项任务后，通常会有获得反馈的愿望，如果能及时给予反馈，在情绪驱使下，会收到较好的效果；如果延迟反馈，学习者很可能因为"兴致"散去而收效甚微，所谓"趁热打铁"就是这个道理。此外，有时学生钻研一个问题，如果沉浸其中，会感受到深度思考的快乐，而不愿意别人提醒，即使做不出来，也尽量不要立即给予反馈，而是让其再找时间进行思考。如此，更能培养其自主探索问题的习惯，除非实在不会，再给予提示和引导。

（三）练习中反馈的研究启示

关于反馈的实践证明：如果反馈能指出学生学习中需要改进的具体方面，而不是仅仅给出简单的表扬或批评，它的作用会更大。同时，给出大量的反馈会使学生不知所措，不清楚自己的学习究竟在哪些方面偏离目标，学习重点应集中在什么地方；有效的反馈，必须让学生明确要掌握的关键知识和技能，并以合适的时间和恰当的频率提供，才有可能对学习产生效果；只有当反馈能充分引导学生产生明确的行动，且将反馈意见融入行动中时，反馈作用才会完全显示出来。

五、基于目标和反馈的练习策略

（一）目标导向练习的策略

常见的目标导向练习策略如下所示。

- 评估学生的业务知识，确定恰当的难度水平。
- 在课程材料中清晰地呈现教学目标：这样学生可以有意识地把目标和练习结合起来。
- 运用评分标准，指明作业标准。例如，当学习目标是掌握某些知识点时，可要求在练习后写出本练习涉及的知识点。
- 告诉学生应注意避免什么题。即从正反两个方面把握知识，不仅从正面让学生理解"是什么"，而且从反面理解"不是什么"。
- 根据学生学习状况，调整或提升学习目标，以适应学习的动态变化。

（二）针对性反馈的策略

常见的反馈策略如下所示。

- 找出学生作业中的错误类型，如知识方面、方法方面、思维过程方面以及态度方面等，让学生清晰地归类，以理解如何去改正。
- 按重要程度依次提供反馈，让学生明确重难点，以点带面，辐射整个知识网络。
- 按照"先优后弊"的原则进行反馈：先向学生提供针对性的正向反馈，这样可以提升他们的效能感，增强学习动机，然后再反馈不足和缺点。
- 个别化指导时，应尽量提供实时反馈。
- 运用同伴正反馈，促进学生的情绪提升和社会化学习。
- 让学生看到反馈练习后的效果，并通过不断地自我激励，形成反馈效应的循环。

第二节　熟练为王

练习是一个循序渐进的过程，是一个从不熟练到熟练的过程，练习的熟练不仅仅表现为行为和动作的连贯，更是深入理解、广泛联结知识和流畅思维的结果，是大脑各功能区协调工作的结果。只有熟练把握旧知识，使练习达到自动化水平，才能实现知识的综合运用和创新。很多学生在考试后抱怨"明明会的题目却做错了"，这在很大程度上是因为不熟练造成的，知识的真正把握，应以熟练为标准。

一、如何达到熟练

精熟是指能够完全胜任某一领域、某些方面或某些特定的知识。Susan A. 等对精熟的成分进行了研究，如图5-2所示。学生如果想在特定方面达到精熟水平，首先需要掌握该方面知识的成分技能，然后练习这些技能，直到能够熟练整合这些技能并达到一定程度的自动化，最后还要知道何时、何地恰当地运用这些技能。①

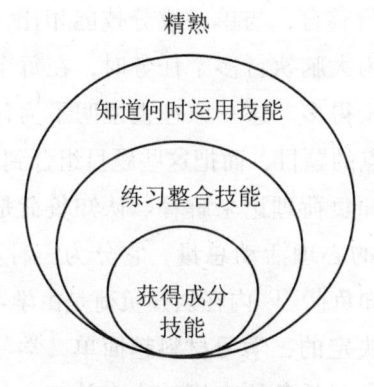

图 5-2 精熟的成分

（资料来源：《聪明教学7原理》华东师范大学出版社，2012）

（一）掌握成分技能

每一项知识或技能是由较多子内容构成的，这些子内容就称为成分技能。只有掌握了这些子内容，才能真正把握该项知识或技能。例如，学习一元二次函数时，需要深入理解函数表达式、函数图象以及函数的性质多个成分技能；在解答题目时，要对每一个条件逐条分析，才能再进行综合分析和判断。如果缺乏关键的成分技能，或者没有很好地掌握某一项成分技能，任务完成

---

① 苏珊·A. 安布罗斯. 聪明教学7原理 [M]. 庞维国，译. 上海：华东师范大学出版社，2012（09）：60.

质量就会受到影响，甚至功亏一篑。

学生在没有掌握成分技能的情况下，很难从整体上理解知识。此时，教师首先应该学会把复杂任务分解成成分技能，或者让学生学会分解任务，并引导学生逐项把握。此时，教师经常犯的一个错误是：忽略学生的认知状态，而过高地对学生作出要求。此外，在设计强化成分技能的练习时，教师应考虑：究竟是基于单个成分技能进行练习，还是考虑两个或多个成分技能结合，才能使学生更好地达成学习目标。当教师能够确定学生在哪些成分技能上比较薄弱，并通过有针对性的练习来强化时，学生对这些成分技能的掌握就会有显著的提高。

（二）整合成分技能

掌握了成分技能，并不意味着真正理解了知识，还需要把握各成分技能间的关系，即对他们进行整合，与单一成分技能相比，整合成分技能的表现水平往往较低，这是因为大脑执行多个任务时，在每个任务上花费的注意要比单独关注一个任务时少得多。这一原理也说明了为什么学生能够较容易地作出一些针对单一知识点的题目，而把这些题目组合到一块时就感觉难许多。

上述现象可以用认知负荷理论来解释。认知负荷是指在一个特定的任务中施加于个体认知系统的心理活动总量，它分为三种类型：内在认知负荷、外在认知负荷、关联认知负荷。[1] 内在认知负荷是由学习材料本身的复杂程度与学习者原有知识水平决定的，学习材料越简单，学习者长时记忆中相关的知识越多，那么，加工学习任务所占用的内在认知负荷就越小；相反，学习材料越复杂，学习者所具备的知识经验越少，则内在认知负荷就越大。外在认知负荷是由信息呈现的方式和学习者的学习活动所引起的，当学习任务呈现方式不利于学习者进行认知加工时，学习者就会感到认知困难，这时，外在认知负荷就较大。外在认知负荷是可以改变的，一般来讲，教学活动中信息传递渠道不畅通、教学设计差、学习活动方式越复杂，所引起的外在认知负荷就越大[2]。关联认知负荷本身属于外部负荷，但是它有助于个体把认知资源分配到学习活动上去。增加关联认知负荷有利于学习，例如，学生听课时

---

[1] Sweller J. *Cognitive Load During Problem Solving: Effects on Learning* [J]. Cognitive Science, 1989, 12（2）: 257-285.

[2] 林洪新，张奇. 减轻学习者认知负荷的教学材料设计原则 [J]. 辽宁师范大学学报（社会科学版），2009, 32（01）: 58-60.

做笔记,尽管做笔记增加了认知负荷,但是通常能够促进学习。

学生学习较复杂的内容时,需要较高的认知负荷,这些负荷,既包括完成单项成分技能所需要的内在认知负荷,也包括情境以及各成分技能关系带来的外在认知负荷和关联负荷。整合各成分技能,需要先熟练各成分技能,降低内在认知负荷,同时通过科学的教学设计减小情境带来的外在负荷,并通过增加关联认知负荷提升、促进认知。

(三) 掌握技能运用的条件

把一个情境中习得的知识、技能或方法运用到另一个新的情境中去,称为迁移,"为迁移而学"是学习的基本目标。学生获得了某项技能,只是学会了"如何做",但如果不知"什么时候做"或"为什么做",就无法实现迁移。要实现迁移,首先要结合情景深入理解知识或技能,只有与情景结合,才能清晰地呈现知识或技能要解决的问题;其次,要从情景中剥离出知识或技能,厘清其基本原理和深层结构,以为其实现迁移做好准备,比如,学习应用二元一次方程组解应用题时,在结合具体情景、理解了其基本步骤(设未知数、找等量关系、列方程式等具体的步骤)后,要抽象出其核心原理是"运用未知数构造关系",理解了这一点,就能较容易地将其迁移到其他情景中;最后,还要提供多样性的环境来运用这些原理。研究表明,让学生对比不同的案例和情景也能促进学生的迁移。这是因为,不同的案例和情景,更有助于学生从多个角度感知知识或技能,抓住其本质原理。

斯普瑞格和斯图亚特(Sprague & Stuart, 2000)从学习者自身的变化出发,提出了学习的精熟模型。他们指出,新手发展到专家须经历四个阶段,分别是无意识无能力、有意识无能力、有意识有能力和无意识有能力四个阶段。在无意识无能力阶段,学习者还没有掌握某个领域的技能,也没有充分的知识来告知自己应该学习什么。随着知识和经验的积累,他们逐步达到有意识无能力的阶段,在这一阶段,他们逐渐意识到自己缺乏某方面的知识,因而知道自己需要去学习哪些知识。随着精熟水平的发展,他们就进入有意识有能力阶段。此时,学习者已经在自己的领域具备了较强的能力,但还需要深思熟虑、谨慎行动。随着达到精熟的最高水平,他们就进入了无意识有能力阶段。在这一阶段,他们对知识和技能的运用已经高度自动化和本能化,不再需要意识来调控自己的思想和行动。

二、"熟练"引起的大脑变化

（一）10000 小时原则

格拉德威尔在他的畅销书《异类》中说，"人们眼中的天才之所以卓越非凡，并非天资超人一等，而是付出了持续不断的努力，只要超过了 1 万小时的锤炼，任何人都能从平凡变为超凡"，这句话强调了练习的作用。任何领域的学习都不是轻而易举做到的，在熟练操作或找到科学的方法之前，都需要进行大量的练习。这就好比登山，在爬坡时，需要付出很多气力，而一旦登入一个平缓地带，就会轻松许多。较大学习者浅尝辄止，就认为自己"不是这块料"，其实是对困难的逃避。

大量练习并不一定是一万小时。据统计，从事音乐教育的学生在 18 岁之前，花在小提琴上的训练时间平均为 3420 小时，而优异的小提琴手的平均练习时间是 5301 小时，最杰出的小提琴学生则平均练习了 7401 小时。

当然，练习的成果并不与时间成正相关，还取决于练习的方法。有较多学习者在学习上花费了很多时间，但成绩却一直平平。练习时，是阶段性地进行分层练习，边练习、边反思、边调整目标，还是搞题海战术，一味追求数量，其间的差别，最终便是高级新手、胜任者和专家的区别。实践说明，从量变到质变，需要的是刻意练习。

（二）练习的累积

练习的过程是一个知识和技能累积的过程。在确保方法正确的情况下，练习数量达到一定程度时，就会引起能力的变化。练习的初始阶段，由于学习者的成分技能尚不牢固，知识整合的能力也较欠缺，因此练习引起的学习效果不明显，有时还会出现停滞不前的状态。有的学习者不能正确认识产生这种现象的原因，往往会质疑练习的有效性，甚至会放弃练习，导致学习半途而废。随着有效练习的增加，知识和技能累积到一定程度，学习效果和成绩就会呈现明显的增长趋势。但这并不是这一阶段练习引起的，而是长期练习积累的结果。当练习达到较熟练的程度后，多数知识和技能已经掌握，成绩的再提高往往需要借助较强的思维能力或创新能力，这并不仅仅是依靠练习所能达到的，因此，练习的成效又变得较为平缓。

练习数量与成绩变化的规律告诉我们，要科学地进行练习并正确认识练习与成绩的关系，以更好地借助练习提高学习成绩。

（三）"熟练"的脑机制

从大脑工作的原理对练习的熟练机制作出阐释，可以帮助学习者更好地认识熟练练习的重要性，从而指导他们的学习。根据"用进废退"的观点，熟练练习即催生了更多与该种练习有关的神经元，为该种练习或该领域的学习提供了物质基础；从大脑"联结"的原理，熟练练习即通过持续的练习，使神经元间传递信号的速度更快捷，使不同脑区域间的联结更流畅。图5-3呈现了学习同一内容时，不同熟练程度学生的大脑激活状态。初学者在大脑多个区域呈现广泛的激活，而已经掌握了该技能的学生，大脑的激活区域则较少，熟练者的大脑激活明显减少。这种现象可以用认知负荷理论进行合理的解释：随着熟练程度的增加，大脑工作更高效，同样的思维活动消耗的认知资源逐渐减少。

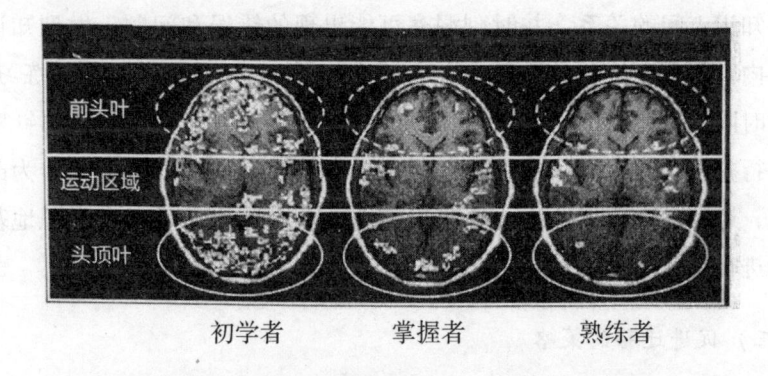

图 5-3　随着熟练程度的增加不断减少的大脑活动

三、熟练练习的策略

（一）分解和强化成分技能的策略

首先，教师应克服自己的专家盲点，树立分解成分技能的意识。教师对各类练习都已达到了自动化的程度，他们在指导学生时，也往往会随口而出，而忽略了学生对成分技能尚不熟悉。因此，教师应从学生学习的角度出发，树立先分解知识、分步练习，再由部分到整体逐步推进的教学意识。

其次，教师要帮助学生诊断薄弱或缺失的成分技能。由于学生对所学成分技能尚不熟练，当学习受阻或出错时，他们并不能确定是因为哪种成分技能出现了问题。教师应帮助学生学会分析，明确找出相关的成分技能，并针对薄弱或缺失的成分技能进行专项训练。通过对成分技能的查缺补漏，不仅让学习者更系统地掌握成分技能，而且让学习者意识到成分技能的重要性，树立知识构建的系统学习观。

此外，做好教材上的基础练习是强化成分技能的重要方法。教材是学科专家和教育专家编写的学习材料，内容符合课程标准，内容编排顺序符合学生的认知规律，例题和基础性练习基本是按照知识点的成分技能设计的。重视并熟练教材上的基础性练习，有助于做到举一反三，并有效地进行能力拓展与创新。而这一点，往往被一些学生和教师忽视。

（二）促进整合的策略

整合技能最关键的是进行充分的练习，熟练各成分技能的条件和操作，明确各知识点间的关系，并时刻洞察可能出现的错误和问题，做到知识系统内的子内容既独立又随时整合。此外，可分层次地设计整合技能的练习。如，可先暂时限定练习的范围，以对局部或重点内容进行整合练习，再针对所有知识进行整合练习，以在更大的范围内提高综合运用知识的能力。为凸显整合技能，还可在评价指标中明确提出整合的要求，使学习者有意识地基于整合目标进行练习。

（三）促进迁移的策略

促进知识迁移，可以通过以下策略进行。

• 讨论应用的条件，明确在什么情况下使用该种知识。

• 要求学生概括主要原理。当学习者能脱离情境概括出知识的原理时，说明学生能从具体示例中抽象出知识的本质，也就具备了知识迁移的能力。

• 让学生在多种情境中应用知识，以获得对知识在不同状态下的感受，形成对知识立体多维的知觉。

• 指定情境，要求学生辨别应该使用何种知识，这是一种高效的识别知识点与练习关系的策略。

• 进行间隔而不是频繁的练习，或者在不同知识间进行穿插练习，以避免因单一练习引起的思维定式。

第三节 反思性练习

练习是知识学习的重要手段，但并不是一直有效的，练习只有与目标结合，只有切合自身学习状态，才能最大限度地促进知识掌握。这就要求学习者不能一味练习，而是要在阶段练习后进行反思，弄清楚离目标还有多远，还有哪些知识没有掌握，以及自己目前的状态，以为下一步行动提供参考。

一、反思性理论

（一）反思性实践

反思（Reflection）意为反省、反映，是近代西方哲学中使用的概念，是指不同于直接认识的间接认识。出于对"技术理性"的反抗，麻省理工学院的教授唐纳德·舍恩（Donald Schon）提出了反思性实践的思想。他认为，在行动中进行反思可以使从业者在实践中变成研究者。他主张以"活动中的反思"为原理的"反思性实践"来替代以技术理性为原理的"技术性实践"。反思性实践的特征在于：立足于特定的教育情境，解决特定情景中的问题，在行动中进行反思，获取实践性知识。

反思性实践理论强调的是将个人的行动反思结果重新纳入行动过程，以促进或改进后续行动。舍恩是从工程、建筑设计、管理、心理治疗和城镇规划等领域对该理论进行了检验，虽然并没有在教育领域进行实践，但这种理论为教育研究提供了一种思路。反思性学习、反思性教学等理论都可以由此找到痕迹。

（二）反思性学习

反思性学习是一种有效的学习方式，它是指学生对已进行的学习活动及进程中学习活动的开展、效果及存在的问题等进行反向思考。通过反思性学习，学生将自主审视、判断和调整自己的学习行动，以期达到更好的学习效果。数学家乔治·波利亚也说过，"数学问题的解决仅仅只是一半，更重要的是解题之后的回顾",可见,反思对于学习非常重要。国内外研究者通过实证研究,都证实了反思性学习的有效性。郑菊萍对反思性学习进行了研究,将反思性学习分为反省阶段、评判阶段、察觉问题阶段、界定问题阶段、确定对策阶段、实践检验阶段和总结提高阶段七个阶段,并提出了反思性学习的实践要求,如强化学生的反思意识、为学生创设反思情境、培养学生的反思技能以及建立互动的反思关系等。[①]

(三) 反思性教学

反思性教学理论是20世纪80年代以来在欧美教育界兴起的一种教师培训理论,后引入我国。它强调教学过程中对教师教学经验的重视,提倡重视培养教师的思考能力。反思是教师对自己的教学行为和教学结果进行审视和分析,从而改进自己的工作使其更具合理性的过程。反思性教学的本质是教育理论与教育实践的对话,是实践理论化的过程。它将教学视作一种研究,发现教学中的问题,再用理论对其进行概括描述,并探索解决的办法。库伯的经验学习圈将经验学习分为具体经验、反思性观察、抽象经验和主动实践四个步骤,即对反思性教学的一种形式。首都师范大学王陆老师的团队基于大数据,对中小学课堂的反思性教学进行了长期有益的探索,收到了较高的效果。

反思性教学是教师专业发展的重要途径,在这一过程中,教师通过反思将教学与学习结合起来,实现了所思即所学、所思即所用。正如叶澜教授所说,"一个教师写一辈子教案不一定成为名师,如果一个教师写多年的反思就有可能成为名师"。

二、反思的内容

(一) 反思的知识点

知识是学习的基础,是形成技能和能力的工具。知识的掌握是一个复杂的过程,涉及理解、应用、分析和评价等多个层次。以数学知识为例,它包括概念、性质、定理以及公式等,简单的理解和练习很可能只是获得了数学知识的浅层含义,没有形成其本质的理解,因此需要结合练习进行深刻反思:

[①] 郑菊萍. 反思性学习简论 [J]. 上海教育科研, 2002 (08): 43-46.

对概念、性质和定理而言,是因为遗漏要点导致出错,还是因为要点理解偏颇或混淆了知识点出错;对于公式,是因为忽略了其形式的变化,是因为没从整体上把握,还是因为不熟练造成的。

当练习的错误归结为知识点时,学习者就会明确练习与知识点之间的关系,就会聚焦于知识的学习,从而摆脱题海战术的束缚,就会聚焦于教材,从而专注于基础知识的把握。

(二)反思的方法和技巧

方法和技巧,是指学习者在学习过程中获得的关于提高学习效果的规律和策略。与知识不同,技巧和方法在教材中一般不交代,但对学习有着重要的意义。练习后,反思的技巧通常包括解题的技巧、考试的技巧以及内容书写的技巧。反思的学习方法除包括具体课程的方法外,还包括如何预习和复习、如何处理错题,以及如何进行自我管理等。技巧和方法属于实践性知识,是学习者练习后的体验心得,必须经过大量的练习才能获得。

(三)反思的思维品质

思维品质表现为学习过程中分析问题和解决问题的能力。思维品质不佳有许多表现,如注意力不集中、逻辑推理和发现问题的能力不强、遇到障碍时不善变通,以及分析问题时头脑不清醒、思路不清晰等。思维品质是思维能力的体现,从脑科学来讲,它表现为神经元间信息传递的效率和脑区域间联结的程度。因此,思维品质是在长期的思维过程中提升的,是持续的思维、反思和再思维的结果。提升思维品质,需要在心平气和的状态下,细细地思考、慢慢地推理,统筹全局,充分地联想,而不能过于讲求效率,那些简单、机械和模式化的练习并不能真正提升思维品质。

(四)反思学习意识与态度

学习中出现的较多问题,并不是知识和能力造成的,而是由学习者的学习意识和学习态度导致的。学习意识主要包括反思意识和自我管理的意识。反思是对"为什么"的追问,它是对问题成因的深层剖析。反思意识体现了个体的归因能力,有助于帮助学习者从根本上解决问题。自我管理是对自我反思的再加工,自我管理意识能帮助学习者更好地形成自我意识,从而进行

177

主体性学习。从根本上说，自我意识是由元认知能力决定的，与学习者的自主性高度相关。家长和学校应高度重视这一点，从小培养孩子独立自主的品格，使其树立自我管理的意识

　　严谨、认真的态度是影响学习的重要因素，特别是理工科课程的学习，需要有一丝不苟的态度。低年龄段的学生由于经历和经验相对缺乏，往往认识不到态度的重要性，出错后，出于自尊，又不愿接受"有损颜面"的现实，较难形成正确的学习态度。对他们来说，改变其态度的最佳方法，就是当学生遭遇挫折或失败时，帮助其进行反思，使其认识到马虎、潦草对学习的危害。当学生有迫切改变现状的愿望时，就会发生态度转变，当他们享受到态度转变带来的益处时，就会从心理上接受正确的态度。

三、在反思中提高元认知能力

（一）元认知的结构

　　元认知是关于认知的认知，由元认知知识、元认知体验和元认知监控三部分组成。元认知知识是关于个体的认知活动以及影响这种认知活动的各种因素的知识，主要包括个体元认知知识、任务元认知知识和策略元认知知识。个体元认知知识既包括关于自己的兴趣、爱好和特长等知识，也包括关于个体认知的普遍特征性知识，如注意力和发现问题的能力对学习很重要，人的能力具有可塑性以及学习具有个性化的特征等；任务元认知知识是关于学习任务的目标、性质和要求等知识，例如，学生如果认识到综合性的任务通常需要较强的综合分析能力，在考试中，就会结合自己的水平，做出"做与不做"的选择；策略性元认知知识是关于各种策略方法的知识，再如，对复述记忆单词和通过精读文章记忆单词两种不同方法的认识，对讨论学习和一般的个体理解学习两种不同学习方法的了解等。在以上三种元认知知识中，个体元认知知识是对"己"（自身）的认识，任务元认知知识是对"彼"（学习内容）的了解，策略元认知知识是对方法的把控。在学习中，只有做到了知"彼"知"己"，且方法正确，才具备"百战不殆"的知识基础。

　　元认知体验，是伴随认知活动而产生的认知体验或情感体验，比如，学生做出一道难题，就感觉兴奋不已，还想做一道题；反之，如果遇到难题，学生做了很长时间没做出来，感到很懊恼，就会产生很沮丧的情绪。

元认知监控是指个体在进行认知活动时，借助元认知体验，运用元认知知识，对认知活动不断地进行自觉的监控和调节。

在认知活动中，元认知的三种成分相互联系、相互制约、相互影响。首先，元认知知识有助于元认知监控的实现，有助于人们自觉的评价、选择、修正或放弃认知任务和策略，如当学习者认识到老师布置的作业远超过自己的实际水平时，就决定不做，而是将时间花在自己尚没掌握的基础知识上；其次，元认知体验作为一种情绪，会强化元认知知识，并推动学习者的监控意识；元认知监控一方面以元认知知识为基础，并受到元认知体验的激发和指引，另一方面又使学习者产生更丰富的元认知体验，获得更多的元认知知识。例如，考试时，当学习者遇到一道较难的题目时，做还是不做？这就需要学习者借助元认知能力进行决策。根据以往的元认知体验进行分析：这是第一道较难的题，如果轻言放弃，则会影响后面做题的信心。于是，学生结合自己的个体元认知知识进行判断：根据自己擅长稳扎稳打的考试习惯，速度可能慢一点，但正确率会较高。于是，学习者最终还是决定先把这道难题攻出来。这就是元认知体验和元认知知识共同作用的结果。思考十多分钟后，还是做不出来，于是学习者有些着急，这种体验会迫使元认知监控发生作用：再这样做可能会耽误时间，后面的容易题也没时间做了。于是学习者改变策略，这道题先放过去，先做后面的题目。这就是元认知的工作过程。

（二）元认知的作用

古人云：知人者智，自知者明。这句话精辟地概括了自我意识、自我监控的作用。元认知对认知活动具有自我监控和自我调节的作用，一方面，元认知能让学习者意识到自己的状态、处于何种水平，以及存在什么问题；另一方面，能促使学习者改进方法和行为，以期更好地达成学习目标。

具体来说，元认知对学习具有两方面的作用。一是能提高学习者的学习效率。学习效率的提升依赖于科学的方法，元认知不仅关注问题本身，而且使学习者更多地从自身找问题，从而更好地监视、评价和调节自己的认知活动，修正学习方法，提高学习效率。有关元认知训练的教学研究表明，基于元认知的教学，起初进步较慢，但从长远来看，它比传统方法的教学具有更好的效果。二是元认知能从更深层次归因学习问题。通过持续对"为什么"的追问，学习者能够突破现象，揭示问题本质，从而从根本上找到解决问题的方法。例如，对于"练习时出错较多"的问题，较多学习者起初归为"练习少，手感不佳"，但做了较多练习后，效果仍然不佳。再通过追究"练习的目的是什么"这一问题，得出"练习是为了熟练地应用知识和技巧解决问题"的结论，因而在每次练习后，应明确练习用到了哪些知识和技巧。因此，找到"练习时出错较多"的根本原因是没有熟练把握基础知识，没有做到对知识的灵活运用。元认知的研究表明，具有较高元认知能力学习者的表现优于元认知能力较低的学习者，元认知能力有别于一般的认知能力，能弥补一般认知能力的不足。

（三）提高元认知能力的策略

1. 掌握基本的学习策略和元认知知识

培养元认知能力，首先需要掌握元认知的相关知识，主要包括元认知知识、知识的类型和基本的学习策略。元认知知识包括个体元认知知识、任务元认知知识和策略元认知知识，按照认知的原理，知识可分为陈述性知识、程序性知识和条件性知识。基本的学习策略包括注意策略、组织策略、精细加工策略、编码策略及问题解决策略等。元认知的相关知识，从普遍意义上对知识和学习进行了概括，能帮助学习者从多个角度了解人的学习过程，为人类职业能力的培养提供知识基础。

2. 反思与总结

写反思日记是一种提高元认知能力的有效方法，它可以促使学习者对自己进行自我监控和自我评价。反思日记的内容既可以是重难点、易错点等学习内容，也可以是自己学习的状态和学习的效果等。通过反思，学习者能够厘清思路、分析问题并提出有价值的改进措施，从而不断地完善自己的学习。

3. 自我提问法

自我提问法是指在学习中，学习者通过自我评价学习过程而提出一系列问题，从而不断地提高元认知能力的一种方法。例如，美国数学家波利亚就解决数学问题的四个步骤提出了供学生自我提问的一系列问题，如下表所示。

波利亚对解题的自我提问

步骤	自我提问及策略
第一，你必须弄清的问题	未知数是什么？ 已知数据（指已知数、已知图形和已知事项等的统称）是什么？ 条件是什么？ 满足条件是否可能？ 要确定未知数，条件是否充分？ 或者它是否不充分？或者是多余的？或者是矛盾的？ 画图。 引入适当的符号。 把条件的各个部分分开。你能否把它们写下来？
第二，找出已知数与求知数之间的联系。 如果找不出直接的联系，你可能不得不考虑辅助问题。 你应该最终得出一个求解的计划。	你以前见过它吗？你是否见过相同的问题而形式稍有不同？ 你是否知道与此有关的问题？你是否知道一个可能用得上的定理？ 看着未知数！试想出一个具有相同未知数或相似未知数的熟悉的问题。 这里有一个与你现在的问题有关，且早已解决的问题，你能应用它吗？ 你能不能利用它？你能利用它的结果吗？为了能利用它，你是否应该引入某些辅助元素？ 你能不能重新叙述这个问题？你能不能用不同的方法重新叙述它？回到定义上去。 如果你不能解决所提出的问题，可先解决一个与此有关的问题。你能不能想出一个更容易着手的有关问题？一个更普遍的问题？一个更特殊的问题？一个类比的问题？你能否解决这个问题的一部分？仅仅保持条件的一部分而舍去其余部分，这样对于未知能确定到什么程度？它会怎样变化？你能不能从已知数导出某些有用的东西？你能不能想出适合于确定未知数的其他数据？如果需要的话，你能不能改变未知数和数据，或者二者都改变，以使新未知数和新数据彼此更接近？ 你是否利用了所有的已知数据？你是否利用了整个条件？你是否考虑了包含在问题中的所有必要的概念？
第三，实行你的计划。	实现你的求解计划，检验每一步骤。 你能否清楚地看出这一步是正确的？你能否证明这一步是正确的？
第四，验算所得到的解。	你能否检验这个论证？你能否用别的方法导出这个结果？你能否一下子看出它来？ 你能不能把这个结果或方法用于其他的问题？

（资料来源：《怎样解题》，上海科技教育出版社，2007）

自我提问与学习者的自主能力高度相关。目前，较多学生自主性不强，不能对自己的学习进行自我反思和自我提问，这在很大程度上影响了其学习能力的提高。

四、练习与反思策略

（一）进行多维度反思

学习是个体内在的认知结构对外界刺激的反应，是人作为一个系统的整体反应。同样，练习作为学习的一种主要方式，它是人的认知、情绪和行为的整体表现。练习后的反思，既要反思外在的学习内容，也要反思学习者内在的品质。外在的内容既包括当前正在学习的内容，也包括已经学习了的内容，既要反思内容掌握的深度，也要反思知识点间的联系程度，还要反思其熟练程度。内在品质的反思既包括对学习方法、技巧和推理能力的反思，也包括对自身学习态度和行为的反思。只有从学习涉及的各个要素对练习进行整体反思，才能系统地把控练习，提高练习的精准度。

（二）在错误和比较中进行反思

知识的学习是一个由浅到深循序渐进的过程，在这个过程中，通常伴随着错误，而错误又恰恰反映了学习者学习中存在的问题。因此，对错误进行反思，能准确地抓住问题、分析问题并解决问题。教师和学生都应充分认识到错误资源的重要性，学会通过错误进行深入学习的方法，并学会管理错误。

此外，由于较多知识点有相似之处，且联系较多，它们很容易产生混淆。学习这些知识点时，单纯地对他们进行理解，并不能对其获得深刻的认识，而如果能够将其与相似或相反的知识点进行比较，在比较中理解和辨析，则更容易厘清他们的区别和联系，抓住其本质，并建立知识间的联系。例如，数学学习中，学习整式的乘除法时，同底数幂的乘法、积的乘方和幂的乘方等知识很容易混淆，有效的方法是，在学习每一部分的同时，与前面学过的其他部分进行比较，这样，会更深刻地理解指数、底数和幂等概念，从而更扎实地把握当前的内容。再如，学习了幂函数 $y=x^n$ 后，很容易与指数函数 $y=a^x$ 产生混淆，只有对两者进行比较理解，才能理解其本质差异是变量的位置不同。

（三）结合情景进行反思

知识具有情境性，知识只有通过具体的情境才能获得。反思也一样，只有通过分析具体情境中的要素和关系，才能更准确地概括问题、抽象原理。对练习进行反思时，有些经验和知识是无法用语言表达的，况且，通过反思感悟到了知识，并不意味着一定能掌握它，后期还需要进行多次"反刍"和"消化"，因此，写学习反思时，要结合具体的问题情景进行表述。例如，通过对错题反思，感受到"逆向推理"对题目推理很重要，于是对其进行反思描述。下面是对这一方法的两种描述，试比较哪一种描述更好？

反思描述1：逆向推理是一种有效的题目分析方法，即在正向推理难以推进的情况下，可以从结论出发向前推理，直至推至已知条件或已经获得的结论。

反思描述2：逆向推理是一种有效的题目分析方法。如在图5-4所示的题目中，如果从已知条件出发，无法下手，可以从结论"$OD^2 = OC \cdot OE$"入手找突破口，先将其化为"$OD/OE = OC/OD$"。由"OD/OE"或"OC/OD"便容易想到用"对应线段成比例"或"相似三角形"的知识解决。

如图5-4所示，在△OBE中，D是OE上的一点，连接BD，作$AD//BE$交OB于点A，过A作$AC//BD$交OE于点C，等式$OD^2 = OC \cdot OE$成立吗？说明理由。

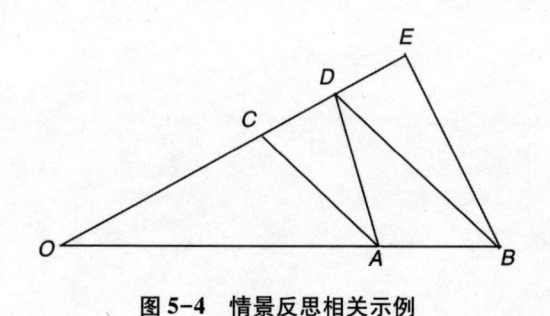

图5-4 情景反思相关示例

显然，第二种描述结合了具体的问题情境，为学生理解反思提供了抓手，如果后期进行复习，为学生快速回忆反思内容提供了方便。

（四）反思后及时进行练习

通过反思，学习者发现了自身学习的不足和缺陷，但这只是深入学习的第一步，并不意味着在以后的学习中就能改正这些问题，只有通过后期充分地刻意练习，才能做到这一点。反思后的练习要紧扣反思的问题进行，这就需要进行专题练习，即哪部分有问题就专门针对哪部分进行练习。在这方面，作业帮等智能软件系统为学习者提供了快捷的辅助，它们可以帮助学习者快速搜寻到内容和形式相似的习题，通过举一反三的练习，实现对目标问题的掌握。

此外，反思后要及时进行练习。在获得反思感悟的较短时间内，学习者对反馈的问题体验最敏感，进行再练习的动机最强烈，如果能在这个时间内进行练习，则效果最佳。

练习是学习行为，学习行为只有在正确理解的基础上才是有效的，只有在正确方法的指导下，才是高效的。如果得到情绪支持，学习行为则会持久和深入。因此，练习时，应紧密结合认知因素和情绪因素进行，以实现学习时知、情、意、行的同步。

第六章　互动学习

案例 6-1：小 S 今年上小学五年级，性格较内向，平时和同学交流较少，学习成绩也一般。小 S 的妈妈曾让他参加多个辅导班，效果都不明显。暑假期间，小 S 和几个同学一块参加了一个篮球训练班，学习打篮球。出乎意料的是，暑假过后，小 S 爱学习了，不但和小伙伴一块打篮球，也经常一块学习和讨论问题，学习主动性明显比之前提高了。事后，小 S 妈妈了解到，小 S 的那几个篮球小伙伴的学习成绩都不错，她推测小 S 可能是受到他们的影响，喜欢上了学习。

评析：学习既是个体独立的思维过程，也是行为模仿和习得的社会化过程。可以肯定的是，小伙伴们的行为对小 S 的学习起到了启示作用，调动了小 S 学习的积极性。可以从前面介绍的情绪与学习的关系推测这个过程：由于喜欢篮球，小 S 和伙伴们产生了情绪共鸣，例如，他们有了共同喜欢的话题，或者通过打篮球意识到了拼搏对于成功的重要性，或者意识到了协作的作用，进而，他们的价值观也趋于一致。在这种情况下，其他小伙伴的学习行为也影响到了小 S，让小 S 意识到自己的不足，从而产生了主动学习的愿望。

以上案例中，小 S 同学学习状态的改变是在社会化交往中发生的，即通过交往，产生了价值观的变化，进而改变态度，最后影响到行为。从这一角度上讲，学习的本质即交往。因此，从"交往"的视角分析学习，能更好地剖析交互在学习中所起的作用，从而引起学习者和教育者对互动学习的重视。

第一节　社会化学习相关理论及应用

互动和交往是人们生活的一种基本形态，以此为基础，研究者从社会、文化和生态等宏观层面构建了一系列相关理论，如社会互动理论、社会化学习理论和社会文化理论等。虽然这些理论用于阐释不同领域的问题，但也为学习者和教师从不同角度理解学习提供了参考。

一、社会互动理论及其应用

（一）社会互动理论的主要观点

社会互动理论认为，社会互动即社会交往，社会互动是人们对他人采取社会行动以及对方做出反应的互动过程。在这一过程中，人的行为会对其他人产生影响；反过来，其他人的期望也会影响前者的行为。因此，社会交往往往会伴随着竞争、合作、冲突和调适等现象，这些现象普遍发生在个体与个体、群体与群体以及个体与群体之间，是人类存在的重要方式。典型的社会交往理论包括马克思的社会交往理论、符号互动论和价值交换理论等。

马克思从社会实践的角度提出了社会交往理论，该理论认为，交往是个体生存的需要，是个体自我表现的方式，人只有在社会中才能展示自己真正的天性。现实生活中，人们通过交往创建着人与人的关系。学习作为生活实践的一部分，需要学生与学生、学生与老师进行互动交流，以更好地促进学习。

符号互动论主要研究的是人们相互作用发生的方式、机制和规律，该理论由美国社会学家米德（G. H. Mead）创立，并由他的学生布鲁默（Herbert Blumer）正式提出。该理论的主要观点是：事物本身不存在客观的意义，意义是人在社会互动过程中赋予的；人在社会互动过程中，根据自身对事物意义的理解来应对事物；人对事物意义的理解可以随着社会互动的过程而发生改变，不是绝对不变的。学习中，知识是师生之间和生生之间最重要的互动符号，他们之间通过知识符号的交流了解对方，也通过对方对自己的态度和评价认识自己。因此，互动对学习者的自我反思和塑造自我起到了重要作用。

价值交换理论的代表人物是霍斯曼（G. C. Homans）和布劳（B. Blau），他们对经济学中等价交换理论进行了扩展，认为人与人之间的互动实质是赏酬与报偿间的交换。当然，学习和教学中交换的东西不是物质和金钱，而是学习内容、学习方法和价值观念，这是学习者在精神和人生发展层面的互惠。

（二）社会互动理论的学习应用

首先，社会互动理论有助于学习者从"交往"的角度认识学习，从而树立科学的教学理念。学习既是个体大脑的独立认知，也受外在客观世界对个体大脑的影响。米德在《心灵、自我与社会》中讲，人的心灵是个体通过"自我互动"和"社会互动"内化并创造社会规则的结果。[①]"自我互动"强调自我的认知，而"社会互动"需要不断地与他人产生互动，是诠释世界和创建行为的方式，它突出了"交互"的重要性。社会互动理论告诉我们，在学习和教学中，要加强互动，以从外部环境中促进学生认知。受教育方式的影响，我国中小学生的学习多是"自我互动"，其"社会互动"性明显不足，这也是导致较多学生学习动力不足的原因之一。在高校中，实践、实习等互动学习一直是重要的学习方式，近年来，各高校加强了与企业的合作，这都说明了社会互动学习的重要性。

其次，社会互动理论为激发学生学习动机找到了突破口。动机源于情绪，是影响学习的关键因素。提升学习动机，需让学生认识到为什么学习，从而促使他们产生学习的内部需求，此外，还需要一定的外部推力，如家长和老师的督促、同伴的激励等。动机的激发是一个复杂的心理过程，仅仅借助学生的内部力量是难以做到的，只有在交往和互动中才能推进，苦闷、彷徨、失望，甚至痛苦往往是动机激发不可逾越的心理经历。案例6-1中，小S的学习动机就是在他与同伴打篮球和共同学习中激发的。因此，社会互动解决的核心问题是"情绪"，明确了这一点，教师在教学中就能准确地设计互动活动，而不是为互动而互动。

此外，从社会角色理论中还可以得到启示：可以使学生基于不同角色进行有效学习。社会角色是个体在社会群体中被赋予的身份，生活中，每个人同时扮演着不同的角色，如一个人在家庭中是家长，承担着家庭服务的义务，

---

① ［美国］乔治·赫伯特·米德. 心灵、自我和社会［M］. 霍桂桓，译. 南京：译林出版社，2014：43-46.

还可能是儿子或女儿，要赡养老人；在单位中还可能是领导，负担管理工作。正是由于每个人承担着多个角色，才使得生活丰富多彩。在学习中，如果能让学生"扮演"多个角色开展学习，则效果会更佳，如除常规的学生角色外，可以让学生扮演教师，让他去教其他同学；可以让他们扮演评价者，去评判其他同学；还可以让他们成为与己无关的"第三者"，进行自我剖析。通过这些角色"扮演"，学生能够看清自己的优点和不足，从而更清晰地认识自己，把握自己的学习。

互动学习是基于一定的情境开展的，教学中，教师应重视互动学习中的情境设计，以有效引发互动行为的发生。托马斯认为，一个人对情境的主观解释会直接影响他的行为，这种解释不仅影响交往的方式、手段，而且影响交往的程度和结果。① 设计互动活动时，教师应充分分析和评估学生的学习状况，在此基础上巧妙构建学习情境，使学生基于情境产生认知。

二、社会化学习理论

（一）社会化学习理论的本质

伊索寓言：狐狸与狮子

狐狸以前从没见过狮子，当第一次遇见狮子时，它马上被狮子的威武所吓退。第二次遇见狮子时，它仍很害怕，但似乎没有第一次那么害怕了。当第三次遇到狮子时，它开始有了些胆量和狮子交谈，结果发现狮子并不可怕，最后它们还成了好朋友。

以上故事说明了交往对人成长的重要性。社会学习理论，即阐述人是怎样在社会环境中学习的，其主要代表人物是美国心理学家阿尔伯特·班杜拉。按照班杜拉的观点，以往的学习理论研究者通常是用物理的方法对动物进行实验，并以此来建构他们的理论体系，这一研究方法忽视了社会变量对人类行为的制约作用，其结果似乎不具有科学的说服力。所以，班杜拉主张要在自然的社会情境中研究人的行为，为此，班杜拉进行了一系列实验，并在科学的实验基础上建立起了他的社会学习理论，该理论强调了个体认知、行为与环境三个因素及其交互作用对人类行为的影响，其本质是对人的行为和环

---

① https://www.ximalaya.com/gerenchengzhang/41702919/440816040.

境相互作用的研究。

(二) 社会化学习理论的主要观点

班杜拉关于社会化学习理论的观点主要集中在行为习得、交互决定论、自我调节理论和自我效能理论四方面。

班杜拉认为，行为的习得既受遗传因素和生理因素的制约，又受后天经验环境的影响，两种因素交织在一起，很难分开。行为习得有两种不同的过程：一种是通过直接经验获得，另一种是通过观察示范者的行为习得。班杜拉的社会学习理论所强调的即后者，也称观察学习或模仿学习。班杜拉认为，观察学习由注意阶段、保持阶段、符号化阶段和结果反馈阶段四个子过程构成。注意阶段是观察学习的起始环节，在这一阶段中，示范者行动本身的特征、观察者本人的认知特征以及观察者和示范者之间的关系等诸多因素都会影响学习的效果；在观察学习的保持阶段，虽然示范者不再出现，但他的行为仍给观察者以影响；在符号化阶段，观察者把示范行为以符号的形式表象化，并与行为联结，保持在长时记忆中；最后，观察者在再次行为之后，会对行为做出调整，并从心理上对后续行为产生影响。例如，在学习投篮的技巧时，如果观察者喜欢打篮球，或者示范者是一位篮球明星，则更容易引起观察者的注意，也有助于动作的保持。在模仿示范者的投篮动作后，如果观察者能够提高命中率，则会大大增强其投篮的信心。

对于决定人类行为的因素，班杜拉批判了环境决定论和个人决定论，并提出了交互决定论，即社会学习过程中，行为、环境与个体的认知之间是相互影响的。他指出，行为是个体变量与环境变量的函数，三者之间是"你中有我，我中有你"的关系。交互决定论为我们研究学习提供了框架和思路。

班杜拉认为，在交互决定论中，个体对行为的作用部分表现为个体的自我调节，它是个体通过对行为预期和行为成果进行对比和评价来进行的。自我调节由自我观察、自我判断和自我反应三个过程组成，这就需要个体具备自我认知、评价及调节行为等能力。当前，较多学生，特别是一些中小学生的这些能力不足，造成了他们学习行为不佳以及学习成绩的不理想。

个体面临某一任务活动时，会根据经验和信念对完成该任务的能力进行判断，并做出能否胜任的预期，这种主观感受称作"自我效能感"。班杜拉指出："效能预期决定了人们遇到应激情况时选择什么活动、花费多大力气以及支持多长时间,它不只影响活动和场合的选择,也对努力程度产生影响。"①班杜拉对自我效能的形成条件及其对行为的影响进行了大量的研究,指出自我效能的形成主要受五种因素的影响,包括行为的成败经验、替代性经验、言语说说、情绪的唤起以及情境条件。② 其中,成败经验是一个较普遍的因素。成功的经验可以提高自我效能感,使个体对自己的能力充满信心;反之,多次的失败会降低他们对自身能力的评估,甚至会丧失信心。在教学中,当学生付出努力后,教师应为学生设计适当的成功体验,以提高其自我效能感。

(三)社会化学习理论的教学应用

明确了社会化活动对于人的促进作用,可以将这一理念迁移到学校教育中,这对于有效实施教学行为具有重要意义。

首先,要重视观察学习在学生习得行为中的作用。学校和教师要为学生提供观察学习的榜样,如对优秀学生的做法进行宣传、适当地提供奖励以及让他们现身说法等。在榜样的作用下,学生会不自觉地进行模仿并内化。树立榜样时,要选择学生熟悉的人物,并做到真实可信、平凡感人,切勿将榜样完美化、理想化,使学生感到高不可攀。

其次,要强调自我调节的作用。学习者模仿行为后,只是浅层的学习,还要通过内部调节使行为与自身信念达成一致,这就需要对新行为和原来的行为进行比较、评价和调和,从而从需求上真正接受新的行为,并使新行为与其他行为达成平衡。

最后,也是最重要的一点,要关注学生社会化学习后的"新感觉"。学习者行为的改变是一个复杂并长期的过程,由于行为惯性的原因,观察并模仿以后,通常达不到立竿见影的效果,但只要学习者有改善行为的"感觉",就说明观察学习已发挥了作用。此时,教师应重视学生的这种感觉,并以此作为学生可能发生转变的"契机",持续给予关注和强化,并使学生的这种感觉不断形成正反馈,从而增强自信心和自我效能感。

---

① 王金剑,陈春晓. 班杜拉社会学习理论视域下的大学生创业教育研究[J]. 中国成人教育,2014(10):41-43.
② 史利红. 外语教学中的自我效能理论研究[J]. 语言与文化研究,2020(02):70-74.

三、社会文化理论

(一) 社会文化理论的内涵

20世纪二三十年代，维果茨基及其同事提出了社会文化理论，该理论并不是探讨人类生存中的社会和文化因素，而是研究人的高级心理机能的发展。社会文化理论认为，人们所处的环境与人们的内部心理有着密切的联系，人们所处的环境充斥着先辈们的文化以及与此相关的物化成果。因此，人的高级心理机能是社会历史的产物，受社会规律制约，人类社会文化对人的心理发展具有重要作用，社会交互作用对认知发展具有重要作用。

维果茨基对皮亚杰用生物学的观点看待儿童发展的观点提出了批评，他还认为，儿童心理发展不仅受内部力量驱使，而且受到其周围环境和文化的影响。他认为，皮亚杰只是从个体层面阐述了儿童的发展，并没有真正理解和认识儿童发展的本质。

社会文化理论和认知发展理论分别从社会环境和心理内部两个层面强调学习的本质，对学习者全面认识学习有很好的帮助作用。目前，在中小学学习阶段，学校和教师侧重学生对知识的掌握，都是从认知心理层面强调学习。除此之外，教师还应从社会文化和交往的角度理解学习，设计教学活动，引导学生多交往、交流，开展互动学习。

(二) 社会文化理论的概念

社会文化理论的核心组成部分包括中介（Mediation）、内化（Internalization）、最近发展区（Zone of Proximal Development）、支架（Scaffolding）和活动理论（Activity Theory）等概念。

1. 中介论

中介论是社会文化理论的核心思想，其基本概念是：人类高级认知功能是借助人类文化构建的中介工具实现的，如物理工具、语言工具等。学习也是如此，例如，学生通过书籍学习知识、认识世界，通过网络接触到丰富的学习资源，通过老师和朋友学会做事、做人的道理。这些中介的作用就是调节外界和自身认知。当学习者进行自我调节时，学习即成为自主的心理活动，真正的学习也就发生了。

2. 内化

内化是维果茨基建立的连接外部世界与个体内在心理过程之间的桥梁，是将外在的知识进行消化、吸收并转化为自身营养的过程。维果茨基提出："在儿童的发展过程中，所有的高级心理机能都能两次登台：第一次是作为集体的社会活动，即作为心理间的技能；第二次是作为个体活动，作为儿童的内在思维方式和内部心理机能。"[1] 内化是"真学习"和"假学习"的重要区别，例如，在数学学习中，有些同学只是机械记忆某些定理和公式，而没有将这些知识整合到自身的知识结构中，并没有将其融化为自身的认知结构，因此，应用这些知识解决问题时，他们并不是进行推理和分析，而是进行"非此即彼"的尝试，这就是"假学习"，就是没有将知识内化的结果。

3. 支架

支架，来自建筑学上的"脚手架"，意为更好地搭建上层的建筑而临时搭建的支撑架构。社会文化理论把支架用作隐喻，来描述一个人学习过程中由同伴、长者或老师等能力更高的人对其学习所进行的有效干预和帮助。学习支架的真正作用是给学生以辅助，学生的学习行为应是独立的。教学中，当学生遇到问题时，教师的作用即为其提供支架，让其顺"架"而为、顺势而上，而不应该直接告诉他如何做。

案例 6-2：如图 6-1 所示圆 O 中，$\angle AOB = 70°$，OB 垂直 AC，垂足为点 D，求 $\angle OBC$ 的度数。

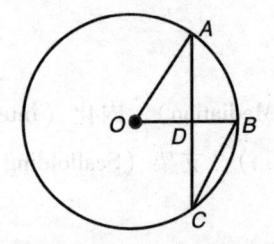

图 6-1 圆周角与圆心角关系练习 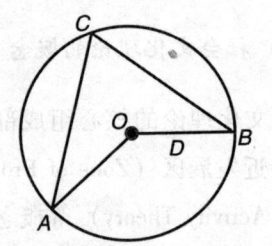　　图 6-2 圆周角与圆心角关系例题图形

例如，初次学习圆的知识时，对于图 6-1 中的题目，较多学生感到难做，这是因为他们没有发现圆周角和圆心角的关系。这时，老师不应直接提示他们，而应提示他们再学习例题 6-2（图 6-2 所在例题）。例题 6-2 讲了圆周角

---

[1] Lantolf J. P., Beckett T. G. *Sociocu Turaltheory and Second Language Acquisition* [J]. Language Teaching, 2009 (42): 459-475.

和圆心角的关系,当他们从例题的图 6-2 中发现圆周角和圆心角时,也会自然发现图 6-1 中的两种角。在这里,例题 6-2 就成为一个支架,因为是学生已经学习过的内容,他们自然会从心理上接受。这样做的另外一个好处是,学生能意识到例题和练习的关系,能更加重视对例题的分析,抓好基础知识。

4. 活动理论

活动理论是由维果茨基对社会文化活动与社会历史的研究成果,该理论认为,人的高级心理机能是在社会活动实践中形成的,活动构成了心理和意识发生、发展的基础,是心理发展得以实现的社会实践。活动理论强调了活动在知识内化过程中的作用。

活动理论主要包括主体、客体、共同体、工具、规则和分工六方面。Cole 认为,在活动理论中,主体借助符号等中介工具将客体转化为成果,从而实现活动目标。[1] 同时,共同体、规则和劳动分工等社会情境因素也会对其产生重大影响和调节作用。[2] 活动理论为教师设计教学活动提供了框架参考。

(三) 社会文化理论的教学应用

社会文化理论的教学应用体现在教学设计、课堂教学和教学策略等多方面。[3] 教学设计方面,教师应尽量多地设计学习活动,突出学生的主体地位,避免过多的教师讲解;设计学习活动时,应创造学习情境,尽量让学生多体验、参与、认知和分享,使学生通过"参与"或"边缘化参与"进行学习。此外,还应考虑到工具对认知的作用,以工具作为中介,促进学生高效认知,如借助可视化工具进行学习,借助网络工具与其他学习者进行互动,借助学习平台进行个性化学习分析等。

在课堂教学中,最重要的是要把知识"内化",实现"外部调节"向"内部调节"转化。这就要求教师根据课堂设计,通过"做""说""听""评"等方式引导学生借助已有知识和自身情况,对所学内容进行消化和吸收,将知识融入自己的认知结构。

---

[1] 牛瑞英. 社会文化理论和第二语言发展的起源述介 [J]. 外语教学与研究, 2007 (4): 314-316.

[2] 高一虹, 周燕. 二语习得社会心理研究: 心理学派与社会文化学派 [J]. 外语学刊, 2009 (1): 123-128.

[3] 宋金鸿. 论维果茨基的社会文化理论及其教学应用 [J]. 通化师范学院学报, 2013, 34 (09): 136-139.

社会文化理论为学习和教学提供了多种策略。比如，在学习中，要让学生进行相互讲解和评价，用语言对知识或思维过程进行描述，以求达到知识内化的目的；要让知识与自身知识联系，以生成个性化的知识结构。对于较难的内容，要在学生的最近发展区内提供支架，以帮助其自主理解；要多引导学生在"做"中学，以提供直接经验，促进具身认知。

四、社会化学习的原理

对于"社会化学习为什么会促进人的认知"这一问题，可以用镜像神经元的知识做出解释：当学习者看到别人做一个动作时，大脑中的镜像神经元就会复制这个动作，做出下意识的学习行为，这一行为是由人的生物本性决定的。从认知的层面，还可以从以下三方面进行解释。

（一）交往产生情绪，情绪促进认知

根据 MacLean 的"三合一"大脑认知模型，学习是大脑认知、情绪和行为的整体作用结果，尤其是情绪，它是认知的"催化剂"，有了情绪，就会激发动机和兴趣，产生持久的行为，进而形成良好的习惯，产生"1+1>2"的效果。目前，人们对大脑的了解是有限的，对于情绪为什么会产生如此大的力量这一问题，尚不得而知，但事实的的确确是这样的。有的学生本来成绩一般，一旦产生兴趣，就会一发而不可收，进步迅速，这或许可以用"情绪促进心智"得到解释。因此，教师指导孩子学习时，最重要的是情绪，而不是刻板的学习要求，这是深度学习得以发生的前提。

（二）活动促进反思，引发科学高效的学习

对于别人的语言劝诫或经验介绍，学习者往往不会太在意，但对于自身经历或亲眼看见的事情，往往会深信不疑，这是大脑的认知习惯。在活动学习中，学习者调动各种感官进行学习，能够深度体验和感悟所学内容。同时，学习者会结合所做所闻进行反思：总结教训，形成正确的方法，调整行动，使行动更准确地聚焦目标。实践证明，反思性学习是将理论与实践结合的方法，是最高效的学习方式，而开展这种学习的前提是学生在活动中进行"边缘性参与"。

(三) 交互促进多角度认知，形成系统性学习

在学习中，学生通过与同伴进行交互、互通有无，实现系统的学习。首先，学习者通过相互分享经验，能够从不同角度理解知识，并"立体化"地理解知识；其次，在交互学习中，学习者通过知识间的相关关联，能从一个知识点辐射到其他多个知识点，实现知识的网络化联结；最后，通过与同伴讨论和争辩，能厘清重难点知识，做到重点内容重点把握，形成清晰的知识结构。

在教育教学中，除以上相关社会化学习理论外，研究者还较多关注了教育生态学理论。教育生态学类似传统的生态学和社会生态学，它的基本观点是：将教育教学看作是一个包含学生、教师、教学资源、教学方法等多个要素的系统，学习者处在系统之中，系统中的每一要素都与其具有交互作用，影响着其发展。教育生态学强调从整体和关系的角度研究学习和教学，它体现了系统论的思想。

第二节 情境学习

通过第二章的学习，我们知道学习是个体心理的"信息加工过程"。情境学习理论研究者则认为，学习是发生在复杂的社会环境中的，研究学习，不仅要关注个体的心理过程，更要关注学习情境，关注特定的学习目标和真实学习活动中情境化的内容。目前，情境学习理论已得到越来越多的认知科学家的认可，成为学习科学的重要主题。

一、情境学习的由来与内涵

(一) 情境学习的由来

情境是指事物发生的环境条件。在农耕时代，知识基本上都是从生产实践中总结出来的，例如，人们从狩猎中逐渐学会了驯化兽类，从采集中逐渐学会了辨认果实和种子。到了近代，随着教育规模的扩大和对教育效率的追求，知识逐渐与其所依附的情境相脱离，被抽象化、去境脉化，但这种观点

受到了人们的批判。1987年，Resnick发表了《学校内外的学习》的演说，对学校内的学习和校外的学习进行了对比。提出应加强学校内外学习的结合，既关注知识与技能的获得，强调抽象推理，也应塑造情境，通过活动促进认知。Resnick的演说和论点极大地推动了情境理论研究的开展。

认知心理学和人类学领域专家都对情境学习进行了研究。1989年，布朗（Brown）、柯林斯（Collins）等人发表了题为《情境认知与学习文化》的论文，较系统地论述了情境认知与学习理论，提出了知识具有情境性的论断。他们认为，知识是活动、情境和文化的一部分，知识正是在活动中不断被运用而发展的。1991年，莱夫（Lave）等人出版了《情境学习：合法的边缘性参与》一书，提出了"合法的边缘性参与"的著名论断，认为学习是参与社会文化的实践。这些标志性文献和理论观点的出现，代表情境学习研究框架的初步形成。

20世纪90年代后，情境学习理论在认知科学、人工智能、心理学、教育学等各领域迅速渗透，并进行了实践研究，极大地丰富了情境学习的研究成果。研究者们从情境认知与教学设计、计算机教育与情境教学法、情境认知与课堂教学、情境学习评价等视角，对情境学习理论、教育技术、课堂教学中的问题以及所开展的实践研究展开了讨论。[①] 1996—2000年，安德森和格里诺等人关于学习的情境视角与认知视角的争论，使得情境认知的研究框架得到了进一步拓展和深化，情境学习的理论体系更加成熟、丰富。作为学习科学的重要主题，情境学习理论为人们认识学习的本质、更好地把握学习和教学提供了科学的视角。

（二）情境学习理论的哲学依据

早在17世纪，在认识论问题上，就产生了唯理论和经验论之争。以笛卡儿为主的唯理主义者认为理性应该是知识的准则，所有命题都应以先天知识为源泉，以演绎推理为形式，以逻辑关系连接的方式建立起知识大厦。而以培根为主的经验主义者则将经验看作是知识和认识的唯一来源，强调经验的重要性，忽视理性的重要性。从学习的本质上，情境学习理论则类似经验论，它将注重情境中的直觉、经验、感情以及主体间的关系。

1994年，哈贝马斯在他的《后形而上学思考》一书中，提出了"情境理

[①] 贾义敏，詹春青. 情境学习：一种新的学习范式 [J]. 开放教育研究，2011，17（05）：29-39.

性"的概念，其核心思想就是人类的理性总是嵌入在具体情境里的，并随着情境的变化而变化；先验的、抽象的、普适的理性是不存在的；每一种情境都是人类在某一个特定的时空点上发生的认知过程与人生体验。① 学习也是如此，学习者只有在具体的情境中，与其他学习主体和要素进行面对面的对话和交流，才能抽取出抽象的理性知识，情境学习是连接理论与实践的桥梁。

（三）情境学习的研究内容和方法

情境学习认为学习并不是个体单纯的认知行为，而是发生在情境过程中的，学习者只有参与情境活动才能抽象知识。因此，它将活动情境之间的关系作为研究的重点，包括学习者之间的关系、学习者与指导者之间的关系以及学习者与学习环境之间的关系等，这种关系可能是协作关系，也可能是竞争关系或支持关系。情境学习研究关注活动系统的特性，在情境中，个体与环境相互作用共同构成了动态的活动系统，个体、个体的心理活动以及环境等都是该系统的构成成分，个体的进步与成长也是潜移默化的。

情境学习不同于认知主义的研究方法，不再以实证方法为主，而是更注重解释性研究和质性研究，更多地采用了民族志、交互分析和田野调查等社会学研究方法。例如，研究师范专业学生如何在支教过程中提高教学技能时，反思日志、话语分析等个案研究等方法比定量的实证方法更适合。

二、情境学习理论的核心观点

情境学习理论的核心观点主要聚焦在两方面，一是对于知识的情境观见解，二是应如何进行学习。

（一）知识的情境观

情境学习理论认为，知识蕴含在情境之中，具有情境性、生成性、分布性和默会性的特点。② 知识的情境性是指，知识并不是脱离具体情境独立存在的，它与情境中的人、工具以及活动是筋骨相连的关系，学习者只有结合具体情境应用知识才能真正理解和把握知识。近年来，我国中小学课程的命题越来越重视情境性，为的就是让学生学会在情境中运用知识、提高能力。

---

① https://zhidao.baidu.com/question/363724989560082132.html（情境学习理论的哲学依据）．
② 贾义敏，詹春青．情境学习：一种新的学习范式 [J]．开放教育研究，2011，17（05）：29-39．

知识具有生成性是指知识不是被告知的,而是在活动过程中被体验到的,是具有主观性的。从这个意义上说,知识应被学习者主动理解和建构,而不应被教师"传授"。这就需要在活动中,学习者与学习者、学习者与情境进行互动,在身体力行和反思中抽取出知识。

知识具有分布性是指知识是分散在多数人大脑中的,而不是集中在某一专家或教师的头脑中。一方面,对于同一知识,每个人理解的程度不同,创造的价值也不同;另一方面,每个人掌握知识的种类和数量也不尽相同,没有一个人能掌握所有的知识。正是因为人们互通有无,才实现了知识的社会化和公有化。学习中,相互交流分享对学习者至关重要。

知识的默会性是指知识并没有清晰的结构,不能用明确的语言表达清楚,学习者只能通过内部体验与外部互动才能实现对知识的理解。知识的学习过程是潜移默化的,是在不自觉,甚至潜意识中进行的,学习者有可能在参与过程中"偷窃"到他们所需要的知识(Brown 等,1993)。在第四章中,我们讲到情绪在人的学习中具有巨大作用,知识的默会性本质上或许就是情绪起到了作用。

(二)学习是合法的边缘性参与

知识的情景性和学习者的差异性注定了学习是一个极为复杂的过程,它既蕴含着一整套生理、心理及其认知因素,又涉及一系列的社会、物理因素。学习的实质是社会实践的参与,是与他人、环境等相互作用的过程,是一个文化适应的社会性过程。莱夫提出的"合法的边缘性参与"的论断揭示了情境学习的内涵应是以情景为条件,积极参与和实践,充分开展交流与分享活动,并逐渐适应共同体文化。

首先,情境学习理论认为,脱离个体生活的真实环境来谈论学习或能力是毫无意义的,个体与环境的相互作用是形成能力以及社会化的必经途径,唯有将学习镶嵌于它所维系的情境之中,学习才会被赋予真正的意义;其次,个体参与实践是情境学习理论的基础。从根本上说,学习是一个超复杂的系统,是一个变化的过程,具有很大的不确定性,它体现为一种实践性的活动。"合法的边缘性参与"的论断为这一实践活动指明了路径,即从某一个角度或身份参与到学习活动中,从观察做起,从"边缘性"的活动做起,逐渐参与到重要的工作中,成为实践共同体的核心。在情境中学习时,要多进行协商和分享。情境中的知识多属于"默会性知识",较难被学习者直接观察到。因此,在学习中,学习者要多进行沟通和分享,以从不同角度获得启示,以获得对知识的理解;通过参与共同体的活动,学习者不断建构自身的能力,并深度融入共同体的文化中。最典型的是学习者身份的变化,当学习者从新手成为共同体的核心角色后,会深刻理解共同体对自身发展的意义,并将共同体的发展视为己任,主动建构同其他成员的关系,维护共同体的实践文化。

三、情境学习的实践形式

根据情境学习的情境性、真实性、活动与参与性以及共享分布的特征,学者们对情境学习的理论和实践进行了研究。如 Herrington 和 Oliver(2000)在总结文献的基础上提出了有效学习环境的九个关键特征[①],如表 6-1 所示。

表 6-1 学习环境的关键特征及设计举例

关键特征	设计举例
提供能反映知识在现实生活中的运用方式的真实情境	结合家庭用电,说明"并联电路"的应用
提供真实的活动	针对"双减"问题,调查学生和家长的感受
提供接近专家执行和过程示范的机会	倾听专家对问题的分析
提供多样化的角色和视角	从不同角度分析"玄武门之变"的历史影响
支持协同知识建构	通过分享和讨论,生成平行四边形的判定方法
促进反思,以形成抽象思维	让学生通过分析几组函数的图像,总结出一次函数的性质
促进清晰表述,使隐性知识成为显性知识	让学生对问题进行公开演讲和辩论,以促进对知识的清晰把握
教师在关键时刻提供指导和脚手架,适时地撤销教师的支持	当学生解题遇到困难时,给出类似"你分析所有的条件了吗""你觉得这个题目会用到哪些知识点"等问题提示,而不是直接告知解决方案
在任务中整合对学习者的真实性评价	在教学理论课考核中融入讲课、说课等实践项目

资料来源:根据《情境学习:一种新的学习范式》(开放教育研究,2011)改编。

---

① 贾义敏,詹春青.情境学习:一种新的学习范式[J].开放教育研究,2011,17(05):29-39.

实践层面，具有代表性的情境学习形式主要有三种，分别是认知学徒制、实习场和实践共同体三种形式。这三种形式相互有交叉，各自所强调的重点又不同。认知学徒制是基于对传统学徒的学习研究而提出的，重点关注个体认知过程的环境创设，实习场则是重视学习环境中的真实情境任务和真实活动的创设，实践共同体强调的是学习的社会协商特性、文化建构和身份建构等社会特征。

（一）认知学徒制

1989年，柯林斯等人发表了《认知学徒制：教授阅读、写作和数学的技艺》一文，提出了认知学徒制，其目的是通过参与真实的学习经验来发展认知技能。认知学徒制与绘画、雕塑、医疗和木工等传统学徒制工作相似，都是用来解决新手学习新技能的过程中，解决的都是"默会性"知识。但认知学徒制又与传统的学徒制有一些区别，首先，在传统学徒制中，学习内容主要是操作性技能，学习过程往往容易被观察到，而在认知学徒制中，学习内容往往是不可见的，看不见、摸不着；其次，传统学徒制的学习场景即是工作场景，相对容易熟悉，其目的是掌握某一种技能，而认知学徒制中的学习场景是多样的，是不固定的，其目的是通过不同学习场景的应用理解知识的复杂性，获得一般化的知识；最后，传统学徒制中，学习者在学习过程中只要能"心领神会"就可以了，而认知学徒制学习中，需要将思维可视化，往往需要反思、交流和分享。

认知学徒制的有效学习环境由内容、方法、序列和社会性四个维度构成。[①] 内容即构成专长所需要的知识，如学科知识、学习策略等，方法是促进专长发展的方法，主要包括示范、指导、搭建脚手架、清晰表达、反思和探究等，顺序是对学习活动和任务的排序，如如何由易到难、由局部到整体地设计任务，社会性是学习环境的社会特征，如要有真实的情境，要形成积极分享并由专家指导的实践氛围，要充分利用共同体合作、竞争等特性促进学习者发展等。

青年教师的专业发展是认知学徒制有效应用的一个案例，即青年教师可以和老教师"一对一"结对，由老教师对青年教师进行"传帮带"。在这个过程中，青年教师首先要熟悉教学内容，观摩老教师授课，再在老教师的指

---

① 高文. 学习科学的关键词 [M]. 上海：华东师范大学出版社，2009：152.

导下进行教学实践，逐渐理解教学的方法和技巧，并通过与老教师的交流沟通和自身的反思达到实践与理论的一致。

然而，认知学徒制也有一定的局限性，如它仅适合在实践中获取的默会性知识，它需要学习者具有较强的主动性和反思能力，还需要花费较多时间在具体情境中摸索，但认知学徒制为学习者提供了一个具有较强操作性的备选教学模式，对当今学校教育教学实践具有重要意义。

（二）实习场

"实习场"是当代教育心理学中关于学习环境的隐喻，其意为"拟真"的学习环境。其形式除真实的实习、见习场所外，还包括实验室、仿真课堂等。相对传统的课堂，实习场的优势是为学生提供真实或接近真实的场景，让学生通过身体力行感悟知识，产生"具身认知"的效果。实习场概念是基于"知识情境化"和"认知境脉化"的学习理念提出来的，知识只有在使用中才能得以深入理解，认知只有在个体与环境的互动中才能生成。

从20世纪90年代开始，实习场的设计得到重视，目前在医学教育、教师教育、职业技术训练等领域有广泛的应用。Woolley和Jarvis（2007）探讨了一种用于临床学习和教学的实习模型，该模型在真实的实习场中进行，并借助技术实现。实习生学习时，既可以通过观摩专业从业者的操作示范理解所学内容，也可以通过亲自操作练习技能。在教师教育领域，既可以在微格教室模拟教学实习场进行练习，也可以通过真实的实习、支教等活动学习教学技能。实习场除了从"做"的层面增强学生的学习体验外，还能使学习者产生强烈的情绪触动，从而促进学习。例如，当实习医生看到自身操作关乎患者痛苦时，会情不自禁地更正敷衍的学习态度，当师范生看到孩子对知识的渴求时，也自然会产生教书育人、为人师表的学习热情。

（三）学习共同体

学习共同体（Learning Community）由社区发展而来，也称为"学习社区"，它是指一个由学习者及其助学者（包括教师、专家、辅导者等）共同构成的团体，他们经常在学习过程中沟通、交流，分享各种学习资源，共同完成一定的学习任务，因而在成员之间形成了相互影响、相互促进的人际联系。学习共同体既可以由相同或相近地域的群体组成，也可以由处于不同地域的个体借助网络虚拟环境组成。冯锐认为，学习共同体的知识建构是在一定的文化场域中发生的，具有社会性，是一个多元主体互动的过程，是群体智慧的共享和衍生。①

目前，学习共同体广泛应用于教育和学习领域，例如，同一专业的研究生开展研究活动，培训中，学习者基于共同的任务进行学习，以及具有共同目的和志趣的学习者在网络上形成学习互助小组，这些形式本质上都是学习共同体。其中，教师专业发展共同体是最具代表性的学习共同体。武斐婕等提出，构建学习共同体，通过集体研讨和集体反思提升共同体成员的教学能力已成为一条有效的途径。② 孙元涛则对教师专业学习共同体构建的理念、原则和策略进行了详细分析，③ 王陆等从线上和线下两个角度对学习共同体和教师专业发展进行了长期的实践，并以此为基础，对教师教学行为、网络实践社区、实践性知识获得等问题进行了深入研究。大卫·库伯（David Kolb）提出的体验学习圈理论为学习共同体的实践提供了具体操作程序。

四、情境学习的教学启示

传统的学习观念认为知识是去情境化的，学习是个体大脑认知的结果，根据这种观念，学习中的活动、协作和分享都是对时间的浪费。情境学习与传统学习观念有本质的区别，理解了情境学习的特征和本质，会使教师树立全新的学习理念，从而开展有效的教学。

（一）重视活动学习

情境学习理论认为知识是内嵌于情境之中的，不能脱离情境独立呈现。学习者学习时，也只有结合情境进行理解，才能真正获得其含义。因此，教师只有将知识置于情境中，并设计成活动，让学生参与其中，才能切身感悟知识，产生深层认知。

重视活动学习，首先，要从学校层面设计有助于学生进行活动学习的环境，如创建物理、化学、生物等实体实验室以及在线虚拟实验室，促进学生

---

① 冯锐，金婧. 学习共同体的思想形成与发展 [J]. 电化教育研究，2007（03）：72-75.
② 武斐婕，李丽，郭海霞，刘军. 基于教学能力发展的高校教师学习共同体的构建 [J]. 山西财经大学学报，2020，42（S2）：136-139.
③ 孙元涛. 教师专业学习共同体：理念、原则与策略 [J]. 教育发展研究，2011，33（22）：52-57.

对学科知识的理解，构建实践实习场所，为学生实现"做中学"，还可以通过第二课堂开设活动课程，让学生多进行互动交流，在沟通中调动情绪，在交往中促进认知。教师层面，要牢固树立"活动促进深度学习"的教学设计思想，时刻想着将知识融入活动中，融合运用问题式教学、任务式教学和小组协作等多种方式设计活动，尽量多让学生参与、讲解、分解并反思，而自己负责组织、指导和协调。

（二）重视学习者的协商与互动

知识通常是"默会"的，分布在不同学习者的心智中，每个个体对知识的理解往往是不全面的。学习者相互协商和互动，可以将隐性的知识显性化，更便于理解和把握。

重视学习者的协商与互动，首先要为每一个学习者提供协调的机会。情绪是学习动力的最原始发动机，只有个体意见被倾听，个体得到尊重，学习者才会真正参与到共同体中，倾听别人，反思自己，共同协商知识的意义，形成共商共建的文化。其次，要引导学习者从不同的维度进行协商。针对重复意见不易"聚焦"的问题，教师可以指导学生从不同的视角和维度理解知识，分类汇总、归纳既有助于提高协商效率，也利于系统把握知识。最后，要允许错误资源或异质资源参与协商。错误资源往往反映了知识的难点，代表了学习者常见的认知偏差，错误资源的参与更有助于避免错误，抓住知识的本质；异质资源往往是由于不同的思路形成的，异质资源得到尊重，往往会对共同体产生更大的创新价值。

（三）重视身份的建构

从认知的视角看，学习只是理解、记忆和发现等心理行为，而莱夫从人类学角度对于学习"合法的边缘性参与"的定义，使学习获得了成员身份、意义和归属感。[①] 从这个层面上，学习者更易进入真实和深度的学习，指导者更能把握学习的本质。

重视身份的建构，首先需要学习者投入情绪，使其因初有收获而心动，使其因不解而纠结、迷惘至深思，然后才有柳暗花明、豁然开朗的欣喜。在

---

① Lave J., Wenger E. *Situated Learning: Legitimate Peripheral Participation* [M]. New York: Cambridge University Press, 1991 (56).

这个过程中，学习者获得了学习的意义，感悟到学习的艰辛。其次，学习过程中，学习者之间要进行充分互动、交流、分享和评价。学习者在深化学习情感的同时，也感觉到自己在共同体中的责任和义务，产生"我能干什么""我应该干什么"等心理暗示，从而培养自我效能感。最后，在学习过程中，学习者要不断提高自身的元认知能力。学习的过程也是自我身份的重塑过程，在这个过程中，学习者不断提高自己的学习能力，提高服务共同体的意识和自觉，从而使自己从"参与者"发展到核心成员，实现身份的"华丽转身"。

长期以来，较多学校实行"灌输式教学"，搞题海战术，一味强调练习和分数，使较多学生失去了学习的主动性，在他们眼中，学习基本上就是按照老师的要求完成作业，老师布置作业就做，不布置作业就不做，他们不会根据自身学习状况灵活调整自身的学习。这样的学生没有关注到自己与其他学习者的关系，缺乏对自我身份的思考，其学习欠深入，难以持续提高，是一种"假学习"。

第三节　社会化学习环境

人的发展受到两方面因素的影响，一是内部因素，主要包括人的遗传素质、过去经验和人的主观能动性等，它为人的发展提供了生理前提和发展的潜在可能性。二是外部因素，主要是社会环境因素。它为人的发展提供了现实条件，并制约着人的发展。研究表明，在儿童发展的早期，遗传因素对人发展的作用比较大，随着年龄的增长，遗传对人的发展作用相对减弱。[①] 社会化环境是人进行学习和活动的场所，正是在这个场所中，人受到外部力量的作用，使内部潜能得以激发，促进了人的学习和发展。

一、家庭环境

著名教育学家苏霍姆林斯基曾把儿童比作一块大理石，他说，把这块大理石塑造成一座雕像需要六位雕塑家，它们分别是家庭、学校、儿童所在的集体、儿童本人、书籍和偶然出现的因素，从排列顺序上看，家庭被列在首

---

① https://wenku.baidu.com/view/e0acd21f26d3240c844769eae009581b6ad9bd05.html（影响人的发展基本因素）.

位。可见，家庭在儿童发展中的重要地位。

（一）儿童社会化发展和认知发展的关系

儿童的心理发展分为智力发展和社会行为的发展，前者包括观察力、注意力、记忆力、思维能力和想象力等，后者是指儿童和周围的人们相互作用过程中形成的社会适应能力的发展，即儿童的社会性发展。其中，社会性发展是儿童认知发展的基础。在儿童发展的早期阶段，婴儿主要依靠动作适应、探索外部世界，这一阶段，他们认知发展的基本方式就是动作和活动，通过活动，个体与环境相互作用，从而建构他们自己的认知结构；在儿童发展的高级阶段，他们的社会交往能力进一步增强，已经拥有了足够的生活经历，此时，他们开始借助自身的社会化经验主动建构认知结构。当新知识与个体已有的社会经验相吻合时，就会用已有经验"同化"新知识，当两者不吻合时，便会产生认知冲突，要么不接受新知识，要么产生对已有经验的质疑，为"顺应"形成铺垫。

较多学生，就是因为没有在早期获得较好的社会性发展，而影响了其后续的认知发展，例如，有的学生由于小时候未养成与他人交流的习惯，而长大后无法与人进行有效的沟通，从而失去了从更多人身上学习的机会，还有的学生由于早期情绪未获得充分发展，使自己非智力因素的发展受到影响，从而在后期间接影响了认知的发展。

（二）影响儿童社会化发展的家庭因素

家庭是儿童社会化的最早教育场所，虽然儿童进入学校后其社会化交往的程度更高，但研究表明，家庭的早期生活经验将深刻地影响其一生，因此，学龄前期是儿童接受社会化的最佳时期。在家庭的诸要素中，家庭结构及类型、家庭气氛、父母的教育方式与教养态度、父母的主要职业、对子女的期望、儿童在家庭的地位和扮演的角色等都对儿童的成长及社会化起着很大的作用。[1]

较多研究表明，父母的教育方式和教养态度与儿童的个性发展有很大的关系，西蒙兹（P. M. Symonds）指出，双亲的教养态度基本上可以用两个独

---

[1] 姚本先，何军. 家庭因素对儿童社会化发展影响的研究综述［J］. 心理发展与教育，1994（02）：44-48.

立的轴来表示，一是"接受—拒绝"型，二是"支配—服从"型，如图6-3所示。"接受—拒绝"型的父母不是给孩子爱，就是拒绝孩子的爱，"支配—服从"型的父母不是随心所欲地支配孩子，就是一味服从孩子的要求。西蒙兹的研究发现，双亲是支配型的儿童往往表现得比较顺从、腼腆、被动和缺乏自信心，双亲是服从型的儿童具有反抗、独立和攻击的特点，双亲是接受型的儿童表现为情绪稳定、兴趣广泛、富有同情心以及行为更符合社会规范，而双亲是拒绝型的儿童往往具有情绪不稳定、冷漠以及反抗社会的倾向。相比之下，坐标轴上的O点位置表示理想的教养态度。

图6-3　西蒙兹关于双亲教养状态对儿童影响的研究

父母对子女的期望也会在很大程度上影响孩子的社会性发展。当前，有的家庭受功利思想影响，片面追求学习成绩，不注重其社会参与和与同伴的交流，这会对儿童的全面发展造成影响。有的家长很重视儿童的社会性发展，经常会让孩子去参加社会活动，甚至特意为其社会交往营造一些特定的情境，这会增进其交流沟通能力，提高在社会交往中的自信，有益于儿童后续的学习。但这也要把握一个"度"，即这种活动要在孩子不反感的前提下进行，有的孩子年龄小，对不熟悉的人会有畏惧感，如果一味要求去参与社会交往，可能会导致其心理不适，甚至产生反感，不但起不到提高交往能力的作用，甚至会影响日后的社会性发展。

（三）儿童社会化发展的家庭问题

儿童的社会化发展对儿童后期的发展非常重要，然而，较多家长却意识不到这一点。他们简单地认为，只要好好学习，将来就会有好的发展。他们造成这方面的原因主要有二，一是因为儿童发展是一个非常复杂的过程，多数家长缺乏相关的专业知识，他们对儿童的早期发展并未给予足够重视，或者只是表面的关注，并没有从行动上落实。直到孩子长大，才发现孩子交往、适应和协调等能力的重要性，而这时，孩子的个性已经形成，较难在短时间内进行改变。此外，传统的"唯分数"的思想也会对家长造成影响。当前，由于中、高考的压力较大，较多学校的作业较多，学校的评价也主要以分数为主，与之相随的是很多孩子都在业余时间补习功课。于是，对孩子怀有殷殷期望的家长们不再淡定，也希望孩子能通过学习考个好学校，有个好"平台"，将来一劳永逸。但这种行为又往往忽视了孩子社会化能力的培养，对孩子未来的发展产生不良影响。心理学专家在跟踪调查千百个成功孩子后，得出结论：孩子的素质教育应从源头——父母抓起。①

二、学校环境

（一）学校培养学生的社会化功能

从教育与社会的关系看，教育是为社会培养人才，即学校要根据社会对未来人才的需求对学生进行培养。一方面，学校要培养学生为社会服务的知识和技能，如某一方面的技能或专业化的知识。这是他们生存于社会、服务于社会的基本手段。另一方面，学生还要在学校养成社会化的素质，如道德观、社会观、人生观、价值观和社会行为规范等。这是保证其在生活中与他人正常沟通，融入社会的条件，是其实现人生价值的前提。在儿童进入学校之前，其社会化的范围和程度是有限的，进入学校以后，他们与同伴和老师有更多、更深入的交往：他们与同伴一块学习、玩耍、合作、争执，甚至产生矛盾和冲突，他们从老师身上得到了示范、纠正了态度、改变了方法。在学校中，儿童的社会化技能得到了实质性的发展，这为其日后的发展奠定了基础。

（二）学校教育中促进学生社会化的途径

学校教育中，首先，促进学生社会化的主要途径包括学习、班级管理、校园活动和社会实践活动。学习过程不仅是个体的认知过程，也是师生和同学之间交往互助的过程，在这个过程中，学生与教师互动交流，初步了解与成人或长者交往的礼仪，同学间通过合作、探究，理解到协作和共同发展的

---

① https://wenku.baidu.com/view/18dadbba6729647d27284b73f242336c1fb93050.html（家庭教育的智慧与艺术）。

重要性，并感受到同伴间的情谊。值得指出的是，体育课对学生的社会化发展的作用尤为明显，学生很容易在身体、大脑和心理的多重作用下发生变化，因此，体育课对于学生健康的人格、积极的人生观和价值观以及规范的社会行为的养成具有重要价值。其次，班级管理也是促进学生社会化的重要途径。学生在参与班级管理的过程中，锻炼了协调班级事务的能力，并学会了与同学和老师交往和沟通的技巧，这对于以后从事管理工作具有很大的帮助。有资料显示，较多优秀管理干部的工作能力是在学生时代培养的，再次，丰富多彩的校园活动为学生社会化发展提供了舞台。杜威认为，学校即是社会，学生在学校中不仅学习文化知识，而且通过一些兴趣小组和社团进行了社交活动，在活动中，他们构建了关系、塑造了个性、规范了行为、培养了能力。最后，学校组织的义务劳动、社区服务、爱心捐款和拓展训练等社会实践活动也会很好地促进学生社会化发展，通过活动，他们能在知、情、意、行等方面获得全面发展，在真实的社会体验中成长。

（三）学校教育在学生社会化发展中的问题

工业革命之前，学校教育的主要目的是促进学生的社会化发展，培养学生的公民意识，使他们具有良好的德性品行，树立为社会和国家服务的思想。无论是中国的士大夫，还是中世纪欧洲的骑士，学习的目的概莫能外。工业革命之后，随着科学技术的发展，学校教育的主要目的逐渐转变为科学知识的学习，社会化的目的被淡化。在我国的学校教育中，存在着社会化教育不足和过度两种现象。社会化教育不足主要发生在基础教育，较多学校过度注重知识学习，而忽视了学生社会化能力的培养。当前，频繁出现的学生伤人、自残和自杀事件，在很大程度上跟中小学忽视学生的社会化教育有关。在高校，则普遍存在着"过度交往"的现象，从学校到系部，各级班干部都有不同的任务，各种协会、组织和小组组织着不同的活动，在很大程度上影响了学生的专业学习。社会活动和实践固然对大学生的成长很重要，但其根本目的还是锻炼学生的能力，如果活动和交往过分，则会影响专业学习，得不偿失。

三、社会环境

如果把孩子比喻成一棵树，那么家庭教育就是根，学校教育就是树干，社会影响则是树枝和树叶。信息化社会时代，社会开放程度得到了极大的提高，与以前相比，社会对学生社会化发展产生了更大的影响，主要表现在社会惯习的影响、媒体的影响以及虚拟空间的诱惑。

（一）社会惯习的影响

生活在社会上的个体，总避免不了受到社会习俗和惯习的影响。学生虽然进行社会交往的范围不大，但也会从老师、同伴和家长等群体中接收到社会习俗和惯习的影响。由于职业的原因，老师对学生的影响通常是正向和积极的，由于具有相似的目标追求和心理，学生更容易从同学或学长身上接受一些社会观念。由于家长与学生接触时间较多，往往会对学生产生更大的影响，如他们对于社会正义的评价，对于相关事件的态度，都会潜移默化地影响学生的价值观。最典型的例子是家长对于学生学习的观念，受错误的社会观念影响，较多家长认为，孩子只要好好学习，就能取得好成绩，就能考上好的学校，将来就会有好的发展。于是，家长机械地让孩子好好学习、认真完成作业甚至要求孩子课余时间参加补习，并没有从实际情况对孩子进行具体的分析，以至于孩子总是被动地服从和应付老师和家长的安排，导致被动学习、不会学习甚至厌学。

（二）媒体影响

信息时代，学生和成人一样，无时无刻不受到电视、网络、手机和报纸等各种媒体的影响，尤其是以手机为代表的移动媒体，由于信息量大、携带方便、吸引力强等特点，更容易对学生产生影响。媒体对学生的社会化发展是一把双刃剑，一方面，他们通过电视、广播和社交平台拓宽了学生的知识来源，扩展了学生的学习空间，开阔了学生的视野，有利于学生的社会交流与互动，对他们的社会化发展产生了积极的作用；另一方面，过度的网络社交扰乱了他们正常的学习和生活秩序，2021年对某省的两项调查显示，目前中学生产生手机依赖的发生率8.75%，[①] 而绝大多数高职大学生每日上网时间超过2小时。[②] 而且，较多负面的信息对他们的心理产生了不良影响。大多数学生，尤其是中小学生，由于年龄小、缺乏社会经验，在丰富且具有较强诱

[①] 黄皓. 初中生体育锻炼、社交焦虑和手机依赖的关系［D］. 天津：天津体育学院，2021.
[②] 王大纲. 当代高职大学生网络素养现状调查与分析［J］. 职大学报，2021（05）：91-94.

惑的不良信息面前,极易发生观念改变,对其以后的社会化发展形成阻碍。

(三) 虚拟空间的诱惑

当前,每个人都生活在现实生活和网络构建的虚拟空间中,青少年也不例外,学习之余,他们更多的是借助网络进行社交活动。借助 QQ、微信、微博等社交平台,他们可以了解更多的信息、学习更多的知识、掌握在现实生活中掌握不了的技能,使自己的视野更加开阔,这在很大程度上加速了他们的社会化过程。同时,虚拟世界也对青少年的社会化过程产生了一些消极影响。一方面,由于青少年自我约束力不强,很容易沉迷于网络、滥于社会交往、荒废学业;另一方面,网络交往会导致青少年对现实交往的冷漠。由于现实交往中往往会产生矛盾和冲突,而网络交往往往能随心所欲,这使得他们不愿意在现实生活中交往,甚至会产生交往恐惧症。还有的青少年习惯了游戏中的打打杀杀,以至于把现实生活当成了虚拟世界,甚至走向了犯罪的道路。

第四节 互动学习的实践

一、互动认知的原理

新课改以来,学校"流行"过较多的学习和教学方式,如小组学习、合作学习、学习共同体等,并且产生了相应的教学模式,老师们也做过不少研究,但很少有老师思考,这些学习和教学模式为什么会被提倡,到底又是如何起作用的?对于这一问题,彭杜宏等提出了认知互动过程的分析框架,从成员间相互理解、相互支持和相互监控三方面解释了互动认知的原理。[①]

(一) 成员通过相互认同增强自我效能感

自我效能感是个体对于自身能力的估测和判断,它是一种自我评判意识,是个体自信力的体现。学习中,学生在确定自己的行为正确后,往往会产生自我效能感,从而增强自己持续学习的信心。对于新内容或难点内容,由于

---

① 彭杜宏,刘电芝. 认知互动:团队学习内部过程的透视 [J]. 教育学报,2009,5 (02):40-46.

缺乏相应经验，学生往往会表现出不肯定、犹豫、踌躇等心理，如果自身的做法能够被同伴识别和认同，他则会在心理上感受到同行者的支持，产生积极的情感体验，产生敢于竞争的精神，从而增强自我效能感；反之，如果自身行为被忽略或质疑，他则会加重不确定的心理，甚至会自我否定，使刚刚做出的努力消失、泯灭。实践表明，同伴或老师的认同对于学困生的学习提升有较大的作用。学困生由于长期成绩不佳而不被老师和同学关注，他们非常渴望摆脱困境，在其实施积极主动的行为以后，如果能被老师和同学们所接受或认可，他们会产生成功的喜悦，重新萌发突破困境的信心，如果继而跟进积极的行为，形成不断成功的良性循环，则很可能改变当前的状态。有较多的案例显示，成绩一般、不自信的孩子，如果能得到同伴、老师或家长的持续关注和认同，就会逐渐优秀起来。

（二）成员通过相互支持提高心理归属感

学习是一个极复杂的认知过程，它不仅与思维有关，还与情绪息息相关，当学习过程中伴随着良好的情绪时，大脑就会分泌多巴胺等神经递质，产生积极情绪，促进学习。在团队学习中，学生可以从同伴和老师那里获得帮助、得到鼓励，受到启发并相互关爱。集体的力量会使学生产生依附感、归属感和自豪感，由此产生积极的情感体验和自信心，最终形成强大的学习动力和战胜困难的信念。反之，如果成员间缺乏互动，就不会形成团结共进的学习风气，个人的学习状态也会不佳。新一代认知心理学不但强调了个体认知，还强调了学习系统构成要素间的互动，这种互动是一种流动的能量，新的知识就是在互动间创生出来的，学生的进步和成长也是随之发生的。

实践表明，在团队中学习往往比个体自主学习效果更佳，积极向上的班风更有利于学生的学习，这都证明了互动学习的作用。

（三）成员通过相互监控改善学习行为

学习过程中，学生有时会懈怠或退缩，如果要完全克服这种心理，需要自身有很强的自觉性和执行力，这仅靠自身的意志力是很难克服的，如果强制要求自己，久之，行为与情绪的矛盾会导致不良的心理反应，影响身心健康。如果同其他伙伴一同学习，团队的学习氛围会不自觉地形成自我约束，这种在潜意识下形成的自我约束无须消耗过多的精力，更容易做到。此外，同伴和老师会对学生的学习进行监控和督导，当学生状态低迷或出现不应有的错误时，老师和同伴会及时提醒，以帮助学习者改正。

案例6-2：小T今年上五年级，是一个开朗、好动的孩子，学习时总是走神，自己做作业时，做不到十分钟思想就开小差了，尽管他自己知道不应该去做这些事情，但总是控制不住自己。为了改正他不专心的习惯，妈妈就开始盯着他做作业，随时提醒他。妈妈在身边时，小T还能控制住自己，但妈妈离开后，他又忍不住了，并且比原来还厉害。在请教了心理专家后，妈妈了解到小T开小差的原因是对学习的逃避，可以通过集体的力量对小T进行约束，于是，她让小T约了几个同学一块在家写作业，效果果然得到了较大改善。这方面的原因可以从两方面进行解释，一是小T跟同学在写作业的间隙，可以与同学交流、玩耍，释放了学习给他形成的压力，精力更加充沛；二是伙伴们良好的学习氛围从潜意识层面对小T进行了约束，在意识层面，他只需做出较小的努力即可控制自己的行为。

前面讲到，学习要从认知、行为和情绪三个层面理解，学习中的互动，无论是提高学习者的自我效能感和心理归属感，还是提高自我监控能力，从根本上说，都是情绪起到了作用，即情绪是互动发挥作用的根本原因。作为指导学生学习的老师，应该明确互动与情绪的关系，只有如此，才能从根本上去设计教学活动。较多的学校和老师在教学中，只是习惯从操作层面套用合作学习、协作学习等教学模式，却不能从根本上理解为什么要这样做，这种教学缺乏深度和有效性。

二、互动学习的形式

传统认知心理学只是从个体思维层面对学习进行研究，而新一代认知心理学注重社会认知和文化认知的作用，突出了学习中交互的作用。信息化时代，每一位学习者和教师都应认识到，学习不仅是个体的行为，而且是人与人之间的交流与互动。学习不仅需要良好的物质条件和信息资源，还需要良好的学习氛围和人文环境，尤其需要"志趣相投"的学习伙伴的支持。从规模上讲，基于互动的学习形式主要有小组学习、团队学习和组织学习三种类型。

(一) 小组学习

　　小组学习是互动学习的最常见的一种形式，它是以 4~6 人为单位，将全班分为不同的小组，通过小组内部学生之间开展讨论、合作、共享，从而解决学习问题。近年来，随着课堂教学改革的深入，小组学习在中小学中得到了广泛的应用，一时间，小组学习成为最流行的学习方式。小组学习在展现魅力的同时，也存在一些问题，如学习过程存在模式化，即无论什么课程、无论什么课型都采用固定的学习流程，先自学，再讨论，再分享。另外，问题解决中存在形式化问题，多数同学只是进行简单的发言，主要还是由个别的"领头羊"一语定"乾坤"。

　　小组学习的模式化问题和形式化问题，说明教师只是注重了小组学习的形式，并没有从根本上理解小组学习。在教学中运用小组学习，首先要认识开展小组学习的目的。小组学习的目的基本有两个，一是通过组内同学间的交流，激发学习情绪，调动学习积极性，发挥自主学习实现不了的作用，正如学者赵健在《学习共同体的建构》一书中谈道："每个个体都有自己独特的认知特点。当一群人以一定的方式聚集在一起，产生一定的社会交往时，这个群体就开始具备一些其个体无法独自表现出来的认知特点"[1]。二是通过小组学习，培养学生与他人合作的意识，为以后的发展提高认识。此外，要掌握好小组学习的原则，一是组建小组时的"异质"性原则，即组内同学学习状况存在不同是小组学习得以开展的基础，也是小组学习开展的目的需要。二是实施过程中的民主性原则，让同学敢于发言，畅所欲言，增强学习的身份感是小组学习的目的之一，是促进学习的必要条件，其发言正确与否，并不是最重要的。小组学习中，还要正确认识学习过程中的"乱"象，正确处理小组学习和个体自主学习的关系。学习是一个涉及观念、态度、方法、思维、行为的复杂过程，多人组成的团体中，从表面上看，往往是无序并充满争执的，但每个人都有自身关注的问题，都是条理明晰的，一旦矛盾得以解决，便会达成一个"平衡""和谐"的状态。小组学习的目的是更好地促进自主学习，因此，在小组学习之前，要先进行充分的自主学习，使问题得以产生；小组学习之后，要配以练习，以巩固小组学习形成的成果，提高自主学习的能力。

---

[1] 赵健. 学习共同体的建构 [M]. 上海：上海教育出版社，2008：9，17.

（二）团队学习

团体学习是指以集体为单位的学习，在团队学习中，成员可以互相交流、互相启发、共同进步，它最大效度地发挥了成员的交互作用和群体效应，这种交互作用和群体效应使个体的学习行为更有效。

团队学习本质上还是个体学习，由于加入了团队，个体学习过程在心智模式、工作目标、资料收集、激励机制和混沌阶段等诸多环节都得到改善。[1] 团队学习中，心智模式的改善是关键，它会使个体学习的思路发生改善，从而使学习过程的各个环节得到改善；工作目标方面，除了共同的团队目标外，成员在团队内都充当了一定的角色，这种明确而具体的目标会增加成员的"靶向"意识，从而提高行动准确度和招待力；资料收集方面，由于个体收集的资料需要在团队内分享，因而会增强个体的责任意识，从而提高资料的质量；激励机制方面，相关观点可以得到同伴的认同，学习成绩可以得到其他成员的承认和赞许，暂时的挫折可以得到其他成员的支持与鼓励，从而激发自己的自我效能感，提升学习动力。

团队学习在两方面优于个体学习，一是在团队学习中，各成员可以开展争论和反驳、质疑和答辩，使不同角度的提示、讨论和交流形成思想碰撞，促进知识融通，实现知识的自组织，突破学习的混沌状态。二是团队学习实现了"双环学习"。个体学习本质上是一种"单环学习"，是一种解决问题的逻辑，即PDCA（Plan-Do-Check-Action）的品质循环。而"双环学习"则通过对心智模式的检视，实现了真正有效的闭环学习。单环学习和双环学习的原理如图6-4所示。例如，在数学学习中，对于"为什么学不好数学"这一问题，单环学习的观点往往认为是练习不够多，或者方法有偏差，于是只能从练习数量和思路上进行完善，只是对"行动"的优化。而双环学习则会认为，成绩不好是由于对数学的认识不到位导致的，比如，没有认识到数学和生活的联系，没有认识到严谨的态度对于数学学习的重要性，包括如何书写、坐姿如何等，于是便会从心智模式上进行调整。

---

[1] 李栓久，陈维政. 个人学习、团队学习和组织学习的机理研究 [J]. 西南民族大学学报（人文社科版），2007（09）：214-218.

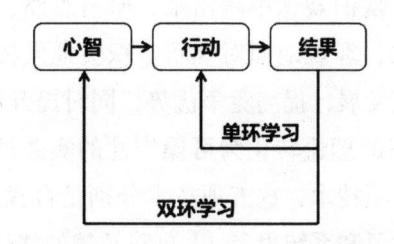

图 6-4　双环学习和单环学习

[资料来源：《个人学习、团队学习和组织学习的机理研究》，西南民族大学学报（人文社科版），2007年第7期]

（三）组织学习

组织学习是指组织为了实现发展目标、提高核心竞争力而围绕信息和知识技能所采取的各种行动，是组织不断努力改变或重新设计自身以适应持续变化的环境的过程。组织是由个体构成的，组织学习的概念实际上是从"个体学习"（Personal Learning）借鉴引申而来的。组织学习也不是个体学习的简单累加，而是由个体学习组成的认知系统，它与个体学习存在相互影响和相互制约的互动作用，同时保持着特定的行为模式、思维准则、学习文化和价值观等。

小组学习、团队学习和组织学习的学习单位分别是学习小组、学习化团队和学习型组织，三者的主要区别在于规模。"学习小组"规模最小，一般只有几个人；"学习化团队"是指层次结构比较简单的基层组织，如班级、学生社团等；而"学习型组织"则往往指规模较大、层次结构比较复杂的组织系统，如学校系统、社区系统等，它包含了基层组织，但更强调不同层次组织系统之间复杂的结构关系。

20世纪90年代，美国麻省理工学院博士彼得·圣吉（Peter M. Senge）将系统动力学的理论和方法论运用到企业的创新和培训中，创立了"学习型组织"理论，组织学习是学习型组织的发展策略。在对企业的研究中，彼得·圣吉发现了一个让人费解的现象：在许多团队中，每个成员的智商都在120以上，而整体智商却只有62；许多企业曾经声名显赫，几年后却无声无息地消失了。他认为，出现这种状况的根源在于团队成员目标分散，凝聚力不强，从而出现"三个和尚没水吃"的效应，归根到底是"组织的智障妨碍了组织的学习与成长"。彼得·圣吉认为，如果企业的每一个员工都能够转变观念，打破以往的思维定式,从旧观念中跳出来,厘清思路,超越自我,把个体目标和组织目标结合起来,客观地面对现状,积极地发挥聪明才智,就能有效地改变现状,推动组织发展,提高竞争优势,同时提升自身能力。

为了使学习型组织的理论转化为可操作性的实践模式,彼得·圣吉提出了创建学习型组织的五项技术,这五项技术分别是自我超越、改善心智模式、建立共同愿景、团队学习和系统思考。[①] 自我超越的修炼是学习型组织的精神基础,它需要不断厘清并升华个人的真正愿望,集中精力,培养耐心,客观地观察现实,并用智慧来解决问题;心智模式是指那些深深固结于人们心中,影响人们认识周围世界,以及采取行动的许多假设、成见和印象,是思想定式的反映。新的想法无法付诸实施,常常是因为它与人们对于周围世界如何运作的看法和行为相抵触。因此,审视自己的心智模式,否定、抛弃旧有的心智模式,用新的眼光看世界,形成新的心智模式,对于建立学习型组织来说,是一项重大的突破;"共同愿景"是指组织中所有人想创造什么,是组织中所有个人愿景的整合,它遍及组织所有的活动,又能使不同的活动融合起来。对学习型组织至关重要,共同愿景能为学习聚集能量,只有当人们致力于实现共同的理想、愿望和共同的愿景时,才会产生自觉的创造性学习;团体学习是建立在自我超越和共同愿景之上的,是发展团体成员整体搭配与实现共同目标能力的过程,它可以发挥团队成员的集体智慧,使学习转化为现实的生产力。在学习型组织中,学习的主体是团队,如果没有团队学习,组织学习便成了空中楼阁。只有众多团队都成为学习化团队,并以学习为纽带,凝聚成一个不可分割的有机整体,才能成功构建一个生机勃勃的学习型组织;系统思考是五项修炼的核心,是对其他四项修炼的统筹。它能让人们以"系统"和"动态"的观点分析问题,使人们看见互相关联的事件以及逐渐变化的形态,避免"只见树木不见森林"的思维。

近年来,彼得·圣吉将学习型组织的理论和技术推广应用到教育系统,试图对学校组织进行学习化改造。他提出了一个令人吃惊的判断:现在的学校不是学习型学校[②],而是按照工业文明的流水线建造起来的缺乏生命活力的学校,这种学校组织结构严重扼杀了学生和教师的创造性。这种思想和理念提出后,在东西方教育系统中产生了激烈争论和强烈反响。一场对学校组织

---

① [美]彼得·圣吉. 第五项修炼[M]. 郭进隆,译. 上海:上海三联书店,1998:7-13.
② [美]彼得·圣吉,等. 学习型学校[M]. 杨振富,译. 台湾:天下远见出版社,2002.

进行学习化改造的世界潮流正方兴未艾地进行,而且必将迅速扩展和不断深化。

三、互动学习的策略

(一) 教师与学生互动的策略

教学的过程本质上就是教师和学生互动的过程,学生只有在与教师不断的互动中,才能发现自己的不足,并通过不断修正和改变自身观点实现能力的提高。教师与学生互动,就要深刻理解互动的意义和原理,将之运用到教学中。具体来说,师生互动主要有以下策略。

• 设计互动情景,引导学生进行自主学习。教师设计生活化、情景化和可视化的活动,丰富学习内容,激活学生的思维,使之产生丰富的体验,产生具身认知。

• 激发学生的积极情感。教师通过关心、鼓励和积极评价学生,使学生亲其师,信其道,接受教师的建议,提高学习的动力。

• 采用恰当的方式与学生互动。通过问题、示例和比喻等方式与学生对话,引发学生准确而深入地理解,促进有效学习。

• 互动中讲求层次和逻辑。根据学生对问题的理解与学生进行有层次的互动,引发学生"剖腹产"式的思考,提升逻辑思维能力。

• 让学生形成自组织。给予学生充分的自主时间,让其通过与外界交换能量和自我梳理,降低熵含量,从无序走向有序,形成基于自身特点的知识组织方式和学习方式。

(二) 学生与学生互动的策略

学生具有相同的身份,具有共同的学习目标和共同关注的话题,他们之间的互动往往比师生之间的互动效果更好。同时,学生意识不到相互之间的影响,他们之间的互动往往又是自发的。因此,在教学中,教师应给予有效的设计和指导,使学生间进行合理、合情的互动,以促进共同学习。生生互动的策略主要有以下几种。

• 学会相互倾听。在互动时,学生首先要学会听别人诉说或讲解,然后再与自己的理解进行比较。有的同学不善倾听,不求改变,以至于故步自封,限制了向他人学习的机会。

- 相互讲解、评价和分享。互动中，互相提问、讲解、评价和分享，可以从不同的视角理解知识，做到对知识的融会贯通。同伴被肯定或感受到自己的成就后，也会增强自我效能感，提升学习的信心。
- 结交志趣相投的伙伴。与性格、爱好相投的同学结成学习伙伴，共同学习，相互帮助，有难共扛，有乐同享，能为学习提供强大的情绪支持，促进共同进步和成长。

（三）在线学习的互动策略

交互是在线学习最重要的策略，在线教学时，教师应把握如下互动原则。

- 做出明确而具体的要求。要求学生完成的任务应明确而具体，避免表述不清而使学生理解有偏差。
- 及时反馈。对于学生的问题或有期待的信息，应及时给予回应，并持续关注，以形成"反馈-效果"回路。
- 给予准确而详细的评价。结合学生的学习情况，做出正向或负向的详细评价，以帮助学生明确自己的优势并有针对性地进行改进。
- 结合目标进行评价。结合学习目标的达成程度或持续改进的要求进行评价，以增加学习活动的有效性。
- 注重情感交流。在互动中融入情感交流，以克服在线学习的不足，或是多给予正向评价，以调动学生的学习积极性。

第七章 学习管理

案例 7-1：小 U 和小 V 是儿时的伙伴，两人从小学到高中毕业一直是同班同学，他们的智力水平差不多，准确地说，小 U 比小 V 更强一些，不同之处是小 V 做事比小 U 有条理，表现在学习上，就是善于管理自己的学习。比如，每天学完后，小 V 都会主动梳理自己的学习内容；阶段性学习结束后，会对自己的错题、试卷进行归类、整理。从小学到初中，小 U 和小 V 的成绩都在班级中名列前茅，但进入高中后，小 V 的成绩远远超过了小 U。

评析：影响学习的因素有很多，除智力外，还跟情感、意志、兴趣、行为及信念等多个非智力因素有关。从案例看，小 V 的成绩在高中阶段超过小 U，主要是在学习行为习惯上做得比小 U 好，更确切地说，小 V 赢在了学习管理上。小学和初中阶段，学习内容相对简单，小 V 在学习管理上的优势并没有显现出来，或者说小 U 在智力上的略胜一筹掩盖了其在学习管理上的不足；但到了高中后，学习内容难度增大，决定成绩的并不只是智力，这时，非智力因素的作用就显现出来了，表现在行为上，就是学习管理能力。

管理学是研究管理规律、探讨管理方法、建构管理模式的一门学科。在所有的领域中，管理都是至关重要的。生产中，管理可以保证产品有效地生产和销售；服务行业，管理能够实现供求平衡，提高服务质量；高科技领域，管理能够严格技术标准，提高技术竞争力。同样，在学习中，学习者学会管理自己的学习，有助于系统地梳理知识点，熟练把握重难点，科学地掌握学习方法，从而促进深度学习，提高学习效率和质量。

第一节　学习管理的相关理论

管理是指应用科学的手段安排和组织活动，使其有序进行。每一个行业，都需要科学地管理，如生产经营活动需要管理，家庭盈余需要管理，人际关系也需要管理。同样，学习也需要管理。普遍意义上的学习管理指的是利用管理学的方法，通过计划、组织、领导和控制等手段，把学习程序化、流程化、规范化，从而达到高效学习的目的。对于个人而言，学习管理是指对自己所学知识、技能和方法等进行科学组织，以提高学习效率。进行学习管理，必须了解相关的理论，以从根本上理解为什么要进行科学管理。

一、主体性理论与学习管理

（一）主体性的含义

主体是一个哲学范畴，主体是指从事实践活动或认识活动的人，学习活动主要是由学生实施和执行，即学生就是主体。主体性是人本质力量的外化，能动地改造客体，影响客体，控制客体，使客体为主体服务。历史上，先哲们对人的主体性从未间断过，从苏格拉底的"认识你自己"到中世纪的"反对神权，尊重人性"，到近代笛卡尔的"我思故我在"和费尔巴哈的"我欲故我在"，都是对人主体性的代表论点。马克思以人自由而全面的发展为归宿，将主体性理论进行了更为科学的分析，做出了"人的根本就是人本身"的总结性界定。

人的主体性包括两方面的含义[1]，一是人作为主体的能动性，即人在现实生活中，并不是受制于外物或他人作用的被动存在，并不听从于某种命运的摆布，而是能自觉地根据自己的意愿开展活动，这一含义是对被动的"客体"而言的；二是人作为主体的创造性。人不仅是能动的，而且是富有创造性的。创造性是主体能动性的最高表现，其实质是对现实的超越。人类新技术的不断发现和革新，即是人主体创造性的最好表现。

---

① 李鸿昌. 主体性理论在成人教育实践中的应用探析 [J]. 成人教育，2011，31（08）：53-54.

(二) 主体教育理论指导下的教育理念

主体教育是一种基于主体哲学对教育培养什么样的人以及教育活动的认识，是一种教育的观念或教育哲学思想。其基本观点是：人是教育的出发点，人的价值是教育的最高价值；培育和完善人的主体性，使之成为时代需要的社会历史活动的主体，是教育的根本目的；主体教育的过程必须把受教育者当作主体，唤起受教育者的主体意向，激发受教育者主体的自主性、能动性和创造性，使教育成为主体的内在需要，成为主体自主建构的实践活动。

20世纪80年代初，我国的著名教育专家顾明远教授率先发表文章，提出"学生既是教育的客体，又是教育的主体"的重要观点，引起了教育学界的一场大讨论。黄济、王策三、王道俊、郭文安等一些著名教授纷纷发表见解，支持并进一步阐发"学生是教育主体"的观点，形成了主体教育思想。与此同时，一些教改实验把确立和发挥学生的主体性作为一项重要原则来施行。从1992年起，由北京师范大学裴娣娜教授领导，全国师范院校和部分科研单位的中青年教育专家、学者广泛参与，开始了全面、深入的主体教育实验研究。

在主体教育思想的影响下，形成了"学生为主"的教育理念。例如，明确了"学生主体，教师主导"的师生地位，明确了教师作为组织者、指导者和教练的作用，教学设计提倡围绕学生进行学习活动设计，教学过程要围绕学生学习组织教学，教学评价要关注学生的主观感受等。主体教育对传统教育中不合理的行为方式和思维方式进行变革，确立了以学生为中心的现代教育观念。

(三) 学生主体意识的培养

对学生进行学习管理能力的培养过程，也是其主体意识的培养过程，是树立主体意识、生成主体思想以及落实主体行动的过程。概括起来，学生主体意识的培养可以通过三种方法进行：一是培养学生的问题意识。"疑是思之始，学之端"，问题意识是学生学习时主动怀疑、积极探究的心理状态，是根据自身学习状态对知识的建构反映。有问题意识，在学习上才不会盲从和被动，同时，通过对问题的分析和解决，学生能感受到自身的价值，增强主体意识；二是培养自己的兴趣。兴趣往往孕育着自己独立的思考，是主体意识的外在表现。每个人往往对自己感兴趣的事会投入较高的情绪，能尝到探索和成功的喜悦，从而增强主动做事的信心；三是尽量通过肯定提高学生的情绪体验。学生处于身心发育的特殊阶段，有较强的表现欲和自尊心，讲面子，怕被取笑，易感染。在教学中，对于学生独立完成的任务或表现好的方面，教师应尽量给予肯定或表扬，使他们产生成就感，感受到自身的价值，提高主体体验。

二、人本主义理论与学习管理

（一）人本主义的教学观

20世纪70年代初，美国教育出现危机，教育改革聚焦于"以学生为中心"的教育理念，人本主义教育应运而生，其代表人物是卡尔·罗杰斯。人本主义教育家主张尊重学生个体，鼓励学生自主学习，它强调人的价值和人的作用，主张探讨完整的人，强调人有巨大的发展潜能，并且有自我实现倾向及发挥潜能的倾向。让学生学会自我管理，就是把学生当成一个完整的人、一个正在发展中的人、一个可以进行自我教育和自我管理的个体。自我管理强调学生作为个体的主观能动性，重视培养学生的自主性，这与人本主义理论的内在要求是一致的。

将人本主义作为一种指导思想贯彻于教学实践的各个环节和要素，可以为教学提供有效指导。教学目的方面，人本主义教学促进学生适应变化，提高自主学习的意识；课程方面，人本主义把重点从教材和资源转向个体，实现了以"人"为本，而不是以"物"为本；师生关系方面，提出教师必须具备四种态度品质，分别是充分信任学生、以真诚的态度对待学生、尊重学生的个人经验和深入理解学生的内心世界，以促进学生个性的发展；教学过程方面，强调针对学生的具体情况开展个别教学，以实现真正意义上的个性化发展。

（二）教育实践领域人本主义理念的缺失

根据人本主义理论，教学的目的就是关注人的整体发展，促进人的"自我实现"。因此，教学应以学生为本，教学过程应遵从学生的认知规律，教学效果应注重学生的自我评价。因此，从理论上讲，学习环境的创设、学习资源的开发以及教学活动的开展都是为学生服务的,学生在学习中也应是主动的、积极的;而实际上,较多中小学的情况并非如此。尽管"以人为本""以学生为主"等口号喊了很多年,但很多学校的课堂还是以讲为主,课后作业沉甸甸,而学生真正的问题却并没搞明白。这在很大程度上削弱了学生的自主意识。较多学生感到,学习并不是他们自己的事情,而是教师和家长强加给他们的,于是他们的目的就是完成作业,以避免教师的批评。因此,他们不愿学习,知识是否学会,能力是否提高,统统与他们无关,因为他们感受不到自身的存在感。如此,在情绪上与学习形成了敌对,自然不会主动管理自己的学习。

造成这种状况的原因主要有两方面。一是功利主义带来的恶性竞争,受社会竞争的影响,每个家长都想让孩子考出尽量好的成绩,考上好的高中和大学,学校和教师都想让学生考出好的分数,以扩大声誉。为了应付各方面的要求,学生不得不被动应付。另一方面,个人认为,人本主义理念的缺失与部分教师专业知识的缺乏也有一定的关系,他们只注意到了认知主义和科学主义,却没有认识到生命教育的价值,本质上这是一种教育的短视。较多年轻教师,由于缺乏经验,一味盲从学校的要求和其他教师的做法,而没有从一个教师应有的自觉去反观自己的行为。

学校和教师,应深刻理解"学生为本"的价值,关注学生的情绪,围绕学生设计学习活动,内容勿多,速度勿快,一步一个脚印,逐步推进教学,使其能够进行有深度的学习,并管理好自己的学习。

(三) 基于人本主义的学习管理策略

学生的学习管理是对自身学习的管理,是在对自身学习状况进行科学分析和研判后做出的,其组织和实施必须围绕"自身"这一中心。首先,学习管理是个性化的。每个人知识基础和经验不同,学习的层次和水平不同,学习管理的内容和方法也不同。学生要坚持以自己为主,结合自身学习进行反思、归纳和管理。教师要充分尊重每个学生不同的学习状态,允许其进行个性化的自我管理,避免千篇一律的做法。其次,要尊重每个人的情绪状态。每个学生在不同时刻有不同的心理状态,这一状态往往决定了学习的效果。作为教师,应理解这一点,顺应学生的学习情绪,保护学生的认知天性,培养其对学习的乐趣和激情。最后,应鼓励学生进行自我评价。在学习中,只有自己最了解自己的状态，只有通过自我评价和反思，才能不断调控学习的进度，适时改变学习方法与策略，从而合理调整学习目标与计划。

三、元认知理论和学习管理

（一）元认知与学习管理的关系

元认知指的是对认知的认知，是认知主体关于自己认知过程的知识和调节这些过程的能力，元认知的实质是对认知活动的自我意识和自我调节。首先，从内容上讲，学习管理的对象包括元认知的对象。学习管理是对学习系统的计划、组织和实施，既包括知识的管理，也包括对学习方法和学习策略的管理，还包括对自身学习态度和行为管理，它是全方位的；而元认知是对认知的认知，即如何进行学习，主要指的是学习方法问题。显然，后者是前者的一部分。其次，从逻辑上讲，学习管理始于元认知，元认知是实现学习管理的基础。元认知是对自己存在问题的反思，属于意识问题，是一种"思维状态"。而学习管理表示一个"过程"，它包括意识、方法和行动，没有对问题的意识，就没有所谓的方法和行动，有效的学习管理源于元认知。

（二）元认知在学习管理中的作用

在学习管理中，元认知的作用包括意识、规划以及调控。意识是指通过元认知，意识到自身学习存在的问题，明确学习管理的目标。例如，自己虽然学习很刻苦，但成绩总是不理想，这就要反思自己是不是学习方法有问题；再如，平时成绩不错，但考试总是考不好，就要反思自己是不是缺乏考试的技巧。规划是运用元认知知识对学习管理的内容和方法进行设计。学习管理的内容包括知识、方法和技巧、思维、态度和行为等多方面，不同的内容要采用不同的方法，如管理知识可以用画思维导图梳理知识结构的方法，管理方法和技巧可以用专题归类的方法，管理思维可以用文本描述的方法，态度和行为管理可以用比较对比的方法。调控是对学习管理行为的监控及调整。在学习管理中，需要运用元认知监控监督学习的实施情况、评价效果与目标的关系，发现新的问题并及时做出调整。元认知为学习管理提供心智动力，元认知能力不足就难以进行学习管理。在学习中，有的学生虽然智力水平较高，但元认知能力不强，别人提醒时能做得较好，不提醒就不会主动反思问题，缺乏问题意识和学习管理的能力。

（三）运用元认知提升学生的学习管理能力

影响元认知能力的后天因素通常有两个：一是与个体的思维习惯有关，如果孩子在学前没有培养良好的问题意识，上学后就会表现出元认知能力的不足；另一方面，元认知能力与个体做事的动力有关。学生如果对所做的事情感兴趣，往往会表现出很强的元认知能力，能够主动思考和钻研；反之，则会消极被动。

运用元认知能力提升学习管理能力，首先要学会反思，反思自身学习的不足，并分析产生问题的原因。这就要求家长从小注意培养孩子的问题意识，让他们在生活中学会问问题，敢于问问题，乐于问问题，养成思考问题的习惯。在学习中，教师要善于用问题与学生互动，鼓励学生提问题，以问题带动他们的思维发展。同时，教师和家长要注意培养学生的学习兴趣。要让他们了解知识的用途和价值，以提高学习的动力和元认识的意识。较多学生对学习不感兴趣，就是对所学知识的用途不了解。小学生和初中生往往凭感觉学习，到了高中，当他们意识到学习的价值后，就会表现出较强的元认知能力和学习管理能力；最重要的是，学生要在学习中，通过不断的反思、更正和提高，改善学习状态，教师要借此引导学生认识元认知对学习的促进作用，提升他们主动进行学习管理的意识。

第二节 学习管理能力的影响因素

影响学生学习管理能力的因素是多方面的，这些因素可能是意识层面的，可能是习惯性的，还可能与性格有关，有些与学校教育有关，有些与家庭教育或社会影响有关。培养学生的学习管理能力，需要全面了解这些因素，统筹考虑，及早下手，为学生一生的持续学习做好准备。

一、家庭因素

（一）家长的文化水平和教育理念

在孩子一生的成长中，家长与孩子接触最早，相处的时间最长，家长的理念和水平对孩子的管理能力有较大的影响。赵海燕（2006）认为，家长的教育素质是影响学生自我管理水平的关键因素。家长教育观念的偏颇以及不合理的教育方式，都会直接影响孩子的健康成长。[①] 调查显示，父母文化水平高、地位较高的孩子，在学习中通常表现得更有条理。很重要的是，家长对孩子的学习给予了更多关注，并且能用其所掌握的知识对孩子进行教育。例如，有的家长很注重孩子在低年级阶段自我管理习惯的养成，有的家长不定期地让孩子反思近期的学习状况，还有的家长在考试前后和孩子一同整理试卷和错题。这些措施对孩子学习管理能力的提升都是非常有益的。相反，过分溺爱和保护的教育方式会使孩子形成依赖和被动心理，不利于孩子学习管理能力的培养。

案例 7-2：妈妈对小 W 的数学学习格外用心，每天做完作业，妈妈都要帮他检查，把做错的题目用红笔标出来，帮他总结出错的原因，并再找类似的题目进行练习。从三年级到五年级，妈妈都坚持这样做，但效果并不是特别好。直到有一次小 W 的妈妈与一位心理专家交流后，她才恍然大悟：自己一直是在代替孩子进行学习管理，实际上孩子的学习管理能力并没有多大提高，应该指导小 W 自己进行分析和总结。

上述案例中，小 W 的妈妈虽然对孩子很负责，但由于缺乏相关理论知识，采取了不恰当的教育方式。当前，教育理念多元而繁多，家长需要不断学习科学的教育理念，提升自己的教育水平，以正确的方式帮助孩子成长。任何职业都需要执证上岗，唯独当父母是无证上岗，只能边做边学。孩子的教育只有一次，没有"如果"和"假设"。因此，家长应高度重视家庭教育，为孩子的学习和成长打好基础。

（二）家庭氛围

美国学者 Gerald Corey（1986）认为，学生的自我管理水平与家庭教育的氛围紧密相关。其原理可以从具身学习和情境学习理论进行解释：学习是身心共同参与的，孩子长期同家庭成员共同生活，受到他们言传身教的影响，就会不自觉地接受他们的观点和行为。例如，如果哥哥姐姐在学习上有自我

[①] 赵海燕. 我国小学生自主管理能力的培养与研究 [D]. 长春：东北师范大学，2006.

管理的习惯，就会给弟弟妹妹起到一个示范作用，如果家长做事井井有条，孩子在生活上也会如此，这也会自然迁移到学习上。因此，家长应特别重视良好家庭氛围的创建，为孩子营造一个自主、独立又不失和谐的家庭氛围，这会以潜移默化的方式影响孩子，培养他们良好的习惯。特别是当孩子在2~7岁的时候，他们处于成长的关键期，会较容易地接受外在的观念，孩子的较多习惯就是在这个时期形成的，到了小学高年级或初中阶段，较多的不良习惯是难以更正的。较多家长在孩子小时候并没有给予足够的重视，等孩子大些才发现问题，但已较难纠正。

二、学校因素

（一）学校和教师的教育理念

学习是一个复杂的过程，不仅与智力有关，还与性格、习惯、态度和兴趣等非智力因素有关。学习不仅要发展智力，也要从管理的视角出发，统筹好非智力因素在学习中的作用。学校和教师必须明确这一点。然而，对于学生的学习管理能力，较多学校和教师做得并不好，他们更多地关注了学生的认知思维发展，却没有重视学生的学习管理能力，或者说，只是空喊了一些口号，却并没有落到实处。这在很大程度上影响了学生的学习和持续发展。

到了初中阶段，学生就有了较强的管理意识和自觉性，学校和教师应从诸多方面帮助孩子进行学习管理。知识方面，要指导学生前后联系，形成知识结构；方法方面，要指导学生学会抽象归纳和分类比较；习惯方面，要日积月累，形成自然，并及时反思和完善；此外，还要引导学生正确认识自己，了解自己，为更好地管理自己提供心理支持。

（二）学校的教育方式

学校是引导学生学习的主阵地，科学正确的学习管理习惯与学校教育有很大关系。但当前，学校的一些不适当的教育方式却限制了学生学习管理能力的养成。杨怡兰（2014）认为，学校的管理太过于"面面俱到"，扼杀了学生的创造性，影响了学生自我管理的发展。[①] 李挥（2011）认为，学校里

[①] 杨怡兰. 高中生自我管理能力培养研究——以四川省泸州高级中学校为例 [D]. 成都：成都四川师范大学，2014.

陈旧、片面的教育方式，严重打击了学生进行自我管理的积极性；课堂里单一、乏味的教学方法，阻碍了学生自主思维的发展，不利于形成正确的自我管理行为习惯。学习管理能力是学生对自身学习的管理，应以"自我"为中心进行培养，即要管理自己，做到知行统一。这就要求学校教育要尊重每个学生的不同情况，使其对自身学习状况进行个性化管理。而实际上，学校和教师的要求往往是统一标准的：统一的讲解、统一的作业和整齐划一的评价要求，这使得多数学生将目标聚焦于本不属于自己的较高标准上，而忽视了自身的实际状况。更重要的是，为提高学习成绩，目前较多学校普遍采用了"刷题"学习模式，以练代学，以考代学。这使得较多学生疲于应付作业和考试，没有更多的时间进行反思和管理，这对学生的深入学习造成了很大影响。而学校正确的做法应是：让学生的节奏慢下来、静下来，以研究的心态平心静气地进行学习，在学习中学会思考，学会反思，学会管理，使学习真正发生。

三、学习者自身因素

（一）自我意识对学习管理能力的影响

自我意识是个性心理结构的核心部分，是"作为主体的我对自己以及与周围事物的关系"[1]的一种意识。自我意识表现为认知的、情感的和意志的三种形式，分别称为自我认识、自我体验和自我调控。[2] 自我认识是指个体对自己的认识，属于自我意识中的认知因素。自我体验是自我意识的情感成分，在自我认识的基础上产生，反映个体对自己所持的态度，如自爱、自尊、自信和自卑等层次。自我调控是指个体自我控制自己活动的能力，属于自我意识中的意志因素。自我意识具有意识性、能动性和稳定性的特点。

自我意识对学习管理能力的影响表现在三方面。首先，自我意识是学习管理的基础。学习管理需要学生以"自我"为中心，对自己所拥有的知识、思维和资源等内容进行组织和管理。自我意识的产生有利于个体明确"自我"主体和知识、思维以及资源等客体内容，形成主客体关系的正确认识；第二，

---

[1] 皮连生. 学与教的心理学 [M]. 上海：华东师范大学出版社，2003. 51.
[2] 苏京，詹泽群主编. 大学生心理健康教育 第 1 册 [M]. 天津：天津科学技术出版社，2009.05：37-39.

自我意识能帮助学生科学地规划自己的学习活动，使学习策略更加合理并符合自己的实际，进而提高学习的针对性，增强学习的有效性；第三，自我意识能影响学习者对自己的评价。自我意识水平低的学习者往往不能正确评价自己的学习水平，造成行动与认知不同步；相反，自我意识水平高的学习者能恰当地评价自己的学习水平，从而采取准确的学习行动，实现有效学习。

中小学生的自我意识随年龄增长从低水平向高水平发展，在低年级阶段，其自我意识较低时，学习欠主动，缺乏学习管理的意识，其成绩可能会不是很理想，较多家长会比较着急。但只要其基础不差，随着年龄的增长和自我意识的增强，其学习主动性也会增强，成绩会逐渐得到提升。

（二）成就动机对学习管理能力的影响

成就动机是个体努力完成自己认为重要或有价值的任务，并为此去克服困难和挫折的一种内在心理动力。作为一种稳定的人格特征，在内部的心理素质上，成就动机表现为一个人的责任感、进取精神和事业心等。研究成就动机理论最著名的学者要数麦克利兰（David McClelland）和阿特金森（Atkinson）。麦克利兰提出了情绪激发的成就动机理论，他认为，成就动机是人格中非常稳定的特质，个体记忆中存在着与成就相联系的愉快经验，当情境能引起这些愉快经验时，就能激发人的成就动机欲望。阿特金森提出了成就动机的价值模型理论，他认为动机水平依赖于对实现目标的价值判断、任务成功的可能性以及成就需要三个因素，这三个因素综合作用，影响着个体的成就动机。

诸多研究发现，成就动机与学生的学习管理能力有密切的关系。陈本友、邓凌等通过研究发现，中学优生的时间管理倾向与追求成功动机之间存在着显著的正相关，且对成就动机具有显著的预测作用。[1] 刘胜敬对高中生的研究结果表明，成就动机与自我管理能力之间存在一定程度的相关，但相关程度不具有显著性。[2] 杨玲、何培宇等指出，大学生的情绪管理、认知管理和时间管理越积极则其追求成功的动机越强烈，情绪管理水平越高则避免失败的动

---

[1] 陈本友，邓凌，黄希庭，辛增友. 中学优生的时间管理倾向与成就动机的相关研究 [J]. 西南大学学报（人文社会科学版），2006（04）：5-8. DOI：10.13718/j.cnki.xdsk.2006.04.002.

[2] 刘胜敬. 高中生成就动机、自我管理能力与学业成绩的关系 [D]. 济南：济南大学，2012.

机越低，反之亦然。[1] 余安邦和杨国枢通过比较中西方的成就动机理论提出，大多数人心中事实上存在着两类成就动机，分别是"个人取向成就动机"和"社会取向成就动机"，前者强调的是个人追求自我设定的成就目标与优秀标准，后者强调的是家庭、家族或其他所属群体所重视的成就目标与优秀标准。

根据学生的心理发展规律，在学前年龄段，家长和教师应采取适当策略，让孩子学会独立做事，自主负责，学会自己处理事情，培养"个人取向成就动机"。到了学龄段，应将内在激励和外部激励结合起来，将个人成就和集体荣誉结合起来，兼顾"个人取向成就动机"和"社会取向成就动机"，为学生学习管理能力的提升奠定基础。

(三) 自我效能感对学习管理能力的影响

自我效能感的概念由美国心理学家班杜拉提出，它是指人们对自身能否利用所拥有的技能去完成某项工作行为的自信程度，是个体对成功实现既定目标所需的能力的预期、感知、信心或信念。[2] 自我效能感的结构包括结果期望、自我概念和觉知控制等。[3] 班杜拉（1988）指出，个体的自我效能感可以提高其自我管理水平，拥有着高自我效能感的个体，更有可能进行良好的自我管理。诸多研究还显示了自我效能感与学习动机、学习策略、学习兴趣和学习成绩等呈现显著的正相关，说明这些因素相互交织，共同作用于学习过程和管理。对于自我效能感影响学习管理的机理，Pintrich 和 DeGroot (1990) 等学者发现自我效能感与认知策略的使用有关，同时还会影响使用元认知策略进行的自我调控。[4] Zimmerman (2000) 认为自我效能感会通过目标设置、自我监控、自我评价和策略运用等自主学习过程来影响学习动机。[5] 例如，有研究发现，个体对自身评价越有能力，其目标设置就越具有挑战性

---

[1] 杨玲，何培宇，张国礼. 大学生自我管理影响因素及其相关研究 [J]. 高等理科教育，2008, No. 82 (06)：146-150.

[2] Bandura, A. 1977. Self-efficacy: Toward a unifying theory of behavior change [J]. Psychological Review 84 (2)：191-215.

[3] 徐静. 自我效能感在学生学习中的研究 [J]. 内蒙古师范大学学报（教育科学版），2013 (06).

[4] Pintrich, P. R. &E. V. DeGroot. 1990. Motivation and self-regulated learning components of classroom academic performance [J]. Journal of Educational Psychology 82 (1)：33-40.

[5] Zimmerman, B. J. 2000. Self-efficacy: An essential motive to learn [J]. Contemporary Educational Psychology 25：82-91.

(Zimmerman, 1992)。

李珩从设立目标、使用策略、监控与评估以及动机四个维度对于大学生英语自主学习能力与自我效能感的关系进行了研究，较好地呈现了自我效能感对学习管理的作用[1]：在自主学习的目标设立阶段，自我效能感不但影响学生在面对困难任务时的态度，还通过选择过程影响学生制定既定学习目标；在自主学习的认知过程阶段，自我效能感通过影响元认知策略进行自我调控，对目标进行二次调整；自主学习者能够对方法策略和学习效果进行监控，以此判断某种特定学习策略的有效性并及时做出调整，自我效能感较高的学生，更善于使用深加工认知策略和自我调控的学习策略；自我效能感和动机同属于个体可以调节的情感因素，前者通过其他维度对后者产生间接影响。

（四）自我监控能力对学习管理能力的影响

学生学习的自我监控，是指学生为了保证学习的成功、提高学习的效果和达到学习的目的，在进行学习活动的全过程中，将自己正在进行的学习活动作为意识的对象，不断对其进行积极自觉的计划、监察、检查、评价、反馈、控制和调节过程。[2] 这个过程由三方面构成，一是规划学习活动，二是对实际的学习活动进行检查、分析和反馈，三是对学习活动进行调节和修正。Snyder 和 Gangestad（1996）指出，个体的自我监控程度会影响其自我管理水平，个体的自我监控程度越高，其自我管理水平就会越高。

根据系统论的观点，学习是一个复杂系统。在这个系统中，既包括学习主体的要素，如智力程度、知识基础、学习习惯、动机水平和情绪状态等，也包括外在的学习环境，如老师、同伴、学习材料、学习场所、学习时间以及家庭氛围等。这些要素相互作用，共同影响学习的效果。在学习过程中，只有将各要素视为一个闭合的系统，对其进行动态的检查和分析，查漏补缺，并进行调节和控制，才能使其协调一致，发挥出最佳的效果。例如，中小学生在数学学习中，只有对各个学习活动进行不断的检查和反思，才能实现深度学习。在课堂教学后，要反思自己还有哪些知识没有理解和掌握出现错误后，要反思为什么会出错，应如何改正以及以后应注意什么问题；完成作业

---

[1] 李珩. 大学生英语自主学习能力与自我效能感的实证研究 [J]. 现代外语, 2016 (2): 235-245.
[2] 董奇, 周勇. 论学生学习的自我监控 [J]. 北京师范大学学报（社会科学版）, 1994 (01): 8-14.

后，要反思哪些内容掌握得还不够熟练和扎实。

以上对影响学习者学习管理能力的自身因素进行了分别论述，但这些因素并不是单独起作用的，它们相互关联，共同影响着学习者的学习管理。例如，董奇对自我监控的一项研究表明，学习动机、归因、自我效能感与学习自我监控之间具有显著的相关关系，三者对学习自我监控有着明显的影响。其中，在影响程度上，自我效能感最大，归因其次，学习动机再次。[①]

第三节 学习管理能力的培养

学习管理能力并不是一种孤立的能力，而是学生自立、自主和责任意识的反映，是个体面对复杂任务时统筹全局、协调关系、优化成效的行动体现。例如，如果学生在生活中相对独立，做事有条不紊，通常在学习中也能做到按部就班，井然有序。学习管理能力的培养，不是短期强化就能做到的，而是需要从小抓起，从思想抓起，从家庭、学校和自我各个层面加强管理，建立自主意识、养成自主习惯，形成自主管理的自觉。

一、在家庭教育中培养孩子的自主意识和责任意识

（一）提高家长的家庭教育意识

案例 7-3：小 X 是一名初二学生，性格活泼开朗，与同学关系和谐，但学习成绩一直不佳。学习时基本提不出问题，有问题时不会主动翻书，做错了题只是按照老师的讲解去改正，不会分析为什么出错，改正后的题目不久后还会出错。老师曾多次指导过小 X，但效果不佳。老师给出的意见是：小 X 自主学习的能力不足，尤其是缺乏管理学习的意识。

较多进入初中的学生出现了与小 X 类似的情况，这种问题较难在短时间内得到解决，因为他们从小就没有形成自我管理的意识，就好比由于"DNA"缺陷导致某种能力不足一样。较多家长在孩子小的时候，并没有认识到孩子

[①] 董奇，周勇．关于学生学习自我监控的实验研究［J］．北京师范大学学报（社会科学版），1995（01）：84-90．

自主的重要性，认为小孩子还小，很难做正确的事情，因而事事包办，或者不尊重孩子的意见，从而导致孩子独立性较差，没有形成自主做事的自觉性，到了学龄时期，就表现为不会管理自己的学习。这时，家长才如梦方醒，后悔没从小注意培养孩子的自主性。

某省2020年的一项家庭教育调查显示，近60%的家长缺乏有效的家庭教育知识，尤其是年轻的家长。家长要充分认识关键期对孩子发展的作用以及家庭教育对孩子成长的重要性，尤其应重视孩子自主意识和责任意识的塑造。培养孩子的自主性，就是让孩子独立做事，自己的事情自己做主，大胆行动，自主决策，迁移到学习上，就会主动地规划、实践、反思和调整，实现对学习科学有效的管理。培养孩子的责任意识，让孩子学会自己的事情自己做，对自己负责，对"工作"负责，表现在学习上，就是不依赖父母和老师，不等不靠，积极主动地完成任务，这是学生不竭的学习动力。

（二）为孩子成长营造宽松民主的家庭氛围

学习管理是进行深度学习的一种策略，往往在自然宽松的心境下才能发生，学生在过分讲求效率或者有压力的状态下，往往不能实现有效的学习管理。因此，家长应从小为学生营造一种宽松和谐的家庭氛围，提高他们积极参与的民主意识，养成统筹事务的管理习惯，为日后进行学习管理提供理念支持。一方面，重视孩子的家庭地位，视孩子为平等的家庭成员，让其积极参与家庭事务管理。当父母与孩子发生意见分歧时，应主动与孩子交换看法，了解孩子想法，给孩子说话和发表意见的权利；家长也可就自己的意见与孩子进行讨论，让孩子知道家长的想法。家长的理解和信任往往能引导其对事情进行更充分地探索，并对自己进行理性地评价。另一方面，适时地组织家庭活动，让孩子参与活动组织和安排，让其在活动中感悟准备和计划对于活动实施的重要性，体验局部与全局的关系，体验矛盾与和谐的统一辩证关系，这对于其正确处理学习问题具有重要的意义。

（三）为孩子提供自主活动空间

学习管理是学生对自己学习状况的管理，需要在符合自身认知心理的基础上进行，需要符合自身的行为习惯，这就需要家长给予孩子充分自由的空间和时间，使其全身心投入，并感受到科学管理带来的效率和成就感。首先，家长要尊重孩子自己的选择，使其独立进行活动，家长作为指导者尽量不直接参与活动，只是在需要时给予适当引导，并做好鼓励性评价，使孩子既有战胜挑战的收获，也能感受到自我效能带来的快感。另外，应尽量为孩子创设适当的社会活动情境，增加他们自主管理的机会。例如，开展家庭旅游活动，锻炼孩子的组织协调能力，与同伴开展调查活动，加强协作管理。当孩子在生活上能够进行自我管理，在心理上能够自主时，这种能力会自然迁移到学习中。

当前，孩子的学习问题是一个重要的家庭问题，在这一问题上，家长往往对孩子要求过于严格，干预过多，甚至不经孩子同意，随意增加孩子的学习时间。这种做法没有考虑到孩子的情绪，容易使孩子产生压力，虽然有可能在短期内能见成效，但并不能使孩子养成知行一致的学习习惯，不利于孩子持续地进步。

二、创造自主学习和管理的学校教育环境

（一）关注学生主体，重视课堂参与和自我建构

学习管理的前提是自主学习，如果学生学会自主学习，就能自觉地规划自己的学习。课堂上，教师应时刻关注学生，围绕学生开展教学，主要策略有：

- 让学生参与课堂规范的制定，培养他们的责任意识。
- 尽量多设计学习活动，以学代教。
- 在满足教学基本要求的情况下，允许学生根据自己情况调整学习内容。
- 注重学生的自我评价，使其正确认识自己的学习。
- 采用合作学习、小组对话、角色扮演等自主学习方式，活跃课堂气氛。
- 课下布置自主作业和分层作业，以保证学习的个性化。自主作业由学生对所学知识进行查漏补缺和进一步深化，分层作业由学生根据自己学习的程度选择合适的作业。
- 鼓励学生提出自己的问题。
- 关注学生反馈信息，及时改善教学与管理，做出互动性的教学决策。
- 让学生进行阶段性的学习反思等。

有研究表明，学生学习的方式影响了学习效果，积极的情感体验和深层次的认知参与可以促进学生的深度学习。当学生的主体地位被确立，主体作

用被发挥的时候,他们学习的积极性、主动性和创造性就会被完全地激发和释放出来,真正实现自主学生对学习的自主管理。

(二) 参与班级管理,培养自我管理意识

在教学中,教师应加强管理,让学生参与班级事务,培养自我管理的意识。在日常管理中,可以将班级工作细化为纪律、考勤、卫生和宣传等多个岗位,并划分时间段,承包到每一个学生;让学生轮流担任各科学习委员、小组长等职位,负责收交作业,检查和评价同学的作业完成情况;此外,让学生参与班级制度的制定和实施,并建立常委班委和值周班委共负责的"双线"管理机构,使每一位同学都体验"当家做主"的权利和义务;在班级发展目标上,经全体同学讨论确定班级的阶段发展目标,并分解为每位同学的自我发展目标,同学各自努力和相互协作,在完成各自任务的同时,完成班级目标。通过学生参与班级管理,树立他们管理班级的责任感,在这一过程中,学生会感受到自身的不足并改进;同时,能够在管理工作中培养自信,为自主学习管理提供支持和动力。

(三) 开展主题活动,促进学习认知

俗语说,"低头走路,抬头看天"。科学地学习,不仅要从行动上知道如何去学,还要从思想上认识如何做得更好,以及为什么要这样做,以把握正确的方向。当前的学校教育,过多地强调了"学",而忽视了"如何去学",其结果是较多学生整天忙忙碌碌,做很多练习,效果却不佳,更重要的是没有学会学习,妨碍了后续的发展。因此,学校在指导学生学习知识的同时,还要教会学生应如何科学地学习。学校可以通过开展主题教育做到这一点。一是通过校本课程为学生讲解科学的学习原理。目前,学习科学理论已被广大教师所接受,学校可在校内开设相关校本课程,以帮助学生全面了解学习的知识,学会科学认知。二是可通过主题班会的形式,让学生了解学习。教师可以将科学学习的内容设计成活动课程,让学生在说和做的情境中感悟学习的方法。三是教师可以将科学学习的思想渗透到平时的学习过程中,如教会学生如何进行有效的记忆和练习,如何结合错误巩固重难点,以及如何借助思维导图生成知识结构等。当学生从原理上对自己的学习有充分的认识后,就能够管理自己的学习了。

三、提高自我认识，培养良好的学习品质

（一）提高元认知水平，养成反思意识

学习管理首先需要学生能够意识到自己学习中存在的问题，然后进行处理和管理，这就需要他们运用元认知进行反思，发现学习问题。在课程预习环节，需要反思自己哪些问题不理解，以备在课堂中进行重点学习；课堂教学后，需要反思课堂中主要学了哪些知识点和哪些是重难点，以便于在课后作业中，将练习与之联系；练习后，要对难题和错题进行反思，反思为什么不会或出错，以及如何避免再出错；阶段性学习后，要形成章节知识的结构，并从学习的过程、方法和态度等方面进行反思，以为学习管理提供全面的参考。思维过程管理是理科课程学习的一项重要的能力，是指在解题过程中如何分析、推理以及调整思路的过程。数学家波利亚对"怎样解数学题"进行了系统研究，提出了在解题过程中需要反思的系列问题。[1]

元认知能力是一种惯性思维，是经过长期的训练形成的，必须从小养成。学前阶段，家长应多引导孩子探究问题，让孩子学会深度思维。在学龄段，老师应尽量让孩子自己独立学习，学会自己建构知识。当学生能围绕自身的知识体系进行深度思考时，就具有了较强的反思意识，就能够自觉地进行学习管理了。

（二）客观认识自己，正确把握自己的学习

有效的管理始于对自身准确的认识，只有客观地认识自己、评价自己，才能对自己的学习做出科学的判断，从而进行行之有效的管理。首先，要从学习的本质客观地认识并处理信息、习得知识、提高技能以及发展能力的过程。如了解大脑学习的原理和个体认知的过程、有效练习的技巧和能力形成的策略等。其次，要客观地分析自己的学习，对自己做出正确的评价，以开展有针对性的学习活动。例如，在数学学习中，如果自己基础不扎实，就要多做基本练习以夯实基础；如果计算能力较差，就要加强运算或者端正学习态度；如果方法没有掌握，则可通过做（练习）、想（体验过程）和写（反

---

[1] ［美］George Polya. 怎样解题：数学思维的新方法［M］. 上海：上海科技教育出版社，2011：11-1.

思)的方法进行深入理解。最后,还要了解自己的个性和学习品质。学习行为必须适合自身的习惯,才能得以贯彻。这就需要学生用第三者的眼光对自己的个性进行正确评价,以制订合理和切实可行的学习计划。较多学生虽然智力水平较高,但自我认知能力不足,对自己的个性品质评价过高,目标总是超出行动能力,行动总是得不到有效落实。

研究表明,通常情况下,学生的自我认知能力随年龄增长而提高。年龄越大,学生自我认知的复杂性水平越高。小学生的自我认知意识不足,不能正确认识自己,他们通常不能管理自己的学习,因此,引导他们学习的最佳方法是激发情绪,培养兴趣。到了初中阶段,学生的自我意识会有较大发展,因此,应引导他们客观地认识自我,以理性进行学习。到了高中和大学阶段,较多学生由于自我认知能力有较大的发展,其学习能力较以前会有突破性的提高。

(三)加强训练,养成自我管理习惯

在学习中,学生应经常从知识、资源、态度行为和错题等方面对自己的学习进行管理,形成良好的学习习惯。知识管理方面,以教材为主线,借助思维导图工具,定期梳理知识点,归纳重难点、方法、技巧,形成结构化的知识体系;资料管理方面,不定期对学案、教材、习题册和试卷上的典型题和重难点题进行分析,归纳出所用知识和方法,并入知识体系,并再次进行理解;态度行为管理主要对学习的态度和行为进行检视,以确定其对学习的影响。例如,在章节测试中,要统计因审题不认真、计算不仔细或思维不严谨失分多少,要审视自己制订的改进计划是否一直坚持。学生的较多退步是由于主观的态度或行为导致的,但他们却往往归因于偶然因素,导致不能彻底地改正错误;错题管理主要是对错题进行分析和归因,找出错的原因,以进行相应的处理。例如,由于知识方面出错,需在知识结构中找出相应知识点进行重点理解;由于推理方面的错误,需要重新梳理思路,形成抽象的思维经验。

进入初高中阶段以后,尤其要重视培养学生自我管理的习惯。对于初中生,要培养自我管理的意识,并给予方法指导;对于高中生,引导其正确认识自我,将自己的学习成效与学习品质联系起来,学会正确地进行自我评价、自我要求、自我督促、自我调控和自我改变,养成知行一致的学习习惯。

经过对学习的科学管理，学生能够实现知识结构化、认知模式化和对学习全面系统地把握，从而实现有效深入地学习。知识结构化是对所学知识加以归纳和整理，使之条理化、纲领化，此时，就能系统把握各知识点间的关系，举一反三，触类旁通，做到对知识的融会贯通。认知模式化即形成认知图式，由于不同问题的解决方法和理念是相似的，在一种情境下形成的思维可以迁移到其他情境或领域。例如，学习了方程，就能较好地理解不等式和函数。在数学学习中学习了证明和逻辑推理，就会运用到写作文中去，数学中的消元、函数等思想还可用到物理和化学学习中；此外，通过学习管理，会形成对学习的科学全面的认知：学习并不是单一的大脑认知过程，而是认知、态度和行为的统一，是智力因素和非智力因素的统一，是个体思维和社会交互的统一。当从各个角度对学习有了深入的认识后，就会突破单一的主观认识，对自己的学习进行系统思考，做出科学全面的管理和决策。

第八章　错误学习

案例 8-1：小 Y 老师和 Z 老师都讲授七年级数学，小 Y 老师刚入职一年，Z 老师是一位有十几年经验的老教师。期中考试后，他们都向同学们布置了改正错题的任务。小 Y 老师只是简单地要求同学们改错，Z 老师却做了详细的要求：

- 将错题剪下粘贴到错题本上；
- 先从知识、思维、态度和行为四方面归因错误，并详细写出出错的原因和改正的措施；
- 知识点掌握方面的错误要到教材上找到相应的知识点，并对错因进行分析；
- 重做错题，着重注意自己出错的关键点。

一周后，进行了类似的模拟考试，Z 老师教的班级改进效果明显比小 Y 老师的班级好。

评析：较多的错误往往源于不正确的思维方式，是一种较为固定的大脑反应，仅通过简单的一两次记忆和练习是较难改正的。小 Y 老师虽然要求学生进行改正，但并没有提出明确的要求，学生虽然进行了改正，但对错误的理解还是处于较浅的层次；而 Z 老师的改正要求是一种深层的学习：让学生对错误进行了深刻反思，从"情绪"和"意愿"上为改正错误做了准备，提出了改正的措施并将错误归于知识结构，这种改错方式做到了知、情、意、行的统一，是一种"深入肌髓"的深度学习。

在学习过程中，当学生对知识的理解与知识的本义出现偏差时，就会导致错误。绝大多数学生不愿面对错误，但错误是难以避免的。从知识的角度来看，错误反映了学生对知识的掌握程度，它是学习和教学的一种宝贵资源。

在一定程度上，改正错误是对不良习惯的改正，需要一套科学的方法，既要对错误有正确的认识，也要采取切实可行的方法和行动。在学习过程中，学生往往没有对错误给予足够的重视，较多教师也没有改正错误的有效方法。因此，较多学生难以有效改正自己的错误。

本章从错误产生的原因入手，分析学生和教师对待错误的态度，并提出改正错误的方法和策略，为错误学习提供借鉴。

第一节 错误类型及产生的原因

学习中的错误有很多分类的方法，按照学习的内容，错误大致可分为知识性错误、方法性错误和逻辑性错误等①；按照学习的目标可分为知识性错误、技能性错误和能力性错误；按照学生对知识的加工过程，错误又可分为编码错误和知识提取错误。明确错误类型，并准确分析其产生的原因，对于改正错误、有效实施教学具有重要意义。在教学过程中，教师应充分认识错误对于学习的重要性，帮助学生深入分析错误产生的原因，为他们改正错误打好基础。

学生的学习大致可分为知识编码和练习应用两个阶段，在学习过程中出现的错误都可划归于这两个阶段中；此外，情绪性错误也是这两个阶段中常犯的错误。对这三类错误进行分析，能使学生将错误与具体的学习过程联系起来，便于更好地更正错误。

一、编码过程中的错误

心理学认为编码是在工作记忆中对知识进行理解和吸收，将其存入长时记忆区的过程，如果在这一过程中出现了错误，就会导致学习者在大脑中存储的知识出错。因此，编码是基础的基础，是正确进行练习应用的前提。在这一过程中犯错的原因主要包括缺乏前概念或准备知识、理解错误或不全面以及没有抓住问题的本质三种情况。

---

① https://wenku.baidu.com/view/9dac3223ec630b1c59eef8c75fbfc77da2699704.html（数学学习中常见错误类型分析）。

(一) 缺乏前概念或准备知识不足

第一章提到"学习是联结",即当前学习是与已有知识的联结,是在原来知识基础上累积起来的。这就好比建房盖楼,如果地基打不好,就无法向高层延伸。学习也是同样的道理,如果对相关的概念、公式或定理不理解,或准备知识不充分,就无法建构新的知识。例如,在数学学习中,如果学生的数感能力差,不熟练公倍数和公约数的运算,学习"通分"或"分式方程"等内容时就容易出现错误;如果在数学学习中没理解正比例函数和反比例函数的概念,在物理学习中学习欧姆定律时就容易产生错误。

前概念缺乏或准备知识不足是学生学习中最常见的一种错误,一旦出现这种情况,如果不及时补救,就很可能对后续学习产生连锁反应,尤其是数学、物理和化学等理科的学习,时间久了,会导致"基础不牢",影响学生的学习信心。处理这种问题的方法通常有两种,一是"扫描式补救",即对之前相关内容进行重新学习,深化知识理解,并通过做练习熟练技能技巧,这种方法适合补习内容不多的情况,最好在一段时间内集中进行。另一种是"问题式补救",即针对出现的错误,分析出相关知识点进行重点学习,这种方法针对性强,效果深入,但往往会在时间上影响当前的学习,容易让学生产生"效率不高"的错觉。学习者应明白,改正错误需要在心平气和的状态下进行,应讲求"彻底"和"深入",而不能一味追求效率。

(二) 理解错误或不全面

概念、定理等内容是非常抽象和严谨的,学生学习时,如果不仔细分析,往往会产生错误。一种是错误理解了知识文本,例如,受生活常识的影响,有的学生将物理课程中"垂直"的描述理解为"竖直"。还有的学生对概念产生混淆,对失重的概念"物体在有向下加速度的情况下,对物体的压力要小于重力本身"理解为"重力变小或不受重力"。另一种是对要素分析不全面引起的错误,如轴对称的性质"成轴对称的两个图形中,对应点的连线被对称轴垂直平分"中,有"垂直"和"平分"两个结论要素,而较多同学注意到了"平分",却忽略了"垂直",对于一元二次函数的描述"$y = ax^2+bx+c$ ($a \neq 0$)",较多学生在实际应用中往往会忽略"$a \neq 0$"这个条件。

造成这类错误的主要原因是学生没有养成严谨周密的学习态度,他们的学习往往浮在表面，类似的错误只能通过老师的提醒或出现错误后才能发现。要想避免这类错误发生，必须使其学会自主学习，并在自主学习的过程中意识到知识描述的严谨性和学习的严肃性。

（三）没有抓住问题的本质

对于较深刻的知识，初步学习虽然能从学习目标上掌握，但如果不能从本质理解知识，就会影响其深入学习。例如，初中生初次学习用代入法解二元一次方程组时，通常能按照步骤按部就班地求解，但方程复杂时就容易出错，因为他们只是关注了每一步的操作，很可能未从整体思路上理解代入法的本质是"消元"。当理解这一思路后，就不容易出错了，这就好比在茫茫山路中穿行时，学会识别路的特征比只知道"左拐""右拐"等操作法会有效得多；此外，初学函数时，较多同学只是知道"已知 x，就可根据函数表达式求 y"，而没有上升到"x 与 y 是对应关系"的理解，因此，解应用题时，就没有"列函数表达式"的意识。

对于这类较难的知识，仅通过简单的文本理解或练习并不能体会到其本质含义，最佳的方法是将其放到实际情境中去学习：先理解运用知识解决实际的过程，再回顾过程，抽象知识应用的思路。在这一过程中，深入思考，抓住问题的本质是关键。

二、练习应用中的错误

练习应用是运用所学知识解决问题的过程，既包括基本知识的巩固练习，也包括运用知识解决实际问题。练习应用既需要分析问题情境，也要进行逻辑推理，既考查学习者对基本知识的把握，也考查其灵活的思维能力。在这一过程中，学生犯错的主要原因包括不能正确解读问题情境、逻辑思维出错、认知负荷过多和思维模式失当等。

（一）不能正确解读问题情境

不能正确解读问题情境是指在练习或问题解决中，学生不能正确理解情境文本，或是不能挖掘出情境文本的隐藏含义，从而影响了知识提取。不能正确解读情境文本即"不理解题意"，这种情况通常是由于学生缺乏知识导致的。例如，较多小学生对数学中的"打折"问题不理解，是因为他们没有购买打折商品的经验；另外，由于没有成人做工的经验，他们也不理解"工程问题"。不能进行知识提取是指看不出情境和所学知识的联系，不能将情境转化为所学知识，这主要与平时学习时对知识的理解有关。例如，对公式只是死记硬背，不能灵活理解，往往就不能提取知识。学习时，不能结合情境理解知识，练习时也往往不能从情境中正确提取知识，从而形成错误。

避免这类错误的方法有二：一是通过增加阅读或参与生活扩大知识面，特别是在学龄前段，大量阅读不仅可以使孩子扩大视野，而且可以提高对文字的驾驭能力，实现快速理解；二是熟练所学知识，建立知识与情境的快速联系。教师应引导学生正确区分作为解决问题规则的知识与不重要的信息和材料，明确基本知识点的"工具性"特征，经常建立情境与知识点的联系，经常结合情境理解知识。如此，再遇到类似的情境，就会自然联想到相关知识点。

（二）逻辑推理出错

逻辑推理出错的原因主要有三种：一种是思维能力不足，不能正确地推理、联想或分析，这种错误是由于平时缺乏训练或智力不足导致的，这种错误通常不能在短时间内弥补，而是需要在平时加强学习；第二种是由于知识不牢固导致出错误。知识理解后，由于遗忘或练习不足，知识在长时记忆中的映像是模糊的，遇到相关情境时，并不能迅速准确地提取；第三种是由于对知识间的关系缺乏清晰的把握所致。复杂问题不仅是考查对单个知识点的把握，而且考查多个知识点间的关系，当学习者对知识点间的关系缺乏清晰把握时，往往不能进行有效的推理，从而产生逻辑错误。

逻辑推理错误通常是基础不扎实和思维能力不足造成的，因此，学生在平时学习过程中，一方面要注重基础知识的学习，通过深入理解和应用夯实基础知识；另一方面，要多通过综合性练习厘清知识点间的关系，熟练知识结构并强化思维练习，提高逻辑推理能力。

（三）认知负荷过多

认知负荷可以理解为实施学习任务时加在学习者认知系统上的"负担"，学生学习过程中的较多错误并不是因为能力不足产生的，而是由于认知负荷过多而导致的。例如，学生通常能较自如地应付单一知识点的问题，但当练习是由多个简单知识点叠加在一起时，难度就大大增加了，这是因为同时应对多个知识点及其关系时，认知负荷增加的缘故。知识掌握不熟练时，运用知识解决问题需要的认知负荷就会占据大脑负荷能力的较大部分，表现为思考问题很"吃力"，如同电脑由于内存不足运行缓慢一样；当对知识很熟练时，就会感觉思维很流畅，因为此时解决问题所需的认知负荷仅占大脑负荷能力的一小部分。

案例 8-2：小 A 是一位初三学生，性格活泼开朗，思维活跃，学习数学时，她很喜欢钻研，尤其是别人做不出的难题，她总是愿意帮助解决，花费再多时间也在所不惜，这为她赢得了不少人缘。但她的不足是不重视基础知识的学习，虽然她的基础不算弱，但还远达不到扎实熟练的程度。每次考试时，总是丢三落四，因基础知识不牢丢分较多。老师多次找她谈话，让她重视基础，但她总是不服气，认为自己基础不错，只是不小心失了分。期末考试中，她又一次遭受挫折：难题做得不好，而基础题目又丢分太多。她陷入了深深的疑虑：明明自己都会，为什么得不到高分？

像小 A 一样，较多学生不了解"熟练"掌握知识对于学习的重要性，一旦领会了知识，或是能做对简单的题目就觉得自己完全掌握了知识，对知识浅尝辄止，而问题稍微复杂，就会出现认知负荷错误。在教学中，教师应让学生认识这个道理，让学生重视基础，熟练应用，由易到难，逐步提升能力。

（四）思维模式失当

思维模式是个体看待事物的角度、方式和方法，也可以理解为个体的思维习惯，它对人们的言行起决定性作用。例如，有的人习惯抽象思维，擅长借助概念、原理等知识对问题进行推理，然后做出判断；有的人擅长形象思维，擅长借助事物的具体形象来分析问题；还有的人习惯借助联想、猜想等方式分析和判断问题，属于直觉思维。不同的思维模式会产生不同的效果，在学习过程中，较多的错误都源于不合理的思维模式。较多学生学习时使用的是一种"套解思维模式"，即将问题情境与以前所学内容进行比对，与哪个内容相似，就会直接套上相应的解法，而不做具体的分析。而正确的思维模式应是"分析思维模式[①]"，即先分析问题的要求和条件，与所学知识进行关

---

① 周利英，牛嵩岳. 数学学习的思维模式 [J]. 平顶山师专学报，1995（S1）：55+59.

联，再进一步分析其中的量及其关系，若关系简明直接求解即可；若关系复杂，则需要明确目标和方面，运用合理的方法进行猜想、推理和验证，直至求得解决方案。

思维模式是一种惯性思维，是在长期的思考过程中形成的，学习中分析问题的思路很大程度上会受到思维模式的影响。例如，如果孩子小时候在生活中解决问题时，遵循着"求助模式"，即遇到问题不喜欢自己思考，而是想直接求助于父母或他人，则长大后在学习中很可能形成"套解思维模式"；如果从小喜欢生活独立，遇事习惯先自己观察、思考和尝试，则长大后很可能在学习中形成"分析思维模式"。因此，孩子思维模式的形成跟早期的家庭教育有较大关系，家长应特别注意。

三、情绪性错误

情绪性错误通常不是由于智力因素造成的，而是由态度、性格、习惯和毅力等非智力因素导致的，情绪作为认知和行为的支持和动力因素，也会对学习形成较大的影响。常见的情绪性错误通常是由态度不严谨或情绪不稳定造成的。

（一）态度不严谨

知识是抽象的，知识学习是知与行同步的活动，学习者必须严谨认真，才能学深学透，否则就会一知半解。学生由于年龄较小，认识不到态度对于学习的重要性，学习时往往缺乏严谨的态度，比如，理解知识只是浮在表面，不求深入；做作业时坐姿不正，读题过快，书写潦草；错题后不深入分析原因，只是简单更正。这都是态度不严谨的表现，一旦形成习惯，就会对学习产生较大影响。

态度在理工科学习中显得尤其重要，有些同学没有认识到理工科知识"泾渭分明"的特征，遇到问题时不求甚解，草率应对，事后也不做仔细研究，这是一种对学习不负责任的态度。有些学生还只是把这种态度导致的错误归因为"没看清""粗心"等偶然因素，以至于总是改不掉这样的错误。值得提出的是，由于文科知识开放、多元的特点，往往给学生形成一种错觉，感觉"差不多"就行，随意"编"也能得分，从而在学习时不下功夫，不注重基础，不讲求逻辑，这种态度也是错误的。

严谨的学习态度,需要从小培养,家长和教师应教导学生,每一次学习,都要严谨、认真、细心、负责,要"一是一""二是二",不能随意打折扣,不能无原则讲变通。对于态度不严谨的学生,最好的改正方法就是挫折教育,在其经受打击,产生积极向好的欲望之后,让其反省每次练习和测试中的错误,当学生看到每次都"大意失荆州"后,就会真正从思想上意识到态度的重要性,产生"洗心革面"的态度变化。

(二)情绪不稳定

认知科学研究表明,情绪对学习的影响体现在注意、记忆、判断和行为各个层面上。较多实证研究也证明,深度学习只有在心平气和、和谐友好的心境下才能发生。在情绪不稳定的情况下,很容易产生错误。例如,在平时练习中,如果急于完成作业,往往会思考仓促,产生错误;在考试中,由于紧张或者对知识掌握得不好,会因思维混乱而产生错误。

在学习中,知识掌握不熟练是形成情绪不稳定的一个重要原因,特别是对于较复杂的问题,当学习者感觉难以驾驭时,往往会产生不自信、紧张等情绪,影响对问题的解决。知识"精熟"对于学习有重要意义。马红珍通过研究发现,精熟学习通过影响学习乐意感、学习自信感、学习努力感和作业完成等要素,能够提升初中生学习自我效能感的水平。[①] 在学习中,对于基本概念、原理和技巧,学生应通过有效的练习,做到"精熟"掌握,既牢固把握单个知识点的要素,也熟练知识点间的关系结构。当能"直觉性"地将问题情境与知识进行关联时,就不会因情绪问题而出错了。

第二节 对待错误的态度

在学习中,学生由于年龄小,缺乏阅历,往往对错误认识不足。有些教师由于缺乏经验或相关知识,也没有给予错误足够的重视,未结合错误实施有效教学。开展错误学习,要认识到错误的重要性,树立正确的错误学习观,以错误为"抓手"和"支架",开展有效的学习。

[①] 马红珍. 精熟学习法对初中化学学习自我效能感的影响 [D]. 曲阜:曲阜师范大学,2020. DOI:10.27267/d.cnki.gqfsu.2020.000854.

一、为什么重视错误

(一) 错误学习有助于重构知识

学习是运用知识解决问题的过程，知识是工具，是学习的基础和前提。如果知识没理解好，就谈不上解决问题。学习中较多错误都是因为知识掌握得不好引起的，如概念理解欠深入、公式定理混淆、方法没抓住本质等。因此，如能准确地归因错误，采取恰当的措施进行补救，则能够有效更正对知识的错误理解，重构知识结构，实现知识的查漏补缺，为知识应用提供基础。从另一方面来看，学习过程是一个超复杂过程，这一过程不是线性的，而是混沌和不确定的。对于基本知识的学习，只需扎扎实实、按部就班地推进即可，而重点难点问题，往往会出现错误，这就需要剖析错误，反复练习，以实现对知识深入地把握。

知识具有连续性的特点，早期知识的积累会直接影响到后期的学习。多数学生成绩不佳，一个很重要的原因就是基础没打好。较多孩子很聪明，但在小学阶段没有拓展和深化，到了初高中会形成一个发展的瓶颈。相反，有些孩子虽然智力一般，但如果从小脚踏实地，扎扎实实，就会稳步提高，这一问题应引起家庭教育的重视。

(二) 错误学习有助于修正认知偏差

学习是一种认知反映，有时，错误反映的并不是知识层面的内容，而是学生的认知偏差，这种偏差往往具有一定的稳定性，不易通过简单的修正即能改正，重新犯错的可能性会很大。这就需要采取有效的策略，不仅从"知"上认识到自身错误的源头、错误的顽固性以及更正错误的必要性，还要从行动上进行反复练习，使错误得以根治。

认知错误不同于知识错误，不能通过简单的记忆理解得以更正，而是应当重新修正思维模式。较多家长不了解这一专业知识，往往对孩子做出较简单的要求，"要重视错误""要认真改正"，而如何改正，他们又不得而知。这些简单肤浅的要求不但无助于孩子改正错误，反而会挫伤孩子学习的积极性。因此，家长指导孩子学习时，对于专业的问题，应咨询专业人士，而不能凭感觉进行说教，在不了解情况或不懂熟悉专业知识的情况下，"随意指挥""乱指挥",往往会事与愿违,与孩子形成对立,甚至使孩子对学习产生反感。同样需要注意的是,学习认知往往始于早期的生活认知,家长应认识到这一点,及早更正孩子的认知错误,帮助孩子合理认知,正确认知。

(三) 错误学习有助于养成良好的非智力品格

态度、毅力、兴趣和习惯等非智力因素是影响学习的重要因素,较多错误是由这些非智力因素引起的,具有模式化的特征。学生通过错误分析出这些非智力因素的不足并做出适当调整,有助于养成良好的学习习惯。

这些非智力因素是学生在长期的生活和学习中形成的。低年级阶段,学习内容相对简单,非智力因素对学习的影响并不明显;到了高年级,学习内容难度加大,学习除受智力直接作用外,还需要非智力因素的支持,此时,非智力错误也会随之产生。例如,因态度不严谨会造成计算错误,因毅力不强不能坚持学习行为,因缺乏兴趣致使学习深度不够等。

非智力因素具有相对稳定性,不易改变,因此,非智力错误的纠正需要科学的方法,并且需要学生付出较大的努力。学生由于缺乏相关专业知识,往往不能对非智力错误进行正确归因,难以独立纠正这类错误。非智力错误的更正需要在教师的指导下进行。首先,教师要引导学生意识到非智力因素对学习的不良影响,并认识到其危害的严重性。然后,结合错误形成的原因制定有效的措施,明确思路,刻意训练,修正不足,直至形成习惯。

(四) 错误的本质

从脑科学的角度来说,学习是神经元间的信号传递,是神经元间的连接。如果把知识点比喻为神经元,那么错误就是由于神经元不能连接或连接不恰当导致的,而修正错误的过程即是在相关的神经元间建立关联,或修正不恰当的连接,这是一个长期持续的过程。理解了错误形成的这一本质,就能理解改正错误不是轻而易举的事情:一方面,大脑要在相应的神经元间重复放电,以形成通路;同时,要抑制"错误"神经通路的工作,以避免重复已经习惯的错误。这是一个"忘掉老朋友,结交新朋友"的过程,需要投入较多精力和时日。

较多学生不能有效改正错误,就是因为没从根本上理解错误,以为改正错误只是简单的替换记忆。教师应引导学生明白这一道理,认识到错误的顽固性和改正错误的艰巨性,重视错误,多付诸行动,从而彻底有效地改正错误。

二、学生对待错误的态度

(一) 正确认识并接受错误

学习是一种认识活动,这个过程并不是一帆风顺的,总是伴随着错误和失败,也只有经历挫折、改正错误之后,才能获得正确的认识。从这个意义上说,学习过程是一个不断排除、修正和利用错误的过程。学生作为知识的探寻者,在学习过程中出现错误恰好说明自己在某些方面存在不足,是为自己更好地学习提供了支点和资源。因此,学生应"愉快地"接纳错误,以轻松的心情对待它,这是改正错误的前提。

当前,学校教育往往过度重视成绩,而错误又与成绩有关,这就使学生过度重视成绩和分数而不愿接受错误。他们视错误为洪水猛兽,练习后习惯掩盖错误痕迹,考完试后不深入分析错误,只是草率地改正,更不愿和别人分享错误,从心理上想当然地认为以后不会再错了。他们不愿接受错误,根本原因是没有客观地认识自己,不愿接受挫折和失败,这就注定了他们不会深刻地理解错误,其结果往往是在同一个地方多次出错。

(二) 重视错误并正确归因错误

一般地,错误反映了自己学习的薄弱环节,而这往往又是学习的重点和难点,对于这些错误,只有深入、准确地分析出原因,才能有效地改正,因此,必须给予足够的重视。英国科学家卡尔·波普尔(Karl Popper)说过:"错误中往往孕育着比正确更丰富的发现和创造因素"[1]。通常情况下,学习者可从知识、技巧、思维、情绪(态度)和行为多个维度对错误进行归因,并尽量做到详细、具体,以方便从行动上进行改正。

案例 8-3:小 B 今年上高一,做数学练习时,经常审题出错,不是看错,就是丢了条件。起初,他认为自己太粗心了,是因为着急才会出错,总认为自己下次就不会出现这样的错误。但将近一年了,每次考试他总会出现这样

---

[1] 李忠东.错误会孕育创新[J].财会月刊,2001(21):26. DOI:10.19641/j.cnki.42-1290/f.2001.21.021.

的错误，于是他开始反思：自己为什么改正不了这类错误。在老师的指导下，他慢慢认识到这是由于情绪不稳定导致的，为改正这种错误，他为自己制定了两条审题规则：一是读题要慢，二是边读题边标记出关键条件。结果，几个月的时间，他基本避免了类似的错误。

小 B 起初不能改正错误，主要是他归因的"粗心"不准确、不具体，无法制定可操作的做法；而归因为情绪问题后，找到了避免错误的具体方法，通过"慢读题""标记关键条件"等要领有效避免了错误。

此外，人们对错误归因的结论为影响其行为的发展。美国心理学家伯纳德·韦纳（B. Weiner）将行为成败的原因归纳为能力、努力、工作难度、运气、身心状况和其他因素六个因素；同时，将这六个因素归为稳定性、内在性和可控性三个向度之内。[1] 三个向度含义如下。

• 稳定性：指当事人自认为影响成败的因素是否稳定。六个因素中，能力与工作难度两项是比较稳定的；其他各项则均为不稳定者。

• 内在性：指当事人自认为影响其成败的因素属于内控因素还是外控因素。其中，能力、努力及身心状况三项来源于个体自身，属于内控因素；其他各项来源于外在环境，属于外控因素。

• 可控性：指当事人自认为影响其成败的因素能否由个人意愿所决定。六个因素中，只有努力一项是可以凭个人意愿控制的，其他各项均非个人意愿所能控制。

表 8-1　韦纳成败归因理论中的六因素和三向度

	稳定性		内在性		可控性	
	稳定	不稳定	内在	外在	可控	不可控
能力高低	+		+			+
努力程度		+	+		+	
任务难度	+			+		+
运气好坏		+		+		+
身心状态		+	+			+
外界环境		+		+		+

（资料来源："An Attributional Theory of Achievement Motivation and Emotion". Psychological Review, 1985 年第 4 期）

---

[1] https://wiki.mbalib.com/wiki/韦纳的归因理论.

韦纳认为，个体对成功和失败的归因，会对以后的行为产生重大影响。如果一个人把考试失败归因于缺乏能力，那么以后考试还会预期失败，这是因为能力是一个稳定性的原因；如果把考试失败归因于运气不佳，那么以后考试就不大可能预期失败，这是因为运气是一个不稳定性的原因。有成就需要的人往往会把成就归因于自己的努力，把失败归因于努力不够，这会增强今后努力的程度。相反，成就需要不高的人认为努力与成就没有多大关系。他们把失败归因于其他因素，特别是归因于能力不足，其结果会降低自身努力的行为。总之，只有将失败的原因归因于内外部的不稳定因素时，即努力的程度不够和运气不好时，才能使行为人进一步做出努力。

（三）积极应对错误

学生应明确一个观点：错误通常是一种惯性思维，不是轻易能改正的。因此，出错以后，应采取有效措施，积极主动地应对错误。首先，应抓住错误资源，树立"错误学习"的意识。学习过程复杂如行舟，有时平缓温和，一泻千里，有时又需穿山过滩，重复回旋，在湍急之处，借助抓手和工具，更易安全涉险。而学习中的错误就是一种抓手，通过分析错误，找出薄弱点，巩固薄弱点，熟练掌握知识，提高思维能力；其次，应积极加强措施改正错误。归因和改正错误以后，应针对性地找一些练习进行巩固，并定期复习，从知识和认识层面杜绝错误；此外，要加强错误管理，形成正确处理错误的行为习惯。例如，将教材、练习册和试卷中出现的错误汇集成册，概括分类，将错误的原因回归到知识点结构中，比较实践应用与文本表述的差异，形成错误与正确的对比解读，深化知识理解。

三、教师对待错误的态度

（一）认识错误的本质

通过分析错误产生的原因，我们知道错误源于多方面的原因。学生要彻底地改正错误，必须明确错误产生的原因，或是从抽象层面认识错误的本质，这样才能对症下药，根治错误。学生由于年龄较小，缺乏经验和知识，往往认识不到错误的本质，这就需要教师深刻认识错误的本质。教师要从本体论的角度认识到错误主要是由学生自身的思维偏差形成的，这会促使他们在尊重学生主体需求的前提下改正错误,要从认识论的角度认识到错误可能与以前的经验有关,这就会促使他们注重修正以前的知识;还要从神经科学的物质观点理解错误是由神经元的不当联结造成的,这会引起他们对于错误的重视,从而采取持续的行动去改正错误。

在教学中,教师既要将上述理解贯彻到教学设计中,让学生通过相应的学习活动改正错误,也要引导学生明确这些认识,以帮助学生主动改正错误。当前,有些教师对学生的错误采取单一的评价或简单的指导,都是源于对错误本质的浅层理解,这都不利于帮助学生改正错误。从这个意义上说,教师不仅应掌握系统的学科知识和教学法知识,还应掌握一些必要的心理、认知以及哲学知识。

(二) 容忍学生的错误

在学习过程中,错误是由学生"不成熟"的大脑造成的,而不是学生有意识的行为,错误是不可避免的,改正错误需要一个从认识到行为、到意识的过程,对于成功而言,错误也是必要的。明白了这些道理,教师就能容忍、理解和尊重学生,容忍他们的错误,主要表现为:学生出错以后,不刻意批评和惩罚学生;耐心帮助学生分析出错的原因,并安慰和鼓励学生;不将错误与成绩、能力相联系;积极帮助学生改正错误,并关注学生改正错误的情况。当教师能以平和自然的心态对待学生的错误时,学生就不会回避错误,而是以积极的态度改正错误。相反,不容忍学生的错误,学生一旦出错,教师就显得不耐烦,"这么简单还错""讲过多少次了""笨死了",等等。这些简单粗暴的话语往往会伤害学生的自尊,使其产生应付甚至讨厌学习的心理。

容忍学生的错误并不能刻意为之,而是要建立在理解学生成长规律的基础之上。孩子成长即会犯错,学习即会出错,这是自然规律,每个人都是如此。此外,教师还要注意培养自己的教育情怀,教师的职责就是帮助孩子成长和发展的,帮助孩子改正错误需要耐心、细心和责任心,当教师把学生当成自己的孩子时,就能更好地包容他们和他们的错误。

(三) 重视错误并树立"错误学习"的理念

学习过程不是一个纯粹的线性过程,有的内容简单易学,一日千里;而有的内容晦涩抽象,即使付出很多,也只能"千里一日",错误不断。而深入学习正是在更正错误中进行的，错误为学习提供了阶梯，是学习的重要资源。作为学生学习的设计者和管理者，教师应树立从"错误学习"中吸取教训的意识，以错误为抓手，积极推进教学，突破重点难点。如可以通过错误分析，让学生反思不足，巩固已有知识，也可以通过分享错误案例开展合作学习，达到相互警示的目的，教师还可以巧设错误，抛疑启疑，引导学生研究错误，以达到发展学生思维的目的。

案例 8-4：以往每次发下试卷后，同学们讨论最多的是分数，对改正错误往往不那么用心。这次，张老师只批了试卷，并没有给出分数，他决定将这次试题讲解课改为两次小组内的合作学习课，主题叫作"我的课堂我做主"。张老师提出了明确要求：不计算分数，只改正错误。第一次课，学生自己先分析错误，并改正；课下，每位同学将正确的做法录制成视频，并上传到学习平台；第二堂课，学生在信息化教室观看其他同学录制的视频，改正自己不能自主改正的错误。这两堂课收到了意想不到的效果，而且同学们的学习情绪也非常高。

错误的产生原因因人而异，改正错误主要依赖学生自己。张老师通过巧妙设计，将试卷讲评课设计成了合作探究课，实现了自主学习与社会化学习的有机结合，突出了学生学习的主体作用，提高了改错的效果。

第三节 改正错误的方法和策略

学生学习过程中，导致错误的原因很多，有智力方面的，也有情绪方面的，其中有信息输入错误、知识性错误、方法性错误等。出现错误以后，重要的不是将题目做对，更重要的是准确地进行错误归因，并采取针对性的方法和措施，修正不足，避免重犯同样的错误。教学中，一方面，教师要借助错误开展针对性教学，提升教学实效，另一方面，教师要引导学生了解和分析自己的错误，独立自主地从错误中借鉴学习。

一、处理错误的几种观点

(一) 尝试错误

"尝试错误"的学习观点由美国著名心理学家桑代克提出，它运用实验的方法，证明了学习过程是一种渐进的、尝试错误的过程，在这个过程中，无关的错误反应逐渐减少，而正确的反应最终形成。虽然这一结论是通过动物实验获得的，具有较多不足，但对知识的学习仍具有一定意义。理解知识的深度，不仅需要从正面把握它"应该如何"，而且应从反面明确它"不应该如何"。脑科学证明，相对于正确的理解，错误更容易刺激大脑，引起大脑的关注。因此，对于学习中的重难点、易错点知识，教师可以故意设计错误，或者利用学生暴露的错误，引导学生进行辨析和反思，并进行矫正，从而使学生获得对知识的深刻理解。

利用"尝试错误"的方法开展教学，需要教师明确错误形成的原因，并熟悉与错误相关的知识点和认知习惯。在错误出现后，精准地帮助学生进行矫正错误，从根本上杜绝错误的再次发生。

(二) 惩罚错误

惩罚是早期行为主义针对错误的一种学习策略，即有机体做出反应后，随机呈现一个厌恶刺激，期望消除或抑制有机体的反应。如学生出现错误，或是不能按期完成作业，就强制要求完成加倍的作业量。到了行为主义研究后期，斯金纳等研究者认识到一种惩罚只有被合理运用才能起到警诫错误的目的，于是提出了合理运用惩罚的原则，如要让受罚者明确因何受罚、惩罚要及时、赏罚结合等。

惩罚的目的是更好地学习和教育，而不是为了惩罚而惩罚。虽然在一定条件下，惩罚能取得一定成效，但不利于学生持久的学习和兴趣的培养。脑科学告诉我们，深度学习是大脑在和谐放松状态下的一种神经活动，惩罚所起的效果通常是在意识控制下进行的，而非大脑的"自然"行为。在压力较大的应试教育环境下，低年级学生往往认识不到惩罚的价值，为了回避错误，挫伤学习积极性。

(三) 认知冲突与平衡

认知冲突与平衡的观点是由认知心理学派皮亚杰提出的,它认为,错误的产生是由于学生的认知结构出现了冲突与不平衡,只有通过学生自我调节和修正错误,将错误同化到自己原有的认知结构中,或是顺应为新的认知结构,才能达成新的平衡,从心理改正错误。认知冲突与平衡的观点从认知的角度阐述了错误产生的根由,对于知识错误和思维错误都能做出较好的解释,较容易被教师和学生理解。

错误是由认知冲突形成的,当个体面临两个或两个以上相互矛盾的观点时就会产生认知冲突,且会产生解决这种现状的心理欲望。[①] 如果能进行主动认知,消除冲突,很可能会形成对新知识的深度理解,达到一个新的认知水平。从这个意义上说,错误是深度学习的一个重要契机,如果学生能认识到这一点,就会以此为抓手,不断从冲突走向平衡,形成螺旋式的进步。相反,如果总是回避错误,认知冲突会越积越多,最终形成积重难返的境地。

此外,当代科学家波普尔也从科学研究的角度强调了错误的积极意义。他认为,从事科学研究的人们免不了要犯这样或那样的错误,重要的是要善于从错误中学习,尽可能少走弯路,不重复以前的错误,通过对所犯错误的反思,找到走向成功的道路,从而更快地接近成功的目标。

二、学生应对错误的策略

(一) 明确几个关系

学生要有效地改正错误,需要从理念上明确几个关系,来为后期的学习行为提供指导。首先,要明确练习和知识点的关系。如图 8-1 所示,知识点是学习的阶段目标,练习是达成目标的手段,练习的成效一定要回归到知识点。其次,要明确认知结构与思维的关系。认知结构是学生头脑中已有的知识、观念及其组织方式,它是在人的思维系统和外界进行物质、能量和信息交换过程中形成的,是思维系统的自组织结果。[②] 同时,它又决定了人的思维

[①] [美] Leon Festinger. A theory of cognitive dissonance [M]. Stanford: Stanford University Press, 1957.
[②] 袁维新. 思维系统的自组织:一种认知结构建构观 [J]. 教育评论, 1997 (03): 33-34.

方式和能力。因此，学生的思维能力是长期学习的累积，而不是朝夕之间获得的；最后，要明确情绪、认知与行为的关系。第四章曾详细介绍过三者的关系，改正错误是扭转之前的不良习惯，这个过程中，会伴随着更丰富的情绪，可惜、失望、懊恼、决心以及喜悦等情绪会促使学生感受到错误和失败的无奈，但也为改正错误积蓄了更大的能量。此外，还需要投入更多的行为，用正确行为掩盖错误行为，并形成习惯。明确了以上三种关系，就知道在出错之后，应该如何去做，持何种态度以及做多久。

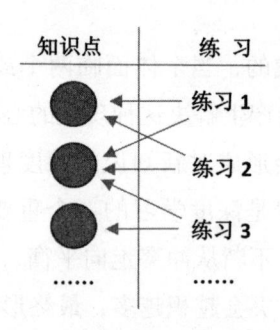

图 8-1 练习与知识点的关系

（二）错题归因

只有找到出错的根本原因，才能从根本上改正错误，错误归因是改正错误的前提。一般地，可以围绕知识、技巧、思维、态度和行为五个维度进行归因，各个维度含义如下。

- 知识：教材上所讲的基本知识点及其结构。通常，这类错误最多，这不仅需要重新校正错误的理解，还需要将其放到章节结构中，重新理解该知识点与其他知识点的关系，以形成整体的把握。

- 技巧：在练习过程中形成的常用解题思路或技能，如遇到"偶数"条件，就设为"2n"，遇到"奇数"条件，就设为"2n+1/2n-1"。此类小技巧往往对于解题有较好的帮助。

- 思维：分析问题的能力和逻辑推理能力。此类错误需要经过大量练习才能提高。

- 态度：学习过程中需要保持认真、严谨的态度。很多错误是因态度随意产生的，而学生意识不到，将其归因为"粗心"。

- 行为：知识运用熟练才不易出错，较多错误是由于技能不熟练导致的，而学生往往意识不到"熟练"对于学习的重要性。

确定错误维度以后，还需要结合问题情境对错误进行二次描述，描述既关联了情境，又剖析了出错的原因，既具体，又抽象，能有效迁移到其他情境中。表8-2是一个错题归因和改正的模板。

表8-2　错题归因与改正模板

错题	错在哪里	重做一遍
	态度 □不认真；□看错题；□公式定理不熟练；□计算错误；□头脑不清醒；□紧张；□其他原因 知识点 哪一册：_____ 章内容：_____ 节内容：_____ 知识点描述： 技巧或思路：	

平时练习中，学生往往对错题不太在意，但在分数面前，每个学生都会"斤斤计较"，很多学生在测验后经常说自己错了很多"不该错的题"，丢了很多"不该丢的分"。为帮助学生进行正确归因和改错，每次测验后，教师可以先让学生对自己的成绩进行评估，思考诸如"真正不会失分多少""粗心大意失分多少""应得多少分"等问题，激发他们的情绪，然后再按照上述维度进行归因，如此，将有助于引起他们对一些"低级错误"的重视，从而改正这些错误。

（三）刻意练习

前面多次提到过刻意练习，它是指有明确目的的练习。此处，刻意练习就是针对错误形成的原因进行针对性的练习。如小学生因为数感不好而出现计算错误，就进行系统的口算练习，二次函数求最值的应用题出错较多，就对此类问题进行专项训练。此外，在一定时间内，刻意练习要保持一定的数量，这样才会使知识运用达到熟练的程度。刻意练习的主要策略有：

● 归因要尽量具体详细，以保证练习的针对性。同一个题目的错误可能是由于不同原因引起的，如果不能准确归因，就不能保证准确改正错误。如同样是二次函数求最值的应用题出错，可能是由于方法不理解，也可能是配方出错，前者需要重点理解二次函数的思想，后者则需要进行配方练习。

● 归因后应在短时间进行重复练习，以形成累积效应。在归因后的一段时间内，对错误形成的原因印象最深，改正错误的欲望也最强烈，此时进行多次重复练习，更容易建立正确的思维联结。

● 练习后用语言表述心得，以进一步厘清思路。学习是程序性知识和语义性知识的双重编码过程，每次练习后仅是程序性知识编码，通过语言表述能再将其转化为语义性知识，使知识进一步巩固。

● 间隔一段时间后再进行练习，以巩固记忆。研究表明，向长时记忆中存放新知识需要一个巩固的过程，在这个过程中，记忆痕迹得到加深，被赋予含义，并和已有知识联系起来，这个过程需要时间，有时候是数小时，有时候甚至需要数天。[①] 因此，重复练习后，不定时进行间隔练习更有助于知识巩固。

（四）复习巩固

概念、规则、方法和技巧等语义性错误在改正以后，如果长时间不用就容易遗忘，因此，还需要不定期地进行复习和巩固。复习时可以沿两条"路线"进行，一是集中复习，即将练习册、试卷上出现的错误集中整理到错题本上，不定期地复习，如可以在改错后的几天内连续定期复习，可以在章节学习结束后再进行整体复习，或者在下一次测试前进行复习。二是结构化复习，即将错误回溯到知识结构中进行复习，该方法能在复习的同时更正知识结构。当学生在知识结构中能自动回忆起错误时，也就能够正确地避免错误了。

---

① https://baijiahao.baidu.com/s?id=1707689275728824412&wfr=spider&for=pc（练习对记忆的重要性）.

复习，一方面增强了对错误的敏感程度，再遇到类似情境时，立刻记起错误，或是想到正确的做法，实现"凭记忆改错"的效果，另一方面，由于知识的连续性，正确的做法会在后续的学习中用到，在不断的练习中得以巩固，达到"应用改错"的目的。

三、教师应对学生错误的策略

（一）帮助学生建立正确的错误学习观

学生对于错误的认识决定了对待错误的态度和行为，关系着能否有效改正错误，这种认识与学生的个人经验和认识有关，一方面，教师应向学生传授一些有助于改正错误的理论知识，使学生能够正确认识错误。如可以通过校本课程或主题班会的形式，让学生了解关于脑科学、认知心理以及行为意识方面的知识，让学生从人的学习机制层面认识自我，增进对于错误的理解，还可以从学习系统层面向学生介绍学习的原理，让学生认识到学习具有复杂性、非线性等特征，并理解错误与重难点内容的关系。另一方面，以学生的经历现身说法，让学生深刻认识错误。如运用具体事例说明错误对于重点知识学习和后续学习的影响，让学生认识改正错误的必要性，或者对学生的错误进行统计，通过数据分析说明常见错误的普遍性、顽固性等特征，还可以让优秀学生分析他们对待错误的态度和改正错误的方法，以产生"同伴效应"。

（二）指导学生学会进行错误反思和深度学习

教师应发挥教练作用，指导学生自主进行错误反思和深度学习，并形成习惯，主要措施有：

- 让学生围绕知识、技巧、思维、态度和行为等多个维度进行归因。
- 在错题中准确定位错误，找出导致错误的根本原因。
- 对于知识性错误，到教材中找到对应知识点，并纳入知识结构中进行重新理解。
- 对错误进行详细的表述，即阐述错误产生的情境，并抽象出语义性知识，对错误进行双重编码。
- 依据正确的思路和方法重做练习，以形成正确的思维"联结"。

- 根据错误主动找类似题目进行练习，以巩固正确的做法。
- 不定期进行复习和巩固练习，增进改正效果。
- 用正确的做法理解新知识，解决新问题。

（三）运用错误资源开展教学

在教学中，教师要赋予错误新的价值，变差错为资源，巧用错误开展创新教学，主要策略和方法有：

- 给学生充分的自主时间，分析和消化错误，真正实现借助错误改正不足。
- 开展同伴学习，让学生相互分享错误，加强沟通与交流，提高社会化学习的效应。
- 针对错误进行刻意练习，巩固错误。
- 借助错误开展讨论式学习、研究性学习，创新教学形式。
- 围绕错误进行专题练习，突破难重点，完善知识结构。
- 借助错误引发心理冲突，激发学生学习的兴趣。

本书参考资料

一、著作类

1. 乔炳臣，白应东. 学习的科学和科学的学习 [M]. 黑龙江教育出版社，1990. 1.

2. 王志涛. 教学罗盘：基于构建主义的整合教学模式 [M]. 中译出版社有限公司，2018. 01.

3. 吴增生. 用数学发展智慧 [M]. 江西教育出版社，2015. 07.

4. 夏琼，陶冶，秦金亮著. 当代浙江学术文库 神经教育学-基于脑的教与学 [M]. 北京：中国社会科学出版社. 2017.

5. 卢家楣. 学习心理与教学 [M]. 上海：上海教育出版社，2009. 05.

6. David A. Sousa 主编，周加仙等译. 心智、脑与教育 [M]. 华东师范大学出版社，2013.

7. 高文. 学习科学的关键词 [M]. 上海：华东师范大学出版社，2009：152.

8. 赵健. 学习共同体的建构 [M]. 上海：上海教育出版社，2008. 9.

9. 皮连生. 学与教的心理学 [M]. 上海：华东师范大学出版社，2003.

10. 余安邦、杨国枢. 社会取向成就动机与个我取向成就动机：概念分析与实证研究 [M]. 中央研究院民族与研究所集刊 1991. 64.

11. Lave, J. & Wenger E. Situated Learning：Legitimate Peripheral Participation [M]. New York：Cambridge University Press, 1991.

12. Ed PetkusA. Theoretical and Practical Framework for Service-Learning in Marketing：Kolb's Experiential Learning Cycle [M]. Journal of Marketing Educa-

tion, 2000 (04).

13. Bruer, J. T. Schools for thought, a science of learning in the classroom. Cambridge, Massachussetts Institute of Technology Press, 1993.

14. FESTINGER L. A theory of cognitive dissonance [M]. Stanford: Stanford University Press, 1957.

15. Jacobsen, D. A. et al., Methods for teaching. (6th. ed) [M]. New Jersey: Merrill Prentice Hall, 2002.

16. Hooper, J., & Teresi, D. (1986). The three-pound universe. NY: Putnam. Interesting discussion of the mind-body relationship and the link between consciousness and neuroscience.

17. Mishkin M, Ungerleider LG, Macko KA. Object vision: Two cortical pathways. Trends Neurosci 1983 (6).

18. Erk S, Martin S, Walter H. Emotional context during encoding of neutral items modulates brain activation not only during encoding but also during recognition. Neuroimage, 2005. 26.

19. Mathews R C, Buss R R, Stanley W B, et al. Role of implicit and explicit processes in learning from examples: A synergistic effect. Journal of Experimental Psychology: Learning, Memory & Cognition, 1989 (15).

20. Roozendaal B, McEwen B S, Chattarji S. Stress, memory and the amygdala, Nat Rev Neurosci, 2009 (10).

二、译著

1. 戴维·保罗·奥苏贝尔 著，毛伟 译. 意义学习新论：获得与保持知识的认知观 [M]. 浙江教育出版社，2018.6.

2. Varela, Thompson, Rosch 著，李恒威等译. 具身心智：认知科学和人类经验 [M]. 浙江大学出版社，2010.07.

3. Jean Lave, Etienne Wenger 著，荆素蓉 译. 情境学习：合法的边缘性学习 [M]. 上海外教出版社，2019.08.

4. Sprenger M. 脑的学习与记忆 [M]. 中国轻工业出版社，2005.

5. R·基思·索耶主编. 剑桥学习科学手册 [M]. 北京：教育科学出版社，2010.01.

6. 乔纳森主编，郑太年，任友群译.学习环境的理论基础［M］.华东师范大学出版社，2002.10.

7. 多尔，弗利纳，楚伊特等编，余洁译.混沌、复杂性、课程与文化［M］.教育科学出版社，2014.

8. MICHAEL S. GAZZANIGA/RICHARD B. IVRY/GEORGE R. MANGUN，周晓林，高定国译.认知神经科学-关于心智的生物学［M］.中国轻工业出版社，2011.

9. Sprenger M．脑的学习与记忆［M］.中国轻工业出版社，2005.

10. 大卫.苏泽等著，方彤，黄欢，王东杰译.教育与脑神经科学［M］.上海：华东师范大学出版社，2013：19.

11. David A. Sousa 主编，周加仙等译.心智、脑与教育［M］.华东师范大学出版社，2013：145.

12. David A. Sousa. 脑与学习［M］.北京：中国轻工业出版社，2005：41.

13. 理查德·E.梅耶著，盛群力等 译.应用学习科学［M］.北京：中国轻工业出版社，2016：34.

14. E. BruceGoldstein；张明等译.认知心理学：心智、研究与你的生活［M］.北京：中国轻工业出版社，2017.05.

15. 苏珊·A.安布罗斯著，庞维国 译.聪明教学7原理［M］.上海：华东师范大学出版社，2012（09）.

16. Kathleen M. Galotti 著，吴国宏 译.认知科学与你的生活（Cognitive Psychology：In and Out of the Laboratory）［M］.北京：机械工业出版社，2016.10：121.

17. 约翰·安德森著，秦裕林等译.认知心理学及其启示（第7版）［M］.北京：人民邮电出版社，2012（01）.

18. 林恩·埃里克森，洛伊斯·兰宁著，鲁效孔译.以概念为本的课程与教学 培养核心素养的绝佳实践［M］.上海：华东师范大学出版社，2018（10）.

19. 古斯塔夫·勒庞著，冯克利 译.乌合之众：大众心理研究［M］.北京：中国妇女出版社，2017.

20. 乔治·赫伯特·米德著，霍桂桓译.心灵、自我和社会［M］.南京：

译林出版社. 2014.

21. 彼得·圣吉著, 郭进隆 译. 第五项修炼 [M]. 上海三联书店, 1998.

22. 彼得·圣吉等著, 杨振富 译. 学习型学校 [M]. 台湾：天下远见出版社, 2002.

23. GeorgePolya. 怎样解题：数学思维的新方法 [M]. 上海：上海科技教育出版社, 2011.

三、学术论文

1. 张敏杰, 吴锐. 经验论与唯理论视角下认识来源的对立统一对教育的启示 [J]. 贵阳学院学报（社会科学版）, 2019, 14 (02).

2. 张玉孔, 郎启娥, 胡航, 陈春梅, 王金素. 从连接到贯通：基于脑科学的数学深度学习与教学 [J]. 现代教育技术, 2019, 29 (10).

3. 马小龙, 尹小艳. 人本主义课程范式及其对新课改的启示 [J]. 现代企业教育, 2008 (02).

4. 何克抗. 建构主义——革新传统教学的理论基础（上）[J]. 电化教育研究, 1997 (03).

5. 张进良, 魏立鹏, 刘斌. 智能化环境中基于学习分析的学习行为优化研究 [J]. 远程教育杂志, 2020, 38 (02).

6. 廖婷婷. 加涅的教学设计思想及其对我国教学设计的启示——《学习的条件和教学论》读后感 [J]. 现代教育科学（小学教师）, 2014 (04).

7. 黄网官. 初中物理：九大"教学事件"——基于加涅教学论的思考之二 [J]. 教育研究与评论（中学教育教学）, 2015 (06).

8. 应力, 钱省三. 知识管理的内涵 [J]. 科学学研究, 2001 (01).

9. 吴秀娟, 张浩, 倪厂清. 基于反思的深度学习：内涵与过程 [J]. 电化教育研究, 2014, 35 (12).

10. 刘哲雨, 郝晓鑫, 曾菲, 王红. 反思影响深度学习的实证研究——兼论人类深度学习对机器深度学习的启示 [J]. 现代远程教育研究, 2019 (01).

11. 李宝庆, 靳玉乐. 协商课程评介 [J]. 教育学报, 2006 (03).

12. 柳瑞雪, 骆力明, 石长地. 分布式学习环境下的协作学习交互类型研究 [J]. 中国远程教育, 2017 (01).

13. 钟志贤, 张琦. 2005. 论分布式学习 [J]. 外国教育研究 (7).

14. 冯锐,任友群. 学习研究的转向与学习科学的形成［J］. 电化教育研究,2009（02）.

15. 吴馥梅,郑元林. 脑科学知识与教育［J］. 中国特殊教育,2001. 12.

16. 简墨,Daniel Goleman. What's Your Emotiona ntelligence Quotient［J］. 英语学习,2000（11）.

17. 许应华,徐学福. 原有陈述性知识和溯因推理对小学生科学假设形成的影响［J］. 基础教育,2014,11（03）.

18. 张素兰. 知识意义的建构与创造性发挥［J］. 绵阳师范学院学报,2010,29（06）.

19. 王沛,林崇德. 社会认知的理论模型综述［J］. 心理科学,2002（01）.

20. 唐日新,宋爱霞,陈娟. 人类视觉引导动作的行为学和脑成像研究［J］. 生理学报,2019,71（01）.

21. 周详,沈德立. 高效率学习的选择性注意研究［J］. 心理科学,2006（05）.

22. 杜今锋. 注意与学习［J］. 职业技术教育,1998（04）.

23. 王金娥,任国防. 维持注意与选择注意具有不同的脑机制：来自事件相关电位的证据［J］. 中国组织工程研究,2016,20（33）.

24. 李贺,蔡厚德. 情绪对注意功能网络的调制［J］. 心理科学进展,2013,21（01）.

1. 钟兴泉. 知识表征的相关史料［J］. 黑龙江史志,2013（13）.

25. 周平艳,王凯,李琦,刘勋. 情绪影响记忆的神经机制［J］. 科学通报,2012,57（35）.

26. 李雪冰,罗跃嘉. 情绪和记忆的相互作用［J］. 心理科学进展,2007（01）.

27. 赵云龙. 情绪与记忆相互作用的实证研究［J］. 楚雄师范学院学报,2008（04）.

28. 黄莺,彭丽辉,杨心德. 知识分类在教学设计中的作用——论对布卢姆教育目标分类学的修订［J］. 教育评论,2008（05）.

29. 蔡甜甜,刘国祥,宁连华. 数学课堂留白艺术的理论探析与实践反思［J］. 数学教育学报,2018,27（06）.

30. 王金剑，陈春晓. 班杜拉社会学习理论视域下的大学生创业教育研究[J]. 中国成人教育，2014（10）.

31. 史利红. 外语教学中的自我效能理论研究[J]. 语言与文化研究，2020（02）.

32. 牛瑞英. 社会文化理论和第二语言发展的起源述介[J]. 外语教学与研究，2007（4）.

33. 高一虹，周燕. 二语习得社会心理研究：心理学派与社会文化学派[J]. 外语学刊，2009（1）.

34. 宋金鸿. 论维果茨基的社会文化理论及其教学应用[J]. 通化师范学院学报，2013，34（09）.

35. 汪安圣，李旸. 专家和新手在问题解决中的不同思维模式[J]. 应用心理学，1987（S1）.

36. 严峰，俞诗源. 情绪的脑机制[J]. 生物学教学，2006（09）.

37. 罗跃嘉，吴婷婷，古若雷. 情绪与认知的脑机制研究进展[J]. 中国科学院院刊，2012，27（S1）.

38. 陈桃林，罗跃嘉. 基因多态性对情绪调节神经回路的影响[J]. 心理科学进展，2010，18（9）.

39. 罗跃嘉，吴婷婷，古若雷. 情绪与认知的脑机制研究进展[J]. 中国科学院院刊，2012，27（S1）.

40. 张剑春. 社会情绪学习理论对我国学前儿童社会性教育的启示[J]. 绍兴文理学院学报（教育版），2019，39（02）.

41. 俞国良，董妍. 学业情绪研究及其对学生发展的意义[J]. 教育研究，2005（10）.

42. 马惠霞，刘美廷，张非易. 理性情绪教育改善高一学生的学业情绪[J]. 中国临床心理学杂志，2012，20（01）.

43. 郑菊萍. 反思性学习简论[J]. 上海教育科研，2002（08）.

44. 林洪新，张奇. 减轻学习者认知负荷的教学材料设计原则[J]. 辽宁师范大学学报（社会科学版），2009，32（01）.

45. 贾义敏，詹春青. 情境学习：一种新的学习范式[J]. 开放教育研究，2011，17（05）.

46. 冯锐，金婧. 学习共同体的思想形成与发展[J]. 电化教育研究，

2007（03）.

47. 武斐婕，李丽，郭海霞，刘军. 基于教学能力发展的高校教师学习共同体的构建［J］. 山西财经大学学报，2020，42（S2）.

48. 孙元涛. 教师专业学习共同体：理念、原则与策略［J］. 教育发展研究，2011，33（22）.

49. 姚本先，何军. 家庭因素对儿童社会化发展影响的研究综述［J］. 心理发展与教育，1994（02）.

50. 王大纲. 当代高职大学生网络素养现状调查与分析［J］. 职大学报，2021（05）.

51. 彭杜宏，刘电芝. 认知互动：团队学习内部过程的透视［J］. 教育学报，2009，5（02）.

52. 李栓久，陈维政. 个人学习、团队学习和组织学习的机理研究［J］. 西南民族大学学报（人文社科版），2007（09）.

53. 李鸿昌. 主体性理论在成人教育实践中的应用探析［J］. 成人教育，2011，31（08）.

54. 陈本友，邓凌，黄希庭，辛增友. 中学优生的时间管理倾向与成就动机的相关研究［J］. 西南大学学报（人文社会科学版），2006（04）：5-8. DOI：10.13718/j.cnki.xdsk.2006.04.002.

55. 杨玲，何培宇，张国礼. 大学生自我管理影响因素及其相关研究［J］. 高等理科教育，2008，No.82（06）.

56. 徐静. 自我效能感在学生学习中的研究［J］. 内蒙古师范大学学报（教育科学版），2013（06）.

57. 李珩. 大学生英语自主学习能力与自我效能感的实证研究［J］. 现代外语，2016（2）.

58. 董奇，周勇. 论学生学习的自我监控［J］. 北京师范大学学报（社会科学版），1994（01）.

59. 李忠东. 错误会孕育创新［J］. 财会月刊，2001（21）：26. DOI：10.19641/j.cnki.42-1290/f.2001.

60. 袁维新. 思维系统的自组织：一种认知结构建构观［J］. 教育评论，1997（03）.

61. 周利英，牛嵩岳. 数学学习的思维模式［J］. 平顶山师专学报，1995

(S1).

62. Bandura, A. 1977. Self-efficacy: Toward a unifying theory of behavior change [J]. Psychological Review 84 (2).

63. Pintrich, P. R. &E. V. DeGroot. 1990. Motivation and self-regulated learning components of classroom academic performance [J]. Journal of Educational Psychology 82 (1).

64. Zimmerman, B. J. 2000. Self-efficacy: An essential motive to learn [J]. Contemporary Educational Psychology 25.

65. Milner, B., Squire, L. R., & Kandel, E. R. (1998). Cognitive neuroscience and the study of memory. Neuron, 20.

66. Richter-Levin G. The amygdala, the hippocampus, and emotional modulation of memory. Neuroscientist, 2004, 10.

67. LantolfJP, BeckettTG. SociocuturaltheoryandSecondLanguageAcquisition [J]. LanguageTeaching. 2009 (42).

68. Mayer, R. E. Learning and instruction [M]. New Jersey: Merrill Prentice Hall. 2003.

69. Atkinson, R. K., Derry, S. J., Renkl, A., Wortham, D. Learning from examples: instructional principles from the worked examples research [J]. Review of Educational Research. 2000 (72) (2).

70. Dalgleish T. The emotional brain. Nat Rev Neurosci, 2004 (5).

71. Hamanns. Cognitive and Neural Mechanisms of Emotional Memory [J]. Trends in Cognitive Sciences, 2001, 5 (9).

72. Labarks, Cabezar. Cognitive Neuro Science of Emotional Memory [J]. Nature Reviews Neuro Science, 2006, 7 (1).

73. Sweller J. Cognitive Load during Problem Solving: Effects on Learning [J]. Cognitive Science, 1989, 12 (2).

四、其它文献

1. 宋晓雪. 含反思提示的交互式视频对学习者学习的影响 [D]. 华中师范大学, 2017.

2. 孟凡菊. 硕士生网络自主学习中资源管理策略研究 [D]. 广西师范大

学，2015.

3. 李毕琴. 非随意注意中偏差干扰现象的实质：对提示信息观的完善与发展 [D]. 东北师范大学，2013.

4. 徐国庆. 类比问题解决中图式归纳的研究 [D]. 东北师范大学，2004.

5. 郭兆明. 数学高级认知图式获得方式的比较研究 [D]. 西南大学，2006.

6. 史伟琴. 结构不良问题解决教学的研究 [D]. 南京师范大学，2014.

7. 王萍. 评价干预改变高一学生学业情绪和学业成绩的研究 [D]. 天津师范大学，2011.

8. 黄皓. 初中生体育锻炼、社交焦虑和手机依赖的关系 [D]. 天津体育学院，2021.

9. 马红珍. 精熟学习法对初中化学学习自我效能感的影响 [D]. 曲阜师范大学，2020. DOI：10. 27267/d. cnki. gqfsu. 2020. 000854.

10. 刘胜敬. 高中生成就动机、自我管理能力与学业成绩的关系 [D]. 济南大学，2012.

11. 赵海燕. 我国小学生自主管理能力的培养与研究 [D]. 长春：东北师范大学，2006.

12. 杨怡兰. 高中生自我管理能力培养研究——以四川省泸州高级中学校为例 [D]. 成都四川师范大学，2014.

13. 陈丹. 《工作记忆优势》（第七章）翻译实践报告 [D]. 四川外国语大学，2017.

14. 卞秀慧. 提取模式和提取线索对二语测试效应的影响 [D]. 江南大学，2018.

15. 段菁华，刘凌. 自我参照效应影响因素的分析研究 [A]. 中共沈阳市委、沈阳市人民政府. 第十七届沈阳科学学术年会论文集 [C]. 中共沈阳市委、沈阳市人民政府：沈阳市科学技术协会，2020：6.

16. 耿新锁. 戴尔的"经验之塔"理论及其现实意义 [C] //纪念《教育史研究》创刊二十周年论文集（16）——外国教育思想史与人物研究. [出版者不详]，2009：695-698.

17. https：//study. 163. com/course/courseMain. htm？courseId = 1006384085&share = 1&shareId = 1016323206（王钰 基于学习科学的高效教与学方法）.

18. https：//zhidao.baidu.com/question/363724989560082132.html（情境学习理论的哲学依据）.

19. https：//wenku.baidu.com/view/e0acd21f26d3240c844769eae009581b6ad9bd05.html（影响人的发展的基本因素）.

20. https：//wenku.baidu.com/view/18dadbba6729647d27284b73f242336c1fb93050.html（家庭教育的智慧与艺术）.

21. https：//wiki.mbalib.com/wiki/韦纳的归因理论.

https：//baijiahao.baidu.com/s?id=17076892757288244l2&wfr=spider&for=pc（练习对记忆的重要性）.

22. https：//wenku.baidu.com/view/9dac3223ec630b1c59eef8c75fbfc77da2699704.html（数学学习中常见错误类型分析）.